湛庐 CHEERS

与最聪明的人共同进化

HERE COMES EVERYBODY

CHEERS
湛庐

電通現役戦略プランナーの
ヒットをつくる「調べ方」の教科書

电通爆品讲义

[日] 阿佐见绫香 著
姚奕崴 刘倩 译

浙江教育出版社·杭州

测一测 你知道如何打造畅销品？

扫码加入书架
领取阅读激励

- 突发奇想的创意常常会助力爆品的诞生，在这个助力的过程中是否需要用调查予以验证？（ ）

  A. 是

  B. 否

- 在为打造爆品而进行的调查中，我们经常会涉及（ ）

  A. 样本大小

  B. 样本数

扫码获取全部
测试题及答案，
还有 40 种原创模版下载

- 以下哪项是打造畅销品的秘诀？（单选题）

  A. 投放海量广告

  B. 寻找蓝海领域

  C. 努力打造服务

  D. 找准产品的目标和卖点

扫描左侧二维码查看本书更多测试题

電通現役戦略 **推荐序**
プランナーのヒットをつくる
「調べ方」の教科書

挖掘爆品潜力，引领营销变革

俞 雷
ATN 智慧出行科技有限公司 CEO

  在商业营销的漫长征途中，我见证了许多产品的兴衰沉浮。从经历智能手机行业的风云变幻，到如今执掌智能电摩公司，这一路走来，我深刻体会到了精准营销与产品创新的重要性。今天，我怀着极大的热情向大家推荐《电通爆品讲义》这本书，它是来自一家世界知名 4A 公司的经典营销指南，为我们在打造爆品的道路上指明了方向。

  我在手机行业的从业经历，使我深知大数据在营销决策中的巨大作用。凭借海量的数据，我们就能够精准地分析用户行为、偏好和市场趋势，从而制定出针对性的营销策略。通常，我们在一款产品的前期调研或后期总结中，会发放上百万份问卷，这对智能手机和互联网公司来说成本很低，因为我们可以利用移动互联网或互联网端的后台推送。海量的数据为我们在产品定义、卖点提炼或是后期评估方面提供了强有力的支撑。

  然而，并非所有行业都拥有如此强大的数据支持。在类似快速消费品（FMCG）领域，情况就截然不同。FMCG 无法像智能电摩一样装配很多传感器收集数据，也无法像智能手机那样拥有大数据后台。就像本书中的许多案例一样，在缺乏大数据支持的情况下，如何打造爆品成为一个更为棘手的问题。而这正是《电通爆品讲义》的价值所在。

这本书的核心观点之一是，爆品的诞生离不开对目标客户和产品卖点的精准把握。在手机行业，我们可以通过大数据分析用户对手机功能、外观、品牌等方面的需求，从而确定产品的定位和卖点。但对于那些缺乏大数据支撑的行业和产品，就需要通过深入的调查研究来挖掘消费者的潜在需求。《电通爆品讲义》详细介绍了如何通过多种调查方法，如市场分析、客户分析、竞争对手分析等，来找准目标和卖点。例如，书中提到的 3C 分析法，从市场、竞争对手和公司自身三个角度出发，全面剖析了影响产品销售的关键因素，为我们提供了一个清晰的分析框架。

书中所强调的调查方法和技巧具有很强的实用性。在我领导 ATN 智能电摩的市场推广过程中，也曾面临类似的挑战。我们需要了解目标客户群体的特征、需求和购买动机，但缺乏大数据的支持。通过运用书中的调查方法，我们对市场进行了细致分析，包括对潜在客户的年龄、性别、职业、消费习惯等方面的研究，以及对竞争对手产品特点和市场份额的分析。同时，我们深入挖掘客户的需求，通过访谈、问卷调查等方式，收集客户对智能电摩的期望和使用痛点，从而确定了产品的核心卖点，如高性能、换电需求、智能化设计等。这些努力使得我们在上市初期就获得了市场和客户的认可。

《电通爆品讲义》还为我们提供了丰富的案例分析，这些案例涵盖了多个行业，生动地展示了如何在不同的市场环境下打造爆品。其中，一些案例与我在手机行业的经验形成了鲜明的对比，让我更加深刻地认识到不同行业在营销方法上的共性和差异。在手机行业，产品更新换代迅速，消费者对新技术和时尚设计的追求较为强烈；而在智能电摩领域，消费者更关注产品的性能、安全性和舒适性。通过学习这些案例，我们可以借鉴成功经验，避免在营销过程中走弯路。

书中提供的各种工具和模板，如假说模板、目标画像模板等，对于提高营销工作的效率和准确性具有重要意义。在实际工作中，我们可以根据这些模板，结合自身产品的特点，制订详细的营销计划。这些工具能够帮助我们系统地收集和分析信息，确保调查工作的全面性和针对性，从而更好地把握市场机会。

　　《电通爆品讲义》是一本极具价值的营销指南。它为我们提供了在缺乏大数据支持的情况下打造爆品的有效方法和策略，无论是从事传统行业还是从事新兴行业的营销人员，都能从中获得宝贵的启示。我相信，只要认真研读本书，并将其中的方法运用到实际工作中，大家一定能够在激烈的市场竞争中打造出具有强大竞争力的爆品，实现商业目标的突破。让我们跟随这本书的指引，开启爆品营销的新征程吧。

電通現役戦略　**前　言**
プランナーのヒットをつくる
「調べ方」の教科書

电通战略规划师的独家调查秘诀

"我本以为这款产品会大卖特卖，可实际上没有，究竟哪里出错了呢……"

"我一直精心打造这款产品，为提高销量全力以赴，结果却反响平平。我对自己的销售能力丧失了信心……"

出现上述情况，多半是因为你的调查方法有问题。在产品信息和产品种类都日趋饱和的当下，虽然产品越来越难卖，但爆品依旧屡见不鲜。怎样才能打造出爆品呢？秘诀就是找准目标和卖点。

爆品往往有准确的目标和卖点，而产品卖得不好是因为业务人员在目标与卖点上出现了误判。同一款产品，只要找准目标和卖点，销售额就能翻上几番，这是广告界的常识。不过，要找准目标与卖点并非易事，此前我曾接触过许多客户，他们的产品正是由于在目标和卖点上出现偏差，结果销售无门，不禁让人扼腕叹息。

其实，能够打造爆品的业务人员在能力上与其他人并没有明显的差异，如果一定要说这些人有什么过人之处，那就是他们会有意识地运用本书所提到的调查方法。把打造爆品的调查方法融会贯通地运用在产品销售的过程中，就能尽早精准锁定目标和卖点。只要用心学习，每个人都能轻松掌握本书介绍的调查方法。

缩小调查对象的范围，迅速提升调查效率

　　大学毕业后，我进入日本电通广告公司（以下简称"电通"），在营销部门担任战略规划师。在工作中经过长期锻炼，我掌握了真正意义上的调查方法，也就是打造爆品的调查方法。其实在刚入职时，我并不善于做调查，曾经面对堆积如山的信息无从下手，白白耗费了大量的时间和金钱。

　　我花了 5 年多的时间，一点点地了解各种信息的来源，设定具体的调查目标，筛选适当的调查方法，才终于开始在调查工作上得心应手。为什么会花费这么长的时间？因为要调查的对象群体十分庞大。那么，是不是没有多年的经验积累，就提高不了调查的水平？答案是否定的。只要将调查对象的范围缩小为产品销售领域，并聚焦于目标和卖点就可以了。

　　我在电通为客户进行产品销售调查的时候，使用的调查方法其实并不多。换句话说，只要我们重点关注那几个常用的调查方法，就能让调查工作变得更加轻松且高效。意识到这一点后，我结合自己 10 余年战略规划师的工作经验，以打造爆品的调查方法为主题，尝试利用最为简明扼要的步骤来展示相关技巧，并且为了提升调查效率，还开发了原创的工具和模板。

　　目前，这些调查方法已经成为电通营销部门一年一度新人培训计划的内容之一，也被总结在了本书中。

提高成为爆品的可能性

　　如果你有以下问题，本书将非常适合你：

- 想要销售产品却不知道从何入手。
- 缺乏营销经验。
- 在实际工作中很少有机会进行调查。
- 以销售自己的原创产品为副业。
- 不擅长做调查。
- 不知道如何紧跟潮流打造爆品。

当我试探性地把这些调查方法传授给电通的新人和客户时，收获了如下反馈：

- 原本卖不出去、已经被放弃的产品居然重新受到关注了。
- 发现了产品之前存在的问题，改进后的产品成为爆品。
- 在一个意想不到的地方找到了产品卖不出去的问题所在，问题解决之后产品变得畅销了。
- 在一个新方向发现了产品畅销的蓝海，而这个方向与此前我们认定的方向截然不同。

把打造爆品的调查方法应用于日常工作之中，能产生翻天覆地的变化，最终显著提高产品畅销的可能性。阅读本书可以让你拥有以下 5 个方面的收获：

- 掌握打造爆品所需的调查方法。尽早锁定正确的目标和卖点，无须金钱、时间和精力之类的成本浪费，便可获得成功。
- 学习从成功案例中总结出的成体系的理论和容易操作的技巧。
- 获得内容丰富的 40 种原创模板。这些模板不但有助于加深理解，而且可以直接应用于实践。
- 适应不同层面的需求。可以灵活利用本书的结构，结合自己当前的问题、目的，明确下一步应采取的行动。
- 提升决策的质量和时效。视情况将本书分享给同事，在团队中形成共同语言。

下面介绍本书的结构,如图 0-1 所示。

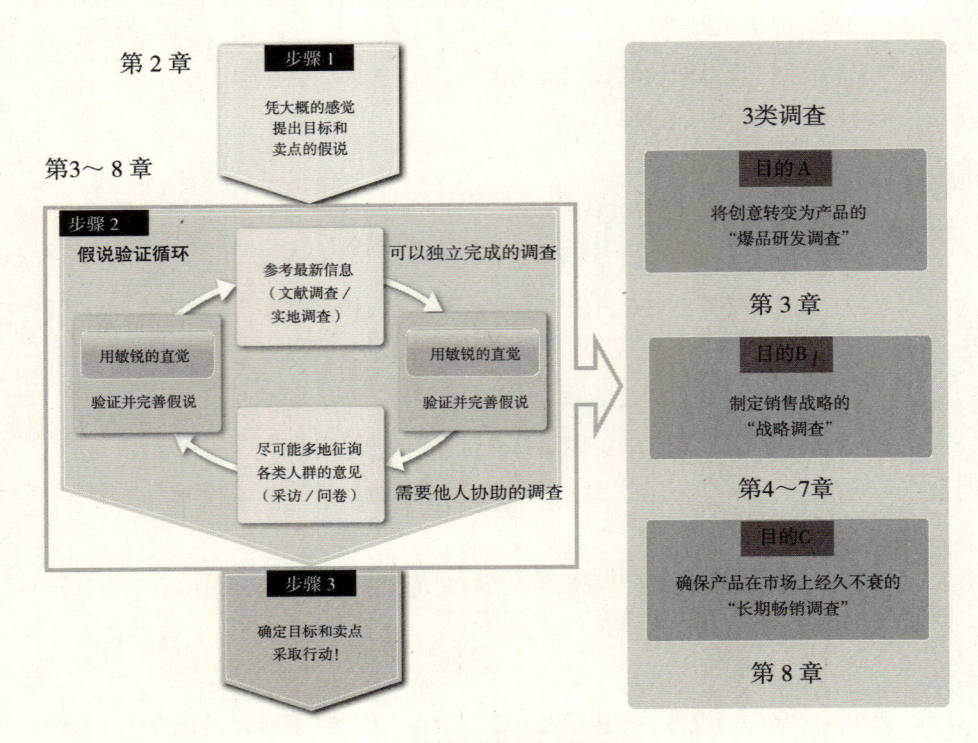

图 0-1 打造爆品的调查方法

第 1 章介绍打造爆品需要调查的原因,以及调查的益处。

第 2 章介绍打造爆品调查方法的 3 个步骤,并详细阐述步骤 1 提出假说的方法以及步骤 2 "假说验证循环"的基础方法。与调查相关的所有内容都是打造爆品的调查方法。

第 3~8 章介绍步骤 2 "假说验证循环"的具体实践。根据不同目的,可以把调查分为 3 类。在步骤 2 中,请结合自身工作需要,选择相应的调查方法。其中,第 3 章介绍"爆品研发调查"。这类调查的目的是将创意转变为产品并对产品是否畅销不断进行验证,从而找出具体措施。该调查也是本书最为提倡的调查方法。第 4~7 章是制定销售战略的"战略调查"。这部分内容包括打造爆品的市场或客户、竞争对手和公司分析，借助 3C 分析法的框架介绍收集信息和制定战略的方法。第 8 章介绍"长期畅销调查"。这类调查的目的是根据时代和市场环境的变化，不断调整目标和卖点并验证效果，从而实现产品的长期畅销。

在通过步骤 2 明确了目标和卖点之后，要进行步骤 3 "采取行动"。本书的调查需要在采取行动之前完成，因此，我们会详细讲解步骤 1 与步骤 2，从而保证行动的顺利实施。

附录汇总了大多数人在调查过程中常见的 12 种失败类型，具体包括失败类型产生的原因、解决的对策。如果你在调查中遇到难题，可以参考这一章的内容。

我的初衷是把有关打造爆品的调查方法尽可能全面地囊括在这一本书里[①]，希望本书能够为你答疑解惑。你无须从头开始逐字逐句地通读本书。本书的意义是指导实践，希望你在日常工作中能够对书中的内容学以致用。无论你是初次接触营销的新手还是资深人士，都能通过本书取得显著的进步。你可以参考目录，从想要了解或比较关心的部分读起。翻开能够解决你当前问题或达成你当前目的的那一页开始阅读，然后把重心放在一边实践，一边理解上。

"我想打造出市场公认的爆品""我想把自己倾注了心血的产品送入千家万户"这是所有销售人员的梦想。而每一个曾经打造过爆品的人，也希望产品能永远保持住销售势头。

"一查就明白下一步该怎么做了！"当你有过一次这样的经历后，就一定会被打造爆品的调查方法的魅力所吸引。衷心希望能有更多的人运用本书介绍的技巧打造出爆品，从而获得成就感。

[①] 近来，大数据分析趋于常态，但是这种分析方法需要开发适用软件、系统环境和专业的分析技术，成本较高且耗时较长。因此，本书省略了这类不易实践的调查方法。

電通現役戦略 **目 录**
プランナーのヒットをつくる
「調べ方」の教科書

推荐序	挖掘爆品潜力，引领营销变革	
		俞 雷
	ATN 智慧出行科技有限公司 CEO	
前 言	电通战略规划师的独家调查秘诀	
第 1 章	调查做得好，产品才能卖得好	001
	改变产品的目标与卖点，品牌重塑找到蓝海	004
	爆品，需要精准设定目标与卖点	005
	"感觉"或"直觉"，要加上调查才可靠	006
	越是创意层出不穷的企业，越是习惯进行调查	007
	调查很有用，但起步有点难	009
	产品创新，不能忽视调查的 4 个好处	010
第 2 章	锁定目标和卖点打造爆品	023
	"先随便调查一下"毫无意义	026
	调查前必须做好两个准备	028
	凭"大概的感觉"提出"假说"	029
	不断重复"假说验证循环"	040
	在调查中寻找"下一步对策"	067

第 3 章	将创意转变为产品的"爆品研发调查"	**077**
	有意识地培养制作原型的习惯	082
	用采访调查验证原型	092
	采访调查成功的 6 个提问诀窍	108

第 4 章	制定销售战略的"战略调查"第 1 步，市场分析	**117**
	只用 3C 分析法做战略调查	119
	市场分析最先要明确的是市场规模	123
	既要掌握现实市场，也要掌握潜在市场	132
	把握新闻和趋势，了解行业现状	139

第 5 章	制定销售战略的"战略调查"第 2 步，客户分析	**143**
	粗略划分客户，把握目标体量	148
	通过画像与角色，提高目标解析度	179
	通过"洞察目标"和"客户旅程"发现卖点	206

第 6 章	制定销售战略的"战略调查"第 3 步，竞争对手分析	**231**
	制作竞争对手清单	233
	掌握竞争对手动向	253
	从 3 个角度了解竞争对手所获得的评价	255
	明确公司和竞争对手的定位	258

第 7 章	制定销售战略的"战略调查"第 4 步，公司分析	**261**
	重新定义产品价值是关键	264
	掌握消费者对公司的看法	276
	从公司的亮点和弱点中找出优势	279
第 8 章	确保产品在市场上经久不衰的"长期畅销调查"	**281**
	效果验证对产品畅销至关重要	283
	调查投放产品效果的 3 个要点	285
后　记	让滞销品起死回生，让爆品经久不衰	**303**
附　录	应对调查中常见的 12 种失败类型	**305**
致　谢		**317**
参考文献		**321**

第 1 章

调查做得好，
产品才能卖得好

電通現役戦略プランナーのヒットをつくる
「調べ方」の教科書

第 1 章　调查做得好，产品才能卖得好

"这年头东西不好卖了。"不知道从什么时候开始，这个观点成了人们的共识。随着消费者能够获取的信息越来越多，产品和服务种类越来越丰富，曾经只要投放海量广告就能让人们对某种产品感兴趣的时代已然宣告终结。但即使是在这样一个理性消费的时代，爆品依旧比比皆是。

那么，如何打造爆品？答案似乎平平无奇，那就是找准目标和卖点（见图 1-1）。目标指的是购买产品或服务的消费者。卖点的词义十分丰富，本书指的是能够吸引消费者购买产品的特点，也就是能够刺激消费者购买欲的产品特色。我们可以将其理解为广告术语中的"诉求点"或是市场营销理论"USP"[①]。

Q 怎样打造爆品？

目标	卖点
购买某种产品或服务的消费者	能够刺激消费者购买欲的产品特色

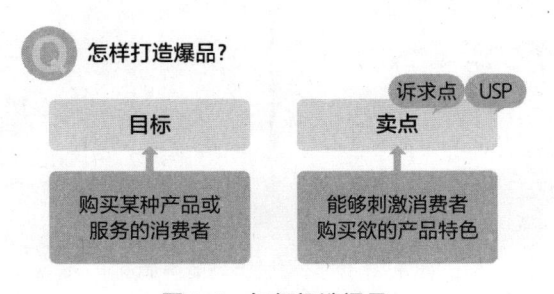

诉求点　USP

图 1-1　如何打造爆品

同一款产品，只要我们找准目标和卖点，销售额翻上几番并非不可能。下面让我们来看一个案例。

---

① 英文 Unique Selling Proposition 的缩写，翻译为"独特的销售主张"。这一营销理论在 20 世纪 50 年代初由美国人罗瑟·瑞夫斯提出。——译者注

改变产品的目标与卖点，品牌重塑找到蓝海

日本工装品牌 WORKMAN 通过转变产品的目标和卖点，将传统的工装定位为户外服装，在销售上实现了突破。

2018 年，WORKMAN 决定将产品的目标从技术工人扩展为所有普通消费者，那么，什么样的卖点才能在普通消费者中打开销路呢？首先，WORKMAN 以价格和功能性两个要素为坐标轴，将大众服装市场的竞争情况划分为四个象限（见图 1-2）。

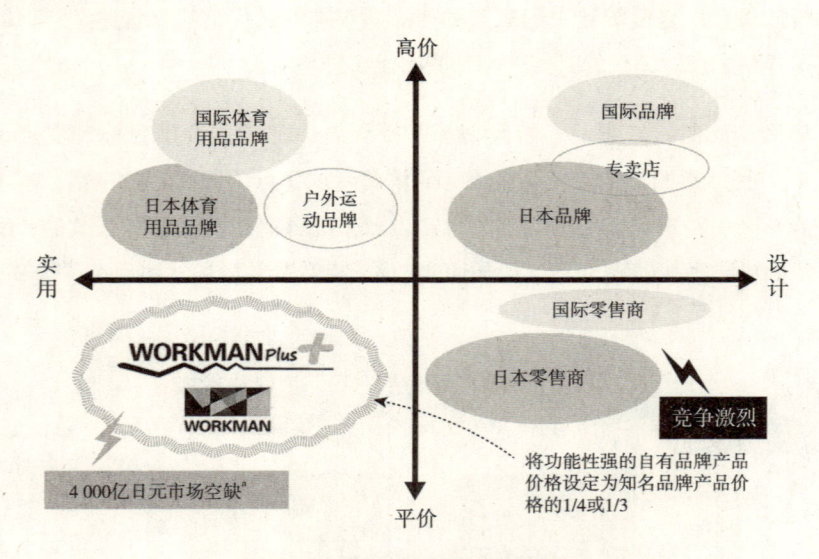

图 1-2　大众服装市场竞争情况

注：a 根据法国迪卡侬公司销售额估算。
资料来源：株式会社ワークマン提供。

随后，WORKMAN 分析发现，兼具平价与实用的象限内没有出现市场竞争，是一片尚未开发的蓝海。具体来说，只要 WORKMAN 把长年精心打造的耐磨、防水等工装的高功能性作为卖点，就能与优衣库等知名主流品牌形成差异化竞争。同时，WORKMAN 还可以大力宣传工装的"平价"这一压倒性优势，以规避与体

育用品、户外运动品牌的竞争。由此，WORKMAN 进一步制定了销售战略。

最初，公司认为品牌名称"WORKMAN"给人一种老气横秋的感觉，普通消费者可能难以接受，于是计划把名称改为"WM Plus"，并在官网介绍上删去了"作业""工作"等关键词。

但是转念一想，"WORKMAN"恰恰体现出了"匠人品质"这一品牌特色，对于普通消费者而言，这是一个绝佳的卖点。因此，公司大胆决定保留原品牌名称，并就此开展了与先前有着反差的品牌重塑战略（见图1-3）。

目标
✓ 把目标群体从技术工人扩展至普通消费者

卖点
✓ 长年精心打造的高功能性
　→与优衣库等知名主流品牌形成差异化竞争

✓ 压倒性的价格优势
　→规避与体育用品、户外运动品牌的竞争

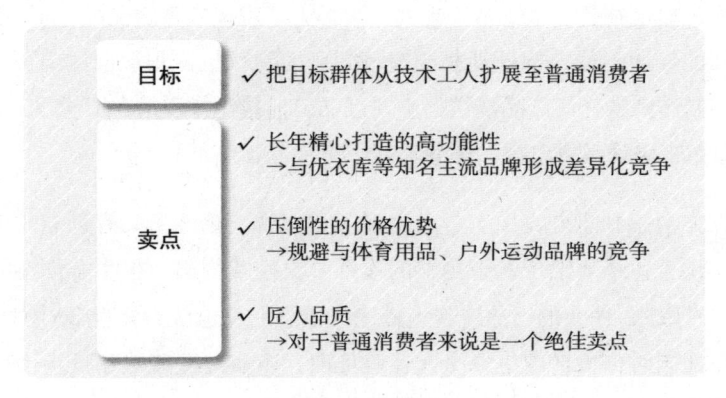

✓ 匠人品质
　→对于普通消费者来说是一个绝佳卖点

图 1-3　公司通过市场分析发现的蓝海

最终，在服装行业不景气的情况下，面貌一新的 WORKMAN Plus 所有门店的平均销售额提高了一倍。如今，WORKMAN 在日本已经发展成为一个备受消费者关注、足以撼动优衣库市场地位的服装品牌。

爆品，需要精准设定目标与卖点

WORKMAN 大获成功得益于公司找准了目标和卖点，而滞销产品则是在这两个要素，或其中一个要素的定位上出现了偏差。产品畅销就好比是"命中大奖"，

005

而要想中奖，就需要事先做调查，发掘出哪些地方有"大奖"。因此，我将调查工作纳入营销的流程之中，介绍能够迅速、精准地锁定目标与卖点的技巧。

所谓"营销"，就是指构建某种机制，向目标群体出售自己能提供的价值。在广告公司，营销部门会为客户提供销售产品的策略，进而以这些策略为基础，制定各种宣传活动并投放广告。调查是营销活动中不可或缺的一部分，以至于营销部门总会被误认为是调查部门。调查之所以如此重要，是因为没有调查，人们就无法做出正确决策。

大卫·奥格威是一位知名广告人，被誉为"现代广告之父"，而他也有一段不为人知的经历。他曾担任某家调查研究所的副所长，非常重视调查，为了强调调查对制作广告、使产品畅销的重要意义，他曾这样说道："广告人忽视调查，就像将军忽视破译敌方电报一样危险。"

也许你会感到意外，像广告人这样注重直观、感性，又有创意的人群，不仅离不开调查，还要给予调查足够的重视。奥格威指出，很多有创意的人容易对调查"过敏"，伟大的已故广告人威廉·伯恩巴克也认为调查会对创意形成干扰。但与此同时，奥格威也以个人经验证明，事实与此截然相反。他还为后人留下了两句话：

我有不少创意都得益于调查。……调查还帮助我避开了一些可怕的错误。

一旦没有提前做调查，我就手足无措。

电通的许多客户公司都会进行详细的调查，以此精准锁定目标和卖点。

"感觉"或"直觉"，要加上调查才可靠

总会有人这样反驳调查的重要性：

基于经验的感觉不仅准确，而且效率高，何必大费周章去做调查。

调查未免有些老掉牙了，如今提倡用创造性、艺术性等右脑擅长的直觉和感性思维来做生意，为什么要逆势而为呢？

事无巨细地调查能赶上情况变化的速度吗？现今社会没有那么多闲工夫浪费在做决策上，凭借直觉、当断则断岂不是更重要？

正如上面所说，基于经验的感觉或直觉确实重要，但是根据我的实际感受，那些仅凭感觉或直觉得出的目标和卖点会出现时而正确、时而错误的情况。一位营销资深人士如果未能察觉到目标和卖点正随着时代变迁而发生着日新月异的变化，是非常危险的。因此，我们可以在感觉或直觉的基础上，加入调查中得来的准确判断，从而有效提升决策的精准度。其实，广告公司营销人员的一个重要工作就是修正产品卖家（广告公司的客户）的认识，让对方做出正确的判断。

例如，当卖家与广告公司营销人员对产品目标、卖点产生分歧，调查就是判断哪一种方案更准确且为什么更准确的重要手段。

越是创意层出不穷的企业，越是习惯进行调查

对于调查，我们还能够听到这样的疑问：

"我想要智能手机"这种需求，也不是靠调查就能得出来的。

调查又调查不出新想法。

美国福特汽车公司创始人亨利·福特曾留下这样一句名言："如果我问消费者想要什么，他们会告诉我'想要一匹更快的马'。"史蒂夫·乔布斯也曾经说过："人们不知道自己需要什么，直到你把产品摆在他们面前。"但是，仅凭这两句话就认定调查没有任何意义还为时尚早，因为这些名言只是想告诉我们，不

能漫无目的地询问消费者的需求。

哈佛商学院的教授克莱顿·克里斯坦森曾指出:"创新失败的根本原因在于没有提出切中要害的问题,而不是没有找到正确的答案。"当你想要创新的时候,就需要进行相应的调查。

在此简要介绍一种调查方法,具体内容将在第 3 章进行详述。首先,把"为哪些人解决哪些烦恼""满足哪些人的哪些需求"作为出发点,例如,以假说的形式提出某个能让产品畅销的构想;其次,根据这个假说制作大致样品,邀请多方试用,收集试用反馈,进而锁定目标和卖点。**在分析反馈信息的时候有一个窍门,越是聚焦于那些让人特别喜欢或特别讨厌的极端构想,就越容易实现创新。**

实际上,那些创意层出不穷的公司,会习以为常地进行大量调查。

YouTube 在创立之初只是一家视频交友网站,其初衷是让人们上传以介绍自己为主题的原创视频作品。根据最开始的设计,用户可以选择自己的性别以及"想要寻找"的性别和年龄人群,然后 YouTube 平台会随机推荐视频。由于用户本身无法观看自己感兴趣的视频,用户数量止步不前。

于是,YouTube 公司进行了调查,认真分析数据,了解用户的使用目的。最后公司发现,很多用户会利用这个网站分享五花八门的视频,内容包括朋友、宠物、随心所欲的涂鸦以及网络流行的事物等。根据调查结果,YouTube 将网站卖点从交友向视频分享转变,采取了一系列措施,如取消所有交友类的要素,新增有助于提高视频播放量的相关功能,使分享功能更好操作,并将 YouTube 的视频播放器插入用户网站中。最终,YouTube 风靡全球。

Instagram 原本是一个能分享位置信息的社交网络平台,后来公司通过对用户使用目的的调查发现,除了拍摄照片,其他功能几乎无人使用,于是重新设计了卖点,将 Instagram 转变为照片分享软件。此外,Pinterest 是一个曾经名为 Tote 的移动购物软件,但是在一开始,销售额始终无法达到预期。公司对用户使用目的的调查显示,用户列出的心仪产品清单竟然出奇地长,因此把卖点调整为用户可以轻松分享收藏夹里的好物,并延续至今。

就像这样，从 0 到 1 诞生出的灵感，再从 1 到 100 打磨为好的产品，在这个过程中，调查发挥了重要作用。甚至在很多情况下，如果没有调查，就不能找到正确方向，创意也无法落地成形。

当然，像 YouTube 这样的提供数字产品或服务的公司，在利用数据分析用户动向方面确实存在天然的优势。但无论是数字经济还是实体经济，脚踏实地地调查实际情况，找准目标和卖点并提出具体措施，都是打造爆品不可或缺的能力。

调查很有用，但起步有点难

可能很多人都有以下这样的感受：

我知道调查很有用，可是它太难了……
接触到的信息太多，不知从哪里入手、如何调查，总是做不好……

而以下是我客户的感受：

虽然知道事实、数据很重要，可如果不是专业人士或理科人才，根本做不成数据收集和分析……
最后由于时间有限，又只能凭借直觉了……

当我还是新人的时候，也无法从堆积如山的信息当中筛选出让产品畅销的必要信息，手里拿着还没有进行分析的原始数据，经常被前辈诘问："结论呢？"花钱调查了，可是结果一无所获，这种失败我经历了无数次。

为什么调查在起步时会感到困难呢？这是因为调查的方法和用途数不胜数，可以调查的对象也无穷无尽。只要稍微全面、系统地进行整理，眨眼间便会得到一份厚得像辞典一样的资料。

面对这样卷帙浩繁的资料，我们自然会"消化不良"。虽然每次调查时不必用上所有调查方法，但要想敏锐地判断当前需要哪种调查、不需要哪种调查，也需要多年实践经验的积累。

那么，缺乏经验是不是就没办法做好调查了呢？当然不是。正如前言所说，我在打造爆品时，使用的调查方法其实屈指可数。只要聚焦于几种卓有成效的调查方法，任何人都能立刻掌握好调查。

产品创新，不能忽视调查的 4 个好处

大卫·奥格威在他的著作《奥格威谈广告》（*Ogilvy on Advertising*）中，以"广告调查的 18 个奇迹"为题列举了调查的好处。我根据自己的理解重新整理，将调查的好处概括为以下 4 点：

- 告别盲目，提升决策的精准度。
- 准确把握事实依据，找准销售方法，不花冤枉钱。
- 让会议建立在事实的基础上，更好地集思广益，推敲出最佳方案，从而保证效率，避免浪费时间。
- 有助于发现自身不适应时代需求、阻碍创新的顽固思想，提出更为新颖的方案。

做好调查，能够帮助我们准确把握事实依据，尽早锁定目标与卖点。做到这一点后，我们就可以将全部资源投入对下一步行动的有效布局当中。而熟练应用调查，无须金钱、时间和精力之类的成本浪费，我们就能获得成功。只要把调查运用到日常工作当中，就能让业务水平迅速提升，让打造爆品的概率显著提高。越是在工作陷入僵局的时候，就越不能忽视调查的作用。

尽管调查有这么多好处，但也只有 35.6% 的人在实际工作中应用过，而经

常做调查的人仅有7.6%[①]，这实在是令人惋惜。但反过来说，这也意味着只要我们熟练掌握调查，就能在打造爆品上获得巨大的优势。

大卫·奥格威曾明确表示："没有经过调查的投入，做出来的广告就是胡编乱造，不能创造利润，最后还要由自己承担代价。"根据我个人的经验，这个道理不仅适用于广告活动，也适用于打造、销售产品或服务等营销活动。

如果不能通过调查精准锁定目标和卖点，那么你在金钱、时间和精力上的投入就很有可能会打水漂。这是奥格威在几十年前就已经点明的真理。当然，在今天，调查的方法更是日新月异，也越来越为人们所熟知。而本书的目的就是让每个人无须花费大量时间和金钱，便能轻松学习打造爆品的调查方法。

> **调查放大镜**
>
> ### 利用调查提升直觉的精准度
>
> **直觉的机制**
>
> 由《哈佛商业评论》发行的论文集《决策的思考技巧》中有一篇文章，提出通过积累经验，人们能够对模式进行识别。文章这样写道：
>
> 经过数十年有关人的决策过程的研究，所得出的结论是，人能够通过经验在大脑中存储信息并进行整合，使信息可以迅速被提取。
>
> 例如，在国际象棋的对局中，高手几乎能够从天文学量级的排列组合中识别或回忆出约5万种主要的回合模式。……职业国际象棋手在看出某种模式后，便能够根据当前的棋局，从记忆中提取此前掌握的信息。
>
> ……通过研究各行各业的专业人士，如鉴定犯人是否会再次犯罪的

[①] 资料来源：电通2021年6月26日至7月3日的网络调查，调查的范围是250名20～60岁在职员工。

保护观察官、诊断病患的医生、判断考生能否成为一名优秀学生的入学审查负责人等，我们发现，这些人的判断往往能够被总结为某种模式或规律。

让我们结合这篇文章来分析一下人的直觉。人根据经验在大脑中整合并存储信息，形成某种模式，并能够在短时间内将所需信息提取出来，这就是直觉。也就是说，直觉建立在经验积累之上，收集到的经验数据越多，利用直觉做出决策的精准度就越高。

> 调查能够弥补经验数据的不足

经验积累固然重要，但我们在日常生活中通过自身经验获取的数据往往具有片面性。

因为经验是一种对过去经历的体现。大规模自然灾害、传染病流行、金融危机等突如其来的变故经常会颠覆我们的认知，当你想在这种情况下找到出路时，会发现自身经验所形成的直觉没了用处。而且流行趋势千变万化，稍有懈怠我们便会与时代脱节。

一旦直觉失去了根基，那么仅依赖于直觉的人就会感到手足无措，因此，也要灵活运用调查完善经验数据。使经验数据更加全面，不断提升直觉精准度的方法，就是打造爆品的捷径。借助调查获得的信息和经验，我们可以把手足无措的模糊感觉转变为精准度高的清晰直觉。

只要把调查纳入规划之中，每个人就都能够培养出清晰的直觉，从而精准锁定目标与卖点。

营销方案没有对错之分，很多时候，只有在产品被投放到市场之后，人们才能知道方案是否起效，但这难免有一种孤注一掷的感觉。所以，我们需要进行能够打造爆品的调查，以培养清晰的直觉，推敲出精准度高的最佳方案，找到提高产品畅销可能性的下一步行动。

怎样拥有能时刻把握女性流行趋势的直觉

GIRL'S GOOD LAB 对女性长达 11 年的研究

电通的女性营销专业团队 GIRL'S GOOD LAB（原电通 GALLABO）成立于 2010 年 3 月，彼时日本"辣妹风"红极一时。该团队主要从事刺激女性消费能力的经济研究和设计规划。图 1-4 展示了 GIRL'S GOOD LAB 11 年来研究的"引领时代的女性"变迁情况。

时代不同，女性的喜好各具特色，消费内容也随之变化。从这个例子可以看出，流行趋势和消费动向千变万化。

顺应时代调整产品

在我们分析爆品的打造方法、销售方法、宣传方法时，经常会被一些问题困扰，如"怎样让产品顺应当前的流行风尚""怎样提升本公司产品在市场中的关注度"等。由于公司的战略规划师习惯性地依赖于一种似是而非的感觉，所以会随随便便招收一个与目标属性相近的人，然后莫名其妙组建一个团队，这样的情形屡见不鲜。类似的想法包括"既然是女性产品，就交给女性来负责吧"，"这件产品面向的是妈妈群体，那就吸纳一个当妈妈的员工进入团队吧"等。

将战略规划师似是而非的感觉作为依据是造成规划难以实现的原因。

每个人都能利用调查获得清晰的直觉或感觉

通过调查，战略规划师能够将似是而非的感觉转变为精准度高的直觉。从模糊到清晰，就会产生直觉，帮助我们做出正确的判断。

如果一个战略规划师运用调查，而不是仅依赖于与目标属性相近的模糊想法行动，那么他就具备了营销精准度高的直觉。对于上文提到的女性负责人或妈妈员工，引入调查也能够进一步提升她们的判断力和直觉的精准度。

2000年	2009—2011年	2012—2015年	2016—2019年	2020年至今
个性时代	半个性时代	全方位点赞时代	人设觉醒时代	自我青睐时代
流行浓妆		返璞归真、素颜装扮		适合自己的装扮
时尚是强调生活方式和个性、外表和性格一致,注重在音乐、化妆、时尚、生活方式上的全面模仿。关键词:Amura、泡泡袜、滨崎步现象、"辣妹"Yamamba、泡泡袜	女性不喜欢从头到脚地模仿,但是会借鉴辣妹元素、佩饰流行饰品打扮,注重打扮,森女概念也很流行,风格分为赤文字系和青文字系。关键词:"耍文""智能手机普及"、智能手机时尚、"宅男崛起、森女"、mini、Twitter、快速崛起、AKB、它男崛起、森女	个性再次成为王道。在社交网络展现生活方式变得越来越普遍。注重自有风格,所以的全方位点赞!赤文字系和青文字系的界限变得模糊,注重自然而非过度修饰。关键词:营销手机普及、苦相妆容、Facebook热潮、O-phero妆容、苦相妆容、Facebook热潮	魅力领袖是有个性的人。注重有个性的人设。在社交网络上展示与人设相符的世界观,为世界观点赞。关键词:"可爱""不会说谎"。Instagram视频热、YouTube、SNOW、手工制作	了解自己的个性、努力做自己、发展自己的爱好特长、不委屈自己。积极地接受真实的自己,懂得无论外在还是内在都能发现"最舒服的自己"的人,并成为之心生共鸣。关键词:Stories和直播成为主流。抖音、直播、Stories、D2C、韩流、K-POP、韩流、古灵精怪

图 1-4 引领时代的女性变迁

注:a 赤文字系和青文字系指用当时风靡于女性群体的杂志标题颜色来表示女性的不同时尚体系。赤文字系指 CanCam、JJ、《昕薇》和《瑞丽》等标题为红色或粉色的杂志,被定位为优雅色系时尚,青文字系并非指杂志标题是蓝色的,而是为了与赤文字系有所区别而衍生出来的叫法,以 Zipper、CUTiE 等为代表(包括部分现在已停刊的杂志),被认为是一种个性化的时尚。

调查中的常见问题

前文已经向你介绍了调查的作用,但想必很多人仍然对此不置可否。那么接下来,我将解答 4 个有关调查的常见问题。

> 问题 1:已经做了调查,但没有带来新的改变

"没有带来新的改变"是调查经常会遭遇的问题。出现这种情况的原因是调查对象不明确,或是问卷调查之类的调查方法存在问题。你或许想象不到,大费周章地去调查一些已知的东西有时也常常会失败。如果一家公司想要开发一种新的化妆水,可是调查的内容却与主题相差甚远,如"先问一问消费者平时都是怎么护肤的",只能得到"先抹化妆水和美容液,然后用乳液"之类的显而易见的回答,这样的数据根本没有用武之地,结果自然以失败告终。

为了避免这种失败,就要明确调查的内容,并且掌握正确的调查方法。第 2 章将介绍调查的具体技巧,从而避免劳而无功,产生大量毫无意义的数据。

> 问题 2:公司没有能力利用大数据、人工智能等技术

从大数据中获得新发现,并成功做出爆品的案例当然存在,然而寄希望于收集大量数据就能有所收获,从而盲目下手,有时候专业人士也会一无所获。有一个词叫作"暗数据",指的是企业积累的大数据当中因没有被有效利用而处于休眠状态、价值不明的数据。一般情况下,这类数据的比例在 70% 以上,有时甚至高于 90%。

《东洋经济新报》撰稿人、日本戴尔公司执行董事清水博指出:"拥有数据并不等同于拥有有价值的数据。"[1] 清水团队 2019 年进行的"数字化转型动向调查"显示,34.4% 的企业认为,即便想要应用暗数据,但

---

[1] ITmedia 企业无法投入应用的数据占公司内部数据的 48%,数字化转型推进的第一步就是要重视这种数据。

由于公司内部缺乏有价值的数据，也仍需要重新进行数据收集。

电通第二综合解决方案局的数据科学家田中悠祐说："归纳方法不同，数据的应用方法也会不同，因此很多人都认为归纳方法应当遵循于目的。尤其是当收集而来的数据量非常庞大时，大家对得出结论抱有很高的期望，如果不能根据目的对数据本身做出调整，那么这些数据基本上没有意义。"

据田中研究，现在大多的数据收集方法可以体现为两个对比鲜明的三角形（见图1-5）。越是接近购买等由营销产生的最终结果或是购买后续反应部分，数据就越丰富；越是涉及购买目的的上游部分，数据就越少。

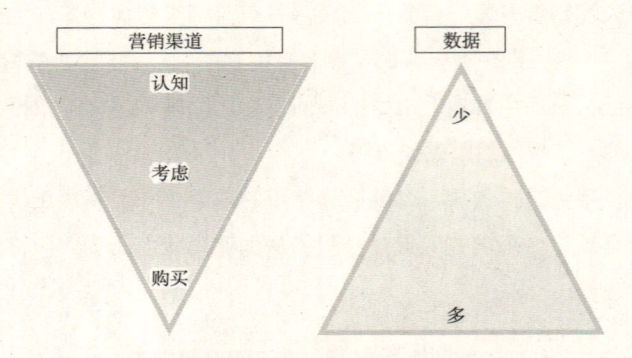

图 1-5　数据收集方法

因此，从策划的角度来看，很多数据分析的结果都是之前的研究已经得到过的内容。而战略规划师最想知道的是产生这一结果的原因，但由于这类数据很少，所以即使进行分析也很难弄清楚。

当然，购买等由营销产生的最终结果或购买后续反应的数据也有很多用处，例如，公司可以投放一定数量的广告，使消费者达到"考虑"阶段，而后自动推送数字广告引导消费者购买，在这一过程中，最终结果数据能够充分发挥作用。

这里我想要强调的是，大数据不是万能的。很多战略规划师都指出，依靠过去积累的大数据无法预测客户未来的行为。另外，与中国不同，日本的数据无法通过单一接口获取，因此分散化的数据也增加了应用的难度。更进一步讲，这些数据都是通过搜索平台、积分卡、电子商务等媒介顺带获取的自然生成数据，无法为了证实某一假设而剔除无用数据，所以使用和分析过程也变得烦琐。田中说："最重要的是能够根据自己想要达到的目的来获取和设计数据。如今人们只关注分析数据的能力，但其实更重要的是获取数据的能力。只要获取了正确的数据，即使只经过简单的统计分析，也能引导出客观的决策。"

也就是说，首先我们必须明确分析数据的目的，即"为了什么而解析什么数据"，根据想要达成的目的设计获取数据的方法，这样的话，任何人都能轻松处理大数据。为了明确分析数据的目的，我们需要树立相关的问题和课题意识，即"为了打造爆品，我需要思考哪些问题，课题又是什么"。本书不会详细介绍大数据的使用方法，但会告诉大家使用大数据时必不可少的思考方法，即"怎样找到打造爆品所需的调查目的和调查对象"。

问题 3：在价值观千差万别的时代，就算调查也调查不出结果[①]

实际上，正因为这是一个价值观千差万别的时代，市场调查才会大显身手。从 20 世纪 50 年代起，"大众消费社会"在发达国家成形并迅速发展，支撑着"设计容易销售的产品"这一理论。将特定的人口统计学数据（如性别、年龄、居住地区、收入、职业、家庭结构等）归纳在一起，关注人的共性来制造产品，从而提高销售量，这便是传统的大众营销。

这种营销的弊端是粗略地迎合了大多数人，忽略了不符合共性的少数群体的需求，轻视了人的多样性和差异性。而在如今这个关注多样性的时代，随着互联网和社交媒体的兴起，能凸显个性的产品或服务越来越多，在消费者不会轻易妥协的潮流趋势中，传统的营销方式不再起效（见图 1-6）。

---

① Forbes JAPAN 2019 年 2 月号に掲載の「それぞれの個性を妥協しない『プリンアラモードの法則』」を再編集。

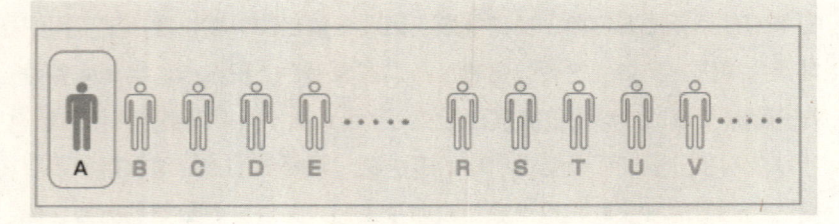

图 1-6　传统营销

但一对一的数字营销也不能解决所有问题。过度聚焦能为公司带来利益的客户，会造成目标以外的潜在客户等群体的流失（见图 1-7）。

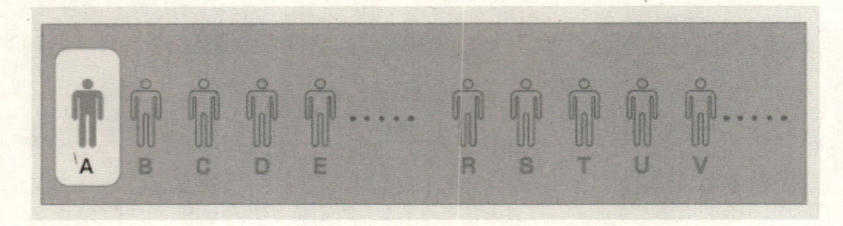

图 1-7　数字营销

如今的市场营销活动需要不断更新迭代。

符合当今时代的营销手法

现在，我们需要的是包容性营销，也就是积极捕捉多样性的价值，重塑企业活动，重构效益持续增长模式的营销方式。电通多样性实验室据此提出了新的营销概念：包容性营销。大家应该都见到过"包容性设计""包容性教育""包容性营销"等词语，所谓"包容性××"，指各类群体参与到产品开发等流程当中，这些产品或服务对不同群体来说，既非小产品也非半成品，而是真正有价值的东西，其设计易于被人们接受，符合多样化发展的时代需求。包容性营销指在产品或服务的开发过程中吸收各种群体的意见。而为了知道当事人的需求，调查是必不可少的（见图 1-8）。

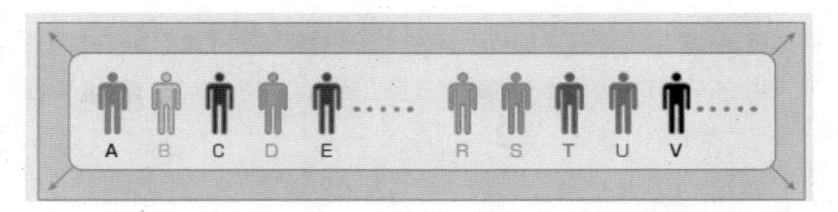

图 1-8　包容性营销

"个别需求应对思维"的界限

也许有人会认为针对个别需求的业务无法开展，产生这种误解的一个主要原因，很可能是无障碍化的设计模式中体现的个别需求应对思维。

个别需求应对思维下的营销，容易将焦点集中在少数群体的共性上。例如，为了调查坐轮椅人群的需求，一项调查收集了 100 个坐轮椅的人的数据，由此得出的结论很容易偏向于"坐轮椅"这一共性部分，结果产生像"轮椅相关产品"这样的只面向少数群体的特殊产品。这会导致诸多不便，如无法实现量产、价格昂贵、数量稀少、消费者很难买到、研发也停滞不前，等等。而且，对于目标群体来说，这些小众的、特殊的产品，也意味着它是无趣的、土气的，很多时候只是因为别无选择才不得不去使用。

因此，在最低限度的个别需求应对思维下，消费者都存在两种需求：能使用和想使用，一般产品只需满足能使用即可，没必要升级为二者兼备。

另一方面，所有企业行动的首要目标都是增加利润，而且利润越高，对社会的影响力就越大，企业存在的意义也就水涨船高。个别需求应对思维下的营销方式在实现利润最大化方面效率低下。

打造对所有群体都有价值的产品

上述问题的解决方法只有一个：通过包容性营销实现量产，不再限制目标群体，打造所有人都青睐的、充满创意的产品或服务。

例如，在纽约，如果一家餐厅接待不了素食主义者，那么它就很难获得团体预约。对于现下的餐厅来说，仅仅提高菜品质量已经无法抓住客人的心，餐厅还要让不同国籍、年龄、性别、宗教信仰的客人聚集在一起时，都能感到舒适、满足。

娱乐升级的 Ontenna

Ontenna 是一种全新的设备，人们可以像别发卡一样将它戴在头上，并通过振动和光线感受声音特征。如果运用个别需求应对思维进行思考，那么这款产品的作用是帮助听障人士解决不便，由此衍生的新功能包括通过字幕来补充信息等。但事实并非如此。虽然 Ontenna 的主要作用是解决听障人士的问题，但该产品还致力于将接收到的声音转换为振动和光线，从而升级为大家可以共享心情的全新工具。与因为残疾而产生了感官、表达差异的人共享娱乐是一件非常困难的事情，如何让所有人都能够共享，也是未来产品的研究方向。

不用手就能穿脱的耐克运动鞋

2021 年，耐克推出了不用手就能穿脱的运动鞋 Nike GO FlyEase，这也是世界上第一双完全免提的运动鞋。

这双鞋没有鞋带，只要把脚伸进流线型的鞋身里，用脚后跟一踩，运动鞋就能牢牢地固定在脚上。脱鞋的时候，只需用另一只脚抵住鞋后跟，运动鞋就能很容易地脱下来。这一系列运动鞋在设计之初是为了方便残障运动员单手穿脱，而为了推广给更多的人，其经过不断改良，才变成了适用于所有人的产品。

它适用于人在腾不出双手穿鞋，以及着急穿鞋的情境下，而且对于孕妇等群体来说也很方便，因为不用手触摸鞋子可以减少细菌接触。据说这双鞋背后还有一个有趣的小故事，即它的灵感来自经常穿脱鞋履的日本习俗。

我们所需要的既不是小众产品，也不是半成品，而是适用于各种群体，具有大众都能接受的真实价值，并符合新时代创意的产品和服务。

捕捉各种价值观的意义

这里介绍的案例都是不向个别价值观妥协，从而抓住大众消费群体，实现了畅销的包容性产品。当然，也不能否认有的商家生产出了精准命中少数目标人群的产品，并在社交网络上的一部分群体中实现了热卖。

如今，产品想要畅销，就必须具备以下两种特征之一，即要么能够满足大众的需求，要么面向小众市场、对少数群体来说具有很强的吸引力和价值。

因此，为了打造爆品，我们需要掌握不同的价值观。相关内容将在第 5 章进行说明。

> 问题 4：世界变化太快，未来调查的效果不明朗

毫不夸张地说，恰恰是在世界发生巨变的时候，调查这项技能才更凸显出它的不可或缺。

一旦发生金融危机、传染病等历史性的重大事件，世界形势就会以猛烈的速度发生变化。在这种情况下，很多企业会因为不知道今后如何打造畅销的产品或服务，或是好不容易创造出了有价值的产品，却不知道往后该如何销售而大伤脑筋。电通也曾接到过很多类似的咨询。

在这个日新月异的世界当中，时时刻刻都会有刚刚诞生的消费和已经消失的消费。什么是新的必然需求，什么是昙花一现的需求，什么是会消失的需求……尽早认清新的价值观并进行投资，乃是重中之重。这也需要我们突破习惯性思维，进行调查。

历史上，造成人们的价值观发生巨变的大事件并不少见，而未来，类似的巨变也势必会发生。所以，我们一定要掌握在任何时候都能打造爆品的调查方法。

第 2 章

锁定目标和卖点
打造爆品

電通現役戦略プランナーのヒットをつくる
「調べ方」の教科書

第 2 章　锁定目标和卖点打造爆品

"总之,先随便调查一下。"这是大家在会议上经常听到的一句话。

调查可以为我们带来此前没有注意到的新视角,以及做决策所需要的信息,同时,我们也会因为"不先通过调查收集必要的信息,就无法站在市场竞争的起跑线上"等类似的焦虑而先笼统地做调查。

但是,笼统的调查很容易失败。我们可以模拟一个场景来进行说明。假设你在一家化妆品公司工作,负责销售公司的主打产品眼线笔。眼线笔是一种眼部彩妆产品,用它沿着睫毛下方的眼睑画一条细线,能让眼睛变得更加楚楚动人。这几年,你负责的眼线笔一直销量低迷,让管理层十分苦恼。一天,上司把你叫过去,对你说:"我们公司的眼线笔已经卖不动了,为了让它再次畅销,需要重新包装。"此时,如果你先笼统地做一个眼线笔的调查,结果会怎样呢?过程如图 2-1 所示。

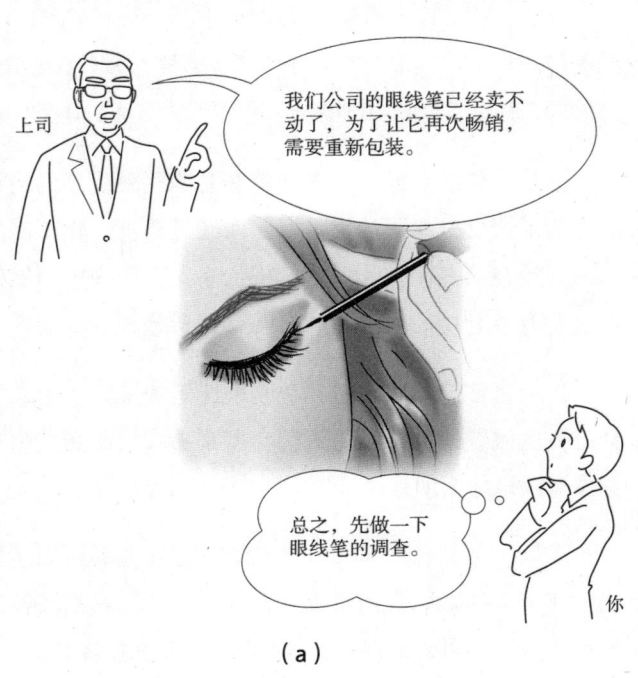

上司:我们公司的眼线笔已经卖不动了,为了让它再次畅销,需要重新包装。

你:总之,先做一下眼线笔的调查。

(a)

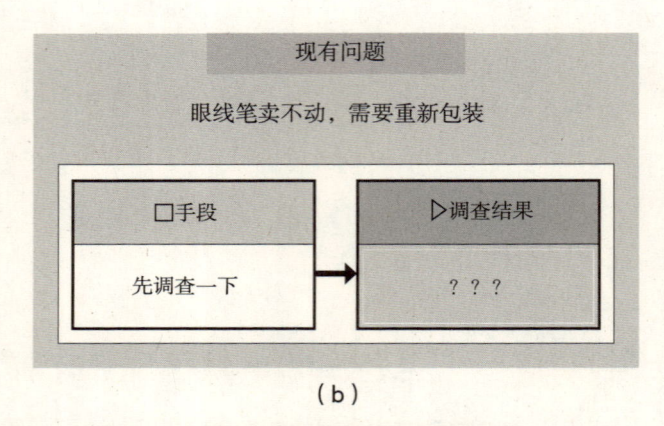

```
              现有问题
       眼线笔卖不动，需要重新包装

   □手段              ▷调查结果

   先调查一下          ？？？

              （b）

      图 2-1  容易失败的调查过程
```

"先随便调查一下"毫无意义

首先，你会以"收集女性在使用眼线笔时的烦恼"为目的展开调查，结果得到的信息都是"洇水""不好画""容易掉"等人尽皆知的眼线笔的常见缺点。这样的调查并没有得到明确的结果和可用的信息，好不容易收集的数据毫无用处。

然后，你决定调查一下使消费者购买眼线笔的最重要的因素是什么，以了解全年龄段女性购买的侧重点。而经过调查，你得出的结论是"价格便宜"这一因素排在第一位。消费者希望价格便宜是理所当然的，但对于这个信息你难以进行有效利用。而且，没有必要花费金钱、时间来获取全年龄段的数据。

进而，你想要寻求重新包装眼线笔的灵感，于是决定先问一问消费者想要什么样的眼线笔。你以每天都会用到眼线笔的女性为对象进行了问卷调查，但并没有获得什么创意。

最后，你又想："换个广告代言人是不是就可以了？"因而决定先了解一下当下年轻女性最欣赏的日本女艺人，结果大家都回答广濑铃。但这名艺人已经代言了其他公司的化妆品，你的调查结果又作废了。

这一调查具体过程如图 2-2 所示。你对这种调查有什么想法？完全拿不出可用的数据、分析徒劳无功、浪费钱……你是不是也觉得这些调查毫无意义？

现有问题

眼线笔卖不动，需要重新包装

□手段：先随便调查一下
女性在使用眼线笔时的烦恼
▷调查结果
洇水、不好画、容易掉（没有明确的结果和可用的信息）

□手段：先随便调查一下
全年龄段女性购买眼线笔的侧重点
▷调查结果
"价格便宜"位列第一（理所当然），全年龄段的数据没有用处

□手段：先随便调查一下
消费者想要什么样的眼线笔
▷调查结果
没有获得什么创意

□手段：先随便调查一下
年轻女性最欣赏哪位日本女艺人
▷调查结果
大家都回答广濑铃，但她已代言了其他公司的化妆品

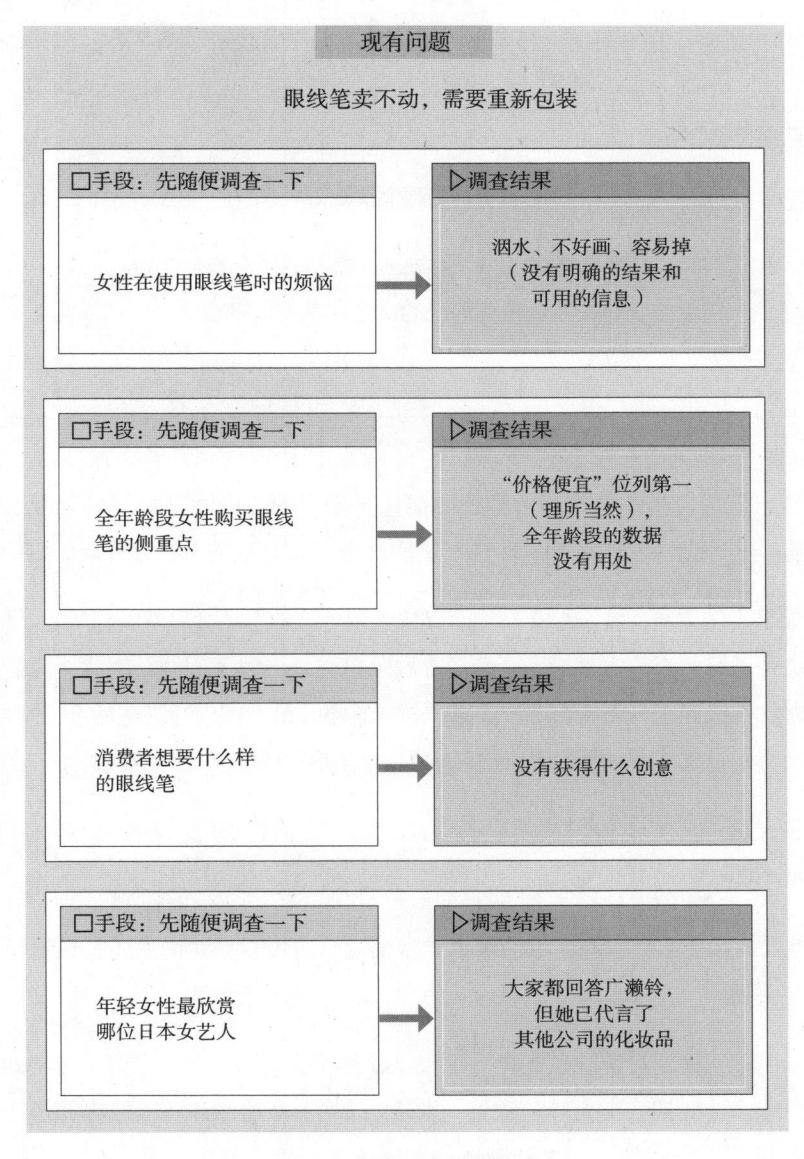

图 2-2 毫无意义的调查过程

调查前必须做好两个准备

为了实施有效的调查，需要事先做好以下两个重要的准备工作。

调查行动指南

调查前的两个准备工作

- √ 彻底抛弃"先随便调查一下"的想法，找到明确的调查内容。
- √ 无从下手也没有关系，根据自己的直觉和感受以及你认为的本质问题设立假说。

所谓假说，就是根据当下掌握的信息推导出的假设性答案。虽然假说中的内容有一些来自经验的判断，但也不是胡乱推测，而是当下最有可能的结论。

如果不做调查，大家都会自然而然地先用自己的思路去思考问题所在。但是，一旦决定进行调查，大家满脑子都是先收集信息，再思考问题。因此，我们需要养成暂且不做调查，先从现有的信息中找寻答案，设立假设性答案的习惯。之后，在做到心中有数、不做无谓调查的基础上，利用调查锁定目标和卖点。

锁定目标和卖点应该从哪里入手，又应该如何推进呢？具体有以下3个步骤（见图2-3）。

步骤1：提出目标和卖点的假说，哪怕这个假说只是凭借大概的感觉得出的也没有关系。

步骤2：重复假说验证循环。可以从参考最新信息（文献调查/实地调查）或尽可能多地征询各类人群的意见（采访/问卷）开始循环，我的建议是从可以独立完成的、难度较低的文献调查或实地调查开始，然后通过调查，用敏锐的直觉对假说进行验证并完善。重复这一过程，直至确定目标和卖点。

步骤 3：确定目标和卖点之后，采取行动。实际上，很多无果的调查，都是因为我们凭模糊的直觉和感觉一下子从步骤 1 跳到了步骤 3，没有进行假说验证循环。因为步骤 3 是采取行动，无须着墨，所以本书将介绍在采取行动之前的步骤 1 和步骤 2 的具体调查方法。

```
步骤 1
凭大概的感觉
提出目标和
卖点的假说

步骤 2  假说验证循环
        参考最新信息          可以独立完成的调查
        （文献调查/
         实地调查）
用敏锐的直觉              用敏锐的直觉
验证并完善假说            验证并完善假说
        尽可能多地征询
        各类人群的意见         需要他人协助的调查
        （采访/问卷）

步骤 3
确定目标和卖点
采取行动！
```

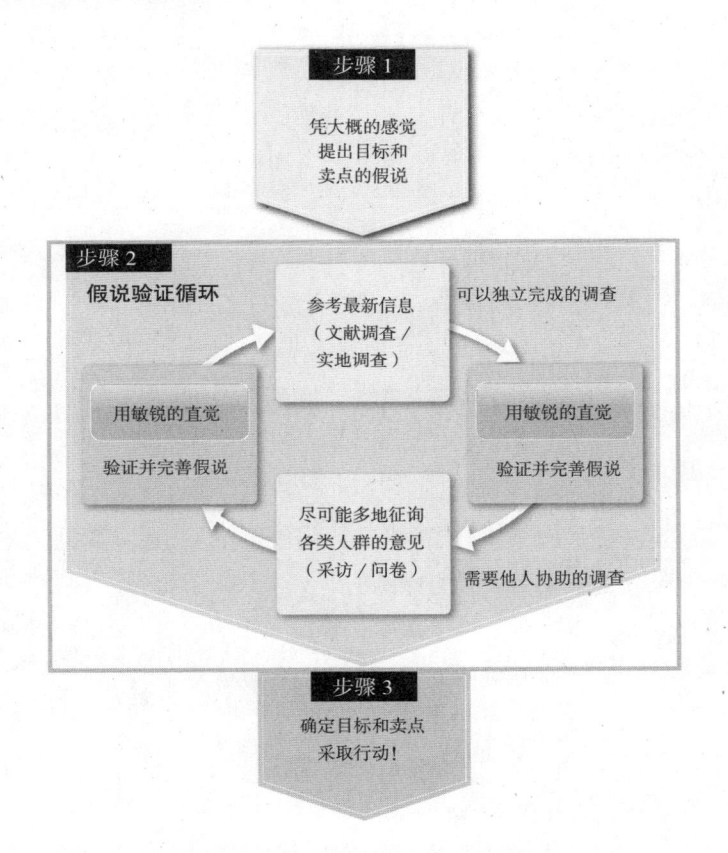

图 2-3　锁定目标和卖点的 3 个步骤

凭"大概的感觉"提出"假说"

没有假说的调查是徒劳无功的，因此这一步非常重要。我把自己总结出的"大概的感觉"的具体内容整理成假说模板，供大家在策划时参考（见图 2-4）。

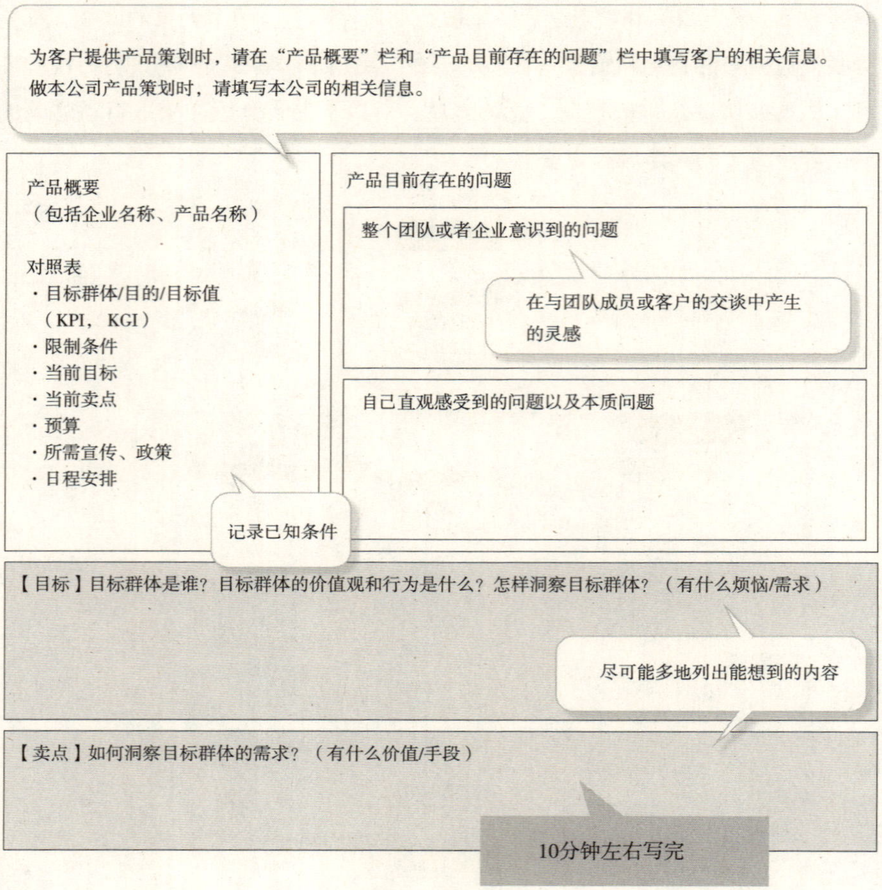

为客户提供产品策划时，请在"产品概要"栏和"产品目前存在的问题"栏中填写客户的相关信息。做本公司产品策划时，请填写本公司的相关信息。

产品概要
（包括企业名称、产品名称）

对照表
·目标群体/目的/目标值
（KPI，KGI）
·限制条件
·当前目标
·当前卖点
·预算
·所需宣传、政策
·日程安排

产品目前存在的问题

整个团队或者企业意识到的问题

在与团队成员或客户的交谈中产生的灵感

自己直观感受到的问题以及本质问题

记录已知条件

【目标】目标群体是谁？目标群体的价值观和行为是什么？怎样洞察目标群体？（有什么烦恼/需求）

尽可能多地列出能想到的内容

【卖点】如何洞察目标群体的需求？（有什么价值/手段）

10分钟左右写完

图 2-4　假说模板

注：可扫描书前测试题二维码下载电子版。

只有大概的感觉而没有具体的内容并不是坏事，我的很多工作也是以此为基础开始的。上述内容是通过"大概的感觉"必须得出的基础内容，完成对假说的思考，在进入步骤 2 之后就能锁定目标和卖点，进而找到下一步对策。

我们可以设定多个假说，前一个假说和后一个假说既可以相关，也可以毫无关系。尤其是在最初没有掌握任何具体信息的情况下，完全靠头脑想象出来的、毫无倾向性的直觉和假说，反而能在很多时候意外地直击问题，对后续行动影响深远。因此，一定要把最开始的想法写下来，先试着把假说模板全部填满。

让我们回到之前眼线笔的例子中。首先，是撰写产品概要：

产品概要（包括企业名称、产品名称）：X 公司眼线笔

像示例这样只写企业名称和产品名称也可以，但最好还根据对照表把现有情况（条件、前提）记录下来。如果信息量较大，可以另附上一张 A4 纸进行说明。

接下来，写出团队或自己心中的问题。在眼线笔的例子中，可能存在以下 4 种问题：

问题 1：整个团队或者企业意识到的问题。
眼线笔卖不动，需要重新包装。
问题 2：自己直观感受到的问题以及本质问题。
尚未对眼线笔的广告和包装等表面内容做出调整，消费者对正在售卖的产品存在诸多不满，问题是不是出在这里？
产品具有较强的竞争力却卖不动，是不是因为产品广告没有成功吸引占有市场体量巨大的 20～30 岁女性群体？

可以看到，第一个问题和第二个问题并无关联。这时不要胡乱猜测，而要从现有信息中找出所有可能的问题：

问题 3：目标群体是谁？目标群体的价值观和行为是什么？怎样洞察目标群体？（有什么烦恼 / 需求）
主要目标是不是引领潮流的 20～30 岁的女性？
是不是在很多女性看来，眼线笔的种类琳琅满目，外观又十分相似，难以做出选择？

问题4：如何洞察目标群体的需求？（有什么价值/手段）

目标群体在购买眼线笔时是否侧重于以下两点：一是妆面浓淡适当、有松弛感，能画出流行的妆容；二是妆容能够保持一整天。

产品创意试用装所具备的速干、两用等特点中，哪一种能够获得消费者青睐？

与之前启用的艺人A相比，艺人B是不是更贴合我们公司的产品形象？

像这样提出问题以后，想知道的信息、想要明确的问题就变得具体了，"我是这么想的，但事实是这样吗""实际上哪种情况更普遍呢"等问题便会浮出水面。

到这一步，我们终于明确了应该调查的内容，也就是向谁调查、为了什么调查、调查时应该问些什么。然后，我们就可以以此为基础选择调查手段。

接下来，让我们以X公司眼线笔为例，按照"假说—想要明确的问题—手段"的顺序进行思考。

我们可以把"尚未对眼线笔的广告和包装等表面内容做出调整，消费者对正在售卖的产品存在诸多不满，问题是不是出在这里"看作假说1。这样一来，想要明确的内容就锁定为"客户对现有产品不满意的地方"，进而将调查手段定为社交网络分析、口碑调查、现有产品评价调查等。

或者把"产品具有较强的竞争力却卖不动，是不是因为产品广告没有成功吸引占有市场体量巨大的20～30岁的女性群体"设定为假说2。这样一来，想要明确的内容就锁定为"20～30岁的女性如何看待目前的广告和产品重点"，进而可以将调查的手段定为针对20～30岁女性的广告效果验证调查。

为了掌握20～30岁女性的价值观及思想、行动上的倾向，可以进行趋势调研，以了解她们最愿意接受什么样的产品（见图2-5）。

第 2 章　锁定目标和卖点打造爆品

产品概要 （包括企业名称、产品名称） X公司 眼线笔	产品目前存在的问题
	整个团队或者企业意识到的问题 · 眼线笔卖不动，需要重新包装
	自己直观感受到的问题以及本质问题 · 尚未对眼线笔的广告和包装等表面内容作出调整，消费者对正在售卖的产品存在诸多不满，问题是不是出在这里？ · 产品具有较强的竞争力却卖不动，是不是因为产品广告没有吸引到占有市场体量巨大的20~30岁的女性群体？

【目标】目标群体是谁？目标群体的价值观和行为是什么？怎样洞察目标群体？（有什么烦恼/需求）
· 主要目标是不是引领潮流的20~30岁的女性？
· 是不是在很多女性看来，眼线笔的种类琳琅满目，外观又十分相似，难以做出选择？

【卖点】如何洞察目标群体的需求？（有什么价值/手段）
· 目标群体在购买眼线笔的时候是否侧重于以下两点：一是妆面浓淡适当、有松弛感，能画出流行的妆容；二是妆容能够保持一整天
· 产品创意试用装具备的速干、两用等特点中，哪一种能够获得消费者青睐？
· 与之前启用的艺人A相比，艺人B是不是更贴合我们公司的产品形象？

图 2-5　X 公司眼线笔假说

如果我们按照正确的步骤进行分析，那么先前进展不顺利的 4 个调查的结果会发生怎样的变化呢？

第一，以"收集了女性在使用眼线笔时的烦恼，但调查结果都是一些人尽皆知的内容"的失败结果为例。对此，我们可以把假说调整为"是不是在很多女性看来，眼线笔的种类琳琅满目，外观又十分相似，难以做出选择"并设为假说 3。这样一来，想要明确的内容就锁定为"实际上有多少人是这么想的"。在此基础上，可以选择询问女性对眼线笔的顾虑这一调查方向。按照这样的顺序进行调查，就很有可能获得有用的数据。

第二，以调查购买侧重点时得出了"对全年龄段女性来说，价格便宜排第

一位"这样毫无用处的数据结果为例。我们可以首先设定"主要目标是 20～30 岁的女性"的假说，进一步提出假说 4，即"目标群体在购买眼线笔的时候是否侧重于以下两点：一是妆面浓淡适当、有松弛感，能画出流行的妆容；二是妆容能够保持一整天"。然后，把想要明确的内容锁定为"这两点中哪一点更受重视"。在此基础上，选择询问购买侧重点的调查方向。按照这样的顺序进行调查，就很有可能获得有用的数据。

第三，调查了"女性想要什么样的眼线笔"，却没有得出划时代的创意，面对这种失败的调查时，我们又该怎么办呢？我们可以首先提出假说 5，即"推出具有速干、两用等特点的产品创意试用装"。

然后，想要明确的内容就锁定为"在这些特点中，哪一个会获得好评，理由是什么"。在此基础上，选取调查消费者如何评价这些创意、想要用什么样的眼线笔的手段。按照这样的顺序进行调查，就很有可能获取有用的数据。

第四，面对"经过调查，发现年轻女性都喜欢广濑铃，可是这个调查结果无从下手"这样的失败结果又该怎么办呢？不妨把"与之前启用的艺人 A 相比，艺人 B 是不是更贴合我们公司的产品形象"设为假设 6，把想要明确的内容锁定为"此前启用的艺人 A 与计划启用的艺人 B 相比，哪一位更能够吸引目标群体的注意"，然后通过调查来评估艺人。按照这样的顺序进行调查，就很可能获取有用的数据。

由此填写完的假说模版见图 2-6。

按照正确的步骤进行思考，就能明确需要调查的内容，进而发现真正想解决的问题。而明白这一点后，就能实现结果可期的调查。

如果在没有设定假说的情况下开始调查，就只能收集到大量用处不大的信息。这样一来，你就很有可能只得出一些宽泛的结论，或者遗漏了一些需要深入挖掘的信息。但如果先提出假说，再进行调查，就能够设计出结论应用价值高、不会徒劳无功的调查方式。

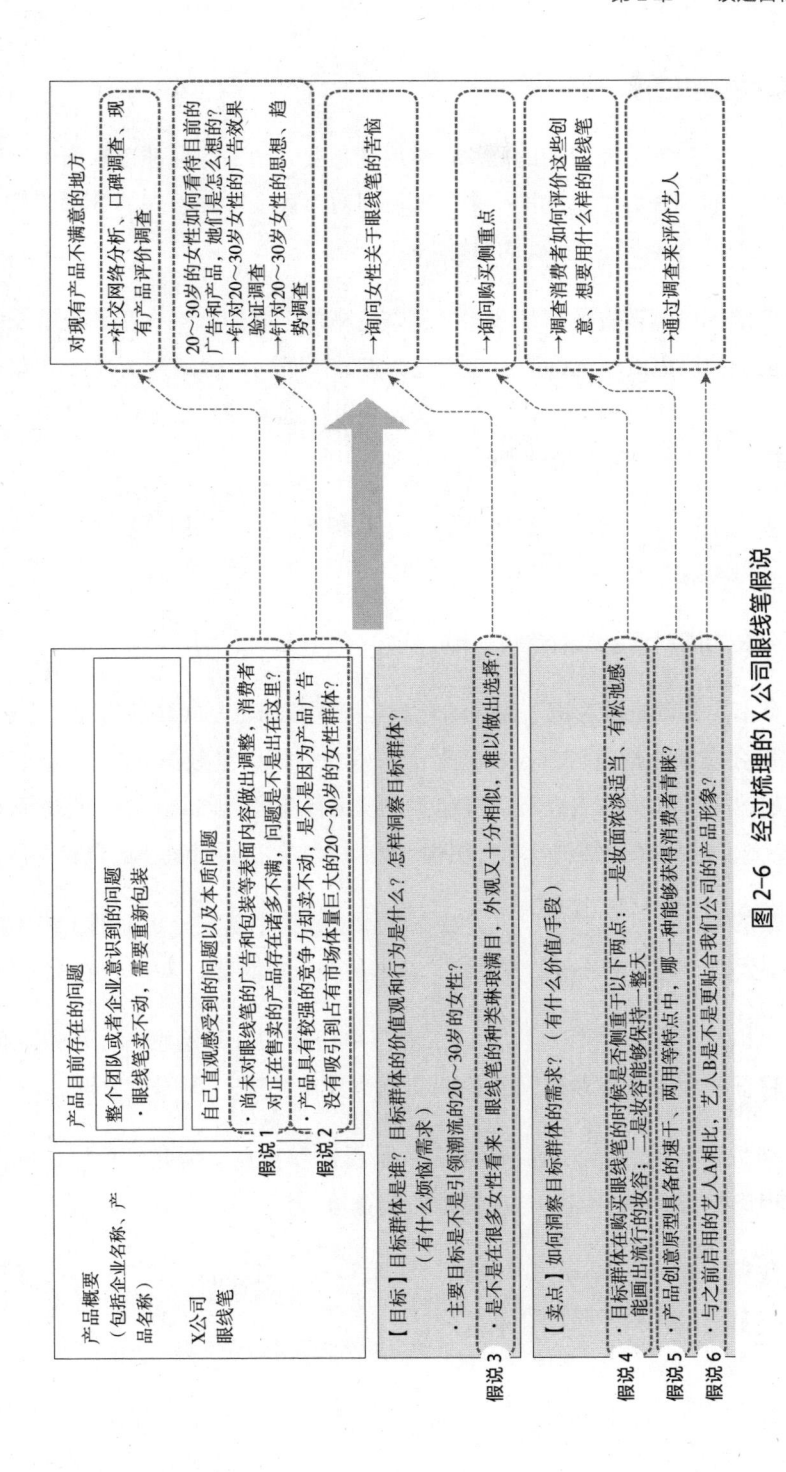

第 2 章　锁定目标和卖点打造爆品

产品概要
（包括企业名称、产品名称）

X公司眼线笔

产品目前存在的问题

整个团队或者企业意识到的问题
· 眼线笔卖不动，需要重新包装

自己直观感受到的问题以及本质问题
- 尚未对眼线笔的广告和包装等表面内容做出调整，消费者对正在售卖的产品存在诸多不满，问题是不是出在这里？ ……假说1
- 产品具有较强的竞争力却卖不动，是不是因为产品广告没有吸引到占有市场体量巨大的20~30岁的女性群体？ ……假说2

对现有产品不满意的地方
→社交网络分析、口碑调查，现有产品评价调查

20~30岁的女性如何看待目前的广告和产品，她们是怎么想的？
→针对20~30岁女性的广告效果验证调查
→针对20~30岁女性的思想、趋势调查

【目标】目标群体是谁？目标群体的价值观和行为是什么？怎样洞察目标群体？（有什么潜在需求）

- 主要目标不是引领潮流的20~30岁的女性？ ……假说3
- 是不是在很多女性看来，眼线笔的种类琳琅满目，外观又十分相似，难以做出选择？

→询问女性关于眼线笔的看法

【卖点】如何洞察目标群体的需求？（有什么价值手段）

- 目标群体在购买眼线笔时候是否侧重于以下两点：一是妆面浓淡适当，二是妆容能够保持一整天 ……假说4
- 产品创意原型具备的收益，两用零特点中，哪一种能够获得消费者青睐？ ……假说5
- 与之前启用的艺人相比，艺人B是不是更贴合我们公司的产品形象？ ……假说6

→询问购买侧重点

→调查消费者如何评价这些创意，想要用什么样的眼线笔

→通过调查来评价艺人

图 2-6　经过梳理的 X 公司眼线笔假说

035

提出假说的思考顺序

首先设定目前最可能得出的假说，然后让想要知道的问题浮出水面，最后寻找可供使用的调查方法。这样一来，即使面对市面上种类繁多的分析工具和研究方法，我们也可以做出正确的选择。

只要确定了应该调查的事情和想要调查的事情，我们就不会在调查手段的选择上出现固执己见的情况，而会在推进调查的同时向身边的人请教："我想调查这个，请问有什么合适的手段吗？"实际上，电通的战略规划师就是以这种方式一边集思广益，一边推进计划。

调查手段千千万，新的工具和方法也在不断涌现，而我们没有必要记住所有手段，成为所谓的"调查活字典"。

并不存在能网罗万象的战略规划师。

第1章末尾"调查放大镜"提到的充分运用大数据也是同样的道理。当然，我们有时也会摸索性地进行调查，但对于那些在分析巨量数据时进展不顺利，或是想要提升分析效率的人而言，一定要先设定目前最合理的假说，思考调查的目的是什么，自己想要知道什么、明确什么问题，然后设计具体的调查手段。

在日常的工作中，我们可以从大数据等巨量数据中划定分析范围，将大数据转化为小数据，再决定分析的方法等，这样调查起来就简单多了（见图2-7）。

我们可以从问题、目标和卖点这二者当中任选其一开始思考，可以从问题中发现目标和卖点，也可以从目标和卖点倒推出问题。

虽然在采取行动之前，最终要锁定的是目标和卖点，但我们可以从问题直接入手得出结果，也可以精益求精地对问题进行深入挖掘。

如果我们在思考时能够同时兼顾"问题"与"目标和卖点"，那么整个调查过程将会更加轻松（见图2-8）。

第 2 章　锁定目标和卖点打造爆品

产品概要 (包括企业名称、 产品名称) X公司 眼线笔	产品目前存在的问题 整个团队或企业意识到的问题 · 眼线笔卖不动，需要重新包装。 自己直观感受到的问题以及本质问题 · 尚未对眼线笔的广告和包装等表面内容做出调整，消费者对正在售卖的产品存在诸多不满，问题是不是出在这里？ · 产品具有较强的竞争力却卖不动，是不是因产品广告没有吸引到占有市场体量巨大的 20～30 岁的女性群体？ ① **目前最可能的假说**
【目标】目标群体是谁？目标群体的价值观和行为是什么？ 怎样洞察目标群体？(有什么烦恼/需求) · 主要目标是不是引领潮流的 20～30 岁的女性？ · 是不是在很多女性看来，眼线笔的种类琳琅满目，外观又十分相似，难以做出选择？	
【卖点】如何洞察目标群体的需求？(有什么价值/手段) · 目标群体在购买眼线笔的时候是否侧重于以下两点：一是妆面浓淡适当、有松弛感，能画出流行的收容；二是妆容能够保持一整天。 · 产品创意原型具备的速干、两用等特点中，哪一种能够获得消费者青睐？ · 与之前启用的艺人A相比，艺人B是不是更符合我们公司的产品形象？	

对现有产品不满意的地方
→ 社交网络分析、口碑调查、现有产品评价调查

② **想要知道的问题**
20～30 岁的女性如何看待目前的广告和产品，她们是怎么想的？
→ 针对 20～30 岁女性的广告效果验证调查
→ 针对 20～30 岁女性的思想趋势调查

→ 询问女性关于眼线笔的苦恼
→ 询问购买侧重点

③ **手段**
（调查的选择）
→ 调查消费者如何评价这些创意、想要用什么样的眼线笔
→ 通过调查来评价艺人

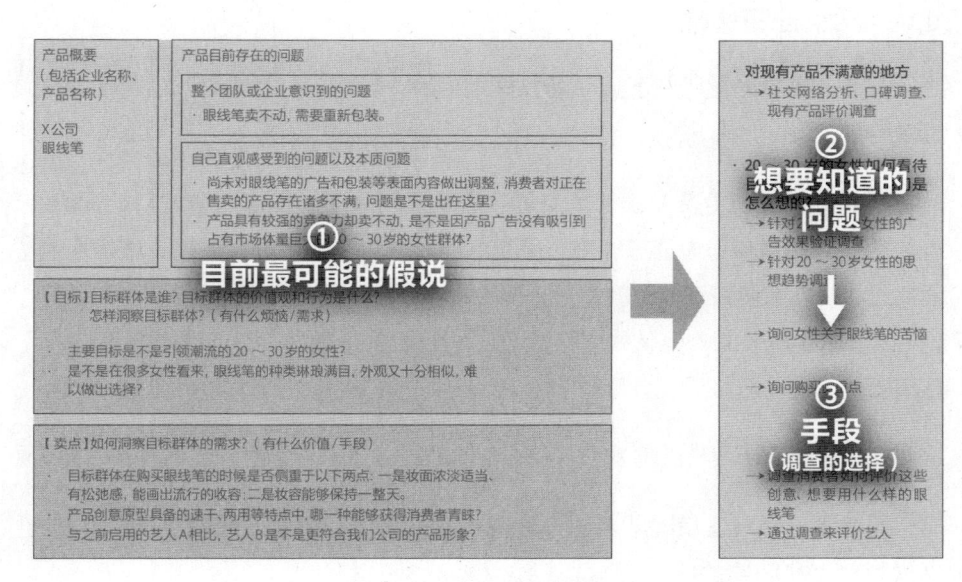

图 2-7　提出假说的思考顺序

产品概要 (包括企业名称、 产品名称) X公司 眼线笔	产品目前存在的问题 整个团队或企业意识到的问题 · 眼线笔卖不动，需要重新包装。 自己直观感受到的问题以及本质问题 **问题** · 尚未对眼线笔的广告和包装等表面内容做出调整，消费者对正在售卖的产品存在诸多不满，问题是不是出在这里？ · 产品具有较强的竞争力却卖不动，是不是因产品广告没有吸引到占有市场体量巨大的 20～30 岁的女性群体？
【目标】目标群体是谁？目标群体的价值观和行为是什么？ 怎样洞察目标群体？(有什么烦恼/需求) · 主要目标是不是引领潮流的 20～30 岁的女性？ · 是不是在很多女性看来，眼线笔的种类琳琅满目，外观又十分相似，难以做出选择？	
【卖点】如何洞察目标群体的需求？(有什么价值/手段) **目标和卖点** · 目标群体在购买眼线笔的时候是否侧重于以下两点：一是妆面浓淡适当、有松弛感，能画出流行的收容；二是妆容能够保持一整天。 · 产品创意原型具备的速干、两用等特点中，哪一种能够获得消费者青睐？ · 与之前启用的艺人A相比，艺人B是不是更符合我们公司的产品形象？	

对现有产品不满意的地方
→ 社交网络分析、口碑调查、现有产品评价调查

20～30 岁的女性如何看待目前的广告和产品，她们是怎么想的？
→ 针对 20～30 岁女性的广告效果验证调查
→ 针对 20～30 岁女性的思想趋势调查

→ 询问女性关于眼线笔的苦恼

→ 询问购买侧重点

→ 调查消费者如何评价这些创意、想要用什么样的眼线笔
→ 通过调查来评价艺人

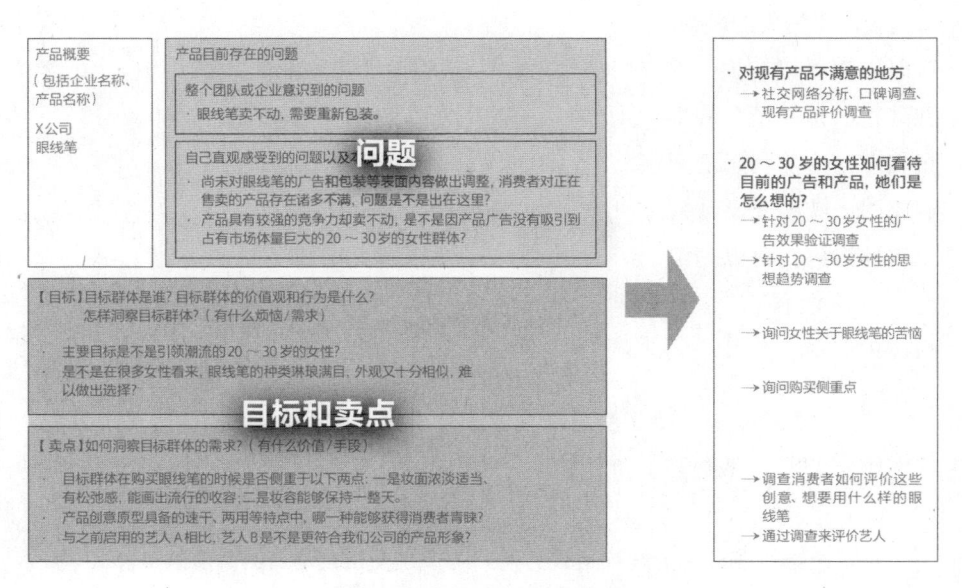

图 2-8　提出假说的两个方向

037

正确区分问题和课题

在此,我想先说明一下如何区分模板中的"问题"与"课题"这两个容易混淆的概念。

这两个关键词也是专业营销人员和战略规划师需要仔细区分使用的词语。电通的战略规划师作为管理客户公司战略的人,一直以来都会严谨、精确地遣词造句,从新人阶段开始,就被严格要求正确区分"问题"和"课题"。如果你说"20多岁的男性对产品认知度很低,是一个课题",那么一定会遭到反驳:"那是问题,不是课题!"

如果你还不明白自己的发言有什么不对的地方,请一定耐心往下看。

问题指的是现实情况与目标,即现实与未来的理想状态之间存在的差距,也指当前存在问题的状态。问题在于当下,由于它会产生消极的影响,所以需要予以解决。课题则指的是为了弥补理想状态与当前状态之间的差距,应该或是计划采取的措施,可以理解为"应该做什么"(见图2-9)。

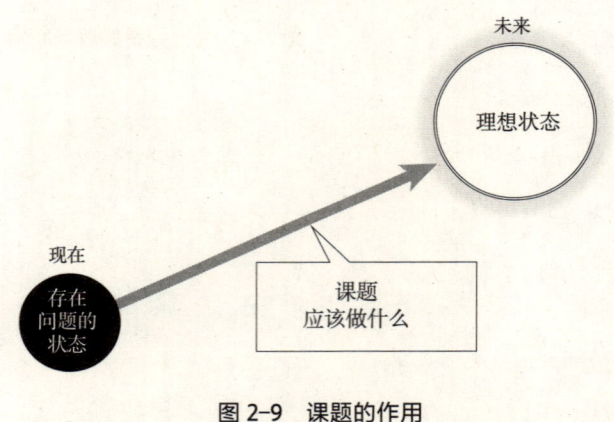

图2-9 课题的作用

例如,某企业就"为了将员工食堂改造成为大家都方便使用的场所,需要解决什么课题",收集到了如下意见。

问题:将员工食堂改造成为大家都方便使用的场所,需要解决什么课题?

A. 现在的布局未进行规划,不能容纳下所有人

B. 改善食堂内的动线

　　C. 与世界上大多数企业相比，服务效率较低

　　D. 提高食堂员工的专业素养

这4个选项中同时存在着问题和课题，其中，B和D是课题，A和C是问题。现在将A和C转换为课题，也就是"应该做什么"。

　　问题：将员工食堂改造成为大家都方便使用的场所，需要解决什么课题？

　　A. 进行能够让所有人就餐的空间设计

　　B. 改善食堂内的动线

　　C. 获取最新信息，参照其他公司进行改良

　　D. 提高食堂员工的专业素养

综上所述，"问题"是指从现状发掘出可能影响到我们向理想状态发展的障碍，"课题"则是为了解决问题而设定的措施。如果尚未区分出问题和课题就进行思考，那么就无法提出正确的战略。

语言学中有一种假说叫作"萨丕尔－沃尔夫假说"，该假说表示，我们的思考是由所使用的语言塑造出来的，而反过来说，所使用的语言也限制住了我们的思考。并不是先有思考，才有语言，而是语言本身限制了人的思考和价值观。正因如此，我们才需要慎重判断自己日常的遣词造句是否正确，有无问题。我并不是想在语言上吹毛求疵，而是想强调我们需要在自己的头脑中正确区分并整理出问题和课题。在工作中我发现，只要正确区分使用这两个词，就能自然而然地优化我们发现问题和设定课题的方式。请注意，当你说出"课题"的时候，一定要小心它其实只是一个"问题"。

10分钟内提出一个假说

　　请大家做下面这个练习：

思考怎样才能让自己负责销售的产品或服务卖得更好，填写假说模板步骤1。（限时：10分钟）

某天，你突然被指派负责一本书的促销或是一家机构招揽客户的宣传活动，类似的情况想必对你来说并不陌生。

但委托人（如上司、客户等）所传达的信息不一定完备。我们会遇到对方不愿提供详细信息、委托人本身并不掌握相关信息、大家都没有充分掌握并分析信息等情况，因此，为了打造爆品，我们需要亲自收集必要的信息和数据。

在这项练习中，请先试着思考与自身关系紧密的内容，以及感兴趣的产品或服务等容易接触到的东西。当然，你也可以这样思考："如果真的让我去负责自己感兴趣的东西会怎样？""如果让我加推正在负责的产品或服务会怎样？"。请使用假说模板，在10分钟内完成思考并进行填写。

完成练习之后，你有什么感想呢？刚开始的时候你可能会词不达意，但只要反复利用模板练习，熟能生巧，就可以在短短的10分钟内填满整个模板。

诀窍就是"在10分钟内完成"，长此以往，就能形成习惯。最开始我们是通过模板填空来厘清思路，而习惯了这种思维方式之后，就可以直接在头脑中或白纸上进行操作了。

那么，怎样才能将步骤1中凭大概的感受提出的假说（假设性答案）变成正确的答案呢？这就需要步骤2的假说验证循环。

不断重复"假说验证循环"

步骤1中的假说是根据目前掌握的信息推导出的假设性答案。在进行调查时把眼下最可能发生的情况设定为假说，然后通过调查进行验证。根据调查结果，我们获得了更为敏锐的直觉，再对假说进行验证并完善，从而得出新的假说，然后再进行验证……如此重复进行假说验证循环，就能打磨假说，使其接近正确的答案。

那么，需要将假说打磨到什么程度，才能判断自己已经得到了足够正确的答案，从而结束假说验证循环呢？

调查的种类

确定目标和卖点的那一刻，就是结束假说验证循环，进入步骤3采取行动的最佳时机。关于假说验证循环的具体方法，将在第3章至第8章进行讲解。而在此之前，我希望大家先了解一些基础知识。首先，我们需要了解一下调查的种类。请你回答以下问题。

问题：以下几个选项中，有哪些属于步骤2会用到的调查方法？
1. 请教身边的同事。
2. 使用线上访谈系统。
3. 请教专家。
4. 去店里走访、试用产品。
5. 从时尚杂志中收集世界流行趋势信息。
6. 与调查公司一起实施定性或定量调查。
7. 利用各种分析工具收集数据（访问分析→搜索趋势→网站流量分析等）。
8. 发邮件请教朋友和同事。
9. 上网查资料。
10. 进行问卷调查。
11. 上述选项均不是。

正确答案是，前10个选项我们都会用到。调查方法可以粗略分为以下4类（见图2-10）。

```
┌─────────────────┬─────────────────┐
│    文献调查      │    实地调查      │
├─────────────────┼─────────────────┤
│     采访         │     问卷         │
└─────────────────┴─────────────────┘
```

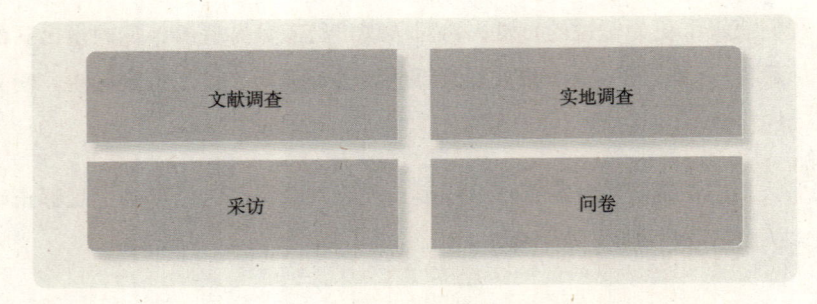

图 2-10　4 类调查方法

在策划时，我们可以尝试把 10 个选项通过这 4 个类型进行细分。

采访、问卷：

　　1. 请教身边的同事。

　　2. 使用线上访谈系统。

　　3. 请教专家。

　　6. 与调查公司一起实施定性或定量调查。

　　8. 发邮件请教朋友和同事。

　　10. 进行问卷调查。

实地调查：

　　4. 去店里走访、试用产品。

文献调查：

　　5. 从时尚杂志中收集世界流行趋势信息。

　　7. 利用各种分析工具收集数据（访问分析→搜索趋势→网站流量分析等）。

　　9. 上网查资料。

可能有人会想："用这些方法也能进行调查？"但是了解过后，你就会觉得调查其实离我们很近。

参考最新信息（文献调查/实地调查）和尽可能多地征询各类人群的意见（采访/问卷）的区别在于，前者是一个人能够独立完成的调查，而后者需要他人的协助（见图2-11）。从哪一种方法开始进行调查都可以，不过，从能够独立完成的、难度较低的文献调查/实地调查入手，更容易开展调查。

```
5. 从时尚杂志中收集世界流行趋势信息。
7. 利用各种分析工具收集数据（访问分析→
   搜索趋势→网站流量分析等）。
9. 上网查资料。

4. 去店里走访、试用产品。

可以独立完成的调查          需要他人协助的调查
    文献调查      实地调查
    采访          问卷

1. 请教身边的同事。
2. 使用线上访谈系统。
3. 请教专家。
6. 与调查公司一起实施定性或定量调查。
8. 发邮件请教朋友和同事。
10. 进行问卷调查。
```

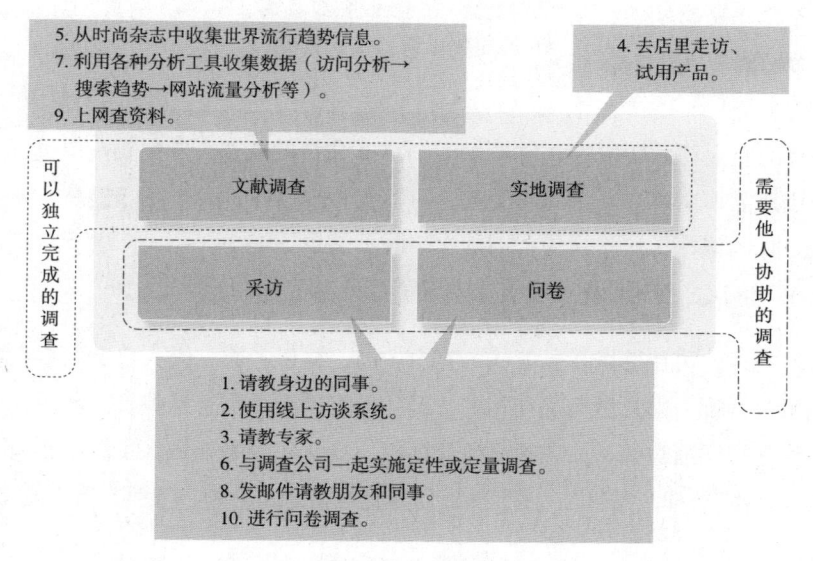

图2-11　调查方式的划分

在准备尽可能多地征询各类人群的意见（采访/问卷）之前，有必要事先决定征询的对象。

在请教谁的问题上，有3个对象可供考虑：

- 购买产品或服务的目标群体（客户）。
- 与产品或服务相关的利益方（销售商、批发商等）。
- 与产品或服务相关的业内人士（专家）。

在优先顺序上，客户当之无愧位列第一，其次是销售商、批发商和专家。客户永远是最重要的。

被誉为"现代营销学之父"以及"营销之神"的美国经济学家菲利普·科特勒曾指出与客户直接对话的重要性：

> 每天至少和一个客户进行对话，或者观察一个客户的行为，这是一个很重要的习惯。为了了解客户选择某个企业和某个产品的真正原因，你需要与他直接对话。

助力企业开发新业务的日本 Alpha Drive 公司的负责人麻生要一说过，一个业务创意需要向客户征询 300 次意见，不断修改业务方案，才能提高一项业务实现目标的概率（这里所说的 300 次，既不是指征询 300 个人，也不是指征询一个人 300 次，而是面向多个客户进行了总计 300 次的征询）。

首先，公司在选择目标群体（客户）时，要思考哪一类人会购买自己的产品或服务，哪一类人虽然现在不买、但今后可能会购买，寻找目标的方法将在第 5 章进行详细解说。在观察目标群体时，最重要的是要深入了解某个有名有姓的具体客户，即"$n=1$"，而不能仅仅笼统地将"20 多岁的女性"作为对象。

其次，在选择与产品或服务相关的利益方时，可以从销售员、流通部门人员、门店店员等人群中有针对性地进行选择，并征询"什么样的产品更好卖""客户更乐于接受哪种促销方式"等问题的回答。这些人每天都在销售一线，他们的切身感受往往是最本质、最容易加以利用的信息。另外，如果某件产品连流通部门或商店都不愿意购入，那么自然很难推广开来，因此通过征询他们的意见来收集信息再好不过了。

最后，选择与产品或服务相关的业内人士（专家）时，要考虑哪些人能够向我们透露业内的趋势和商机。你可以与对方直接联系，也可以通过 Visask 和 Mimir 等平台的收费服务联系专家。

最佳的方式当然是征询 3 个对象包含的全部人群，但在时间和资金有限的情况下，只选择客户已是绰绰有余，因此一定要将客户放在首位。

区分使用定性调查和定量调查

在进行采访调查和问卷调查之前，有几个问题需要大家注意。

以一对一的方式，或者针对3～10人开展的小规模调查被称为"定性调查"。其中，由1名主持人召集多人进行采访的方式被称为焦点小组访谈（Focus Group Interview，FGI）。这种采访中，参与者受到彼此的影响，使团队内产生讨论动力，从而能激发更为活跃和广泛的意见。而主持人和参与者一对一进行的访谈被称为深度访谈（Depth Interview，DI），这种采访方式可以挖掘到参与者内心深处的想法。

现在，定性调查主要指将参与者集中到访谈室进行面对面的采访，但由于这种采访的前提条件是在封闭空间内展开多人对话，很容易出现"三密"（密闭、密集、密切接触）的情况，因而在传染病流行时期需要谨慎使用。鉴于其实现成本较高，目前主流的做法是利用Zoom等技术进行线上采访。

通过问卷调查等方式，在每个"片段"[①]采集至少30个人的反馈，从而统计出定量数据的调查被称为"定量调查"。

定量调查要求的人数可以是30人、数万人，乃至数百万人。如今与问卷调查相比，采用在线调查系统收集回答并进行统计的方法受到了更多青睐。

定性调查和定量调查都各有优劣，若有失偏颇，未能正确使用定性调查或定量调查，必然会陷入困境。例如，已经完成的定性采访调查只收集到了一部分人的意见，不足以得出结论，这时就要补充进行定量调查。又如，已经完成的定量问卷调查得出了"40～50岁人群的需求很低"之类的令人困惑的结论，这时就要补充进行定性调查。

我们在调查时经常只聚焦于一种方式，而忽略了另一种。特别是那些调查新手，往往会倾向于使用自己了解的调查方式。

---

① 指按照某种基准被划分的特定群体。分片段也被称为"分块"或"细分市场"。

那么，我们应该怎样灵活运用这两种调查方式呢？定性调查和定量调查的优点和缺点如表2-1所示。

表2-1 定性调查和定量调查的优点和缺点

	定性调查	定量调查
优点	● 可以从语气、表情、动作等方面获取信息，容易获得出人意料的信息 ● 可以捕捉到无法用数据体现的情绪和心理，进而了解更深层次的原因 ● 从只言片语当中也能有所收获	● 可以通过明确的数值、比例来掌握事实。通过把握整体获得一个大体的结论 ● 数据可以确保客观性 ● 易于理解，误差少 ● 可以舍弃少数意见，效率较高
缺点	● 缺乏代表性 ● 难以给出客观结论 ● 分析水平会使结论产生误差 ● 采访水平会对调查造成负面影响（需要选择可信赖的采访对象） ● 可以深入挖掘具体意见，但覆盖面较小	● 信息来源具有局限性 ● 很难获得出人意料的信息 ● 不清楚深层原因，仅停留在表面信息的解读上 ● 容易倾向于多数意见，忽视少数意见

定性调查擅长从人的语气、表情、动作等方面获取信息，因此容易得到出人意料的发现。通过观察采访对象作答时的状态，可以捕捉到无法用数据体现的情绪和心理状态，从而更容易了解深层次的原因。有时仅从只言片语中也会有重大发现。

不过，定性调查具有调查人数少、结果缺乏代表性、没有数据作为支撑而难以保证结论客观性等缺点。分析人员的水平也会对结论产生影响。

此外，进行采访调查还需要掌握引导对方真实情绪和心理的提问顺序，挖掘更深层次意义的方法、避免提问有失偏颇等高级技巧，因此，如若采访者缺乏技巧，采访往往无法顺利进行。

要想具备必要的提问技巧，可参考第3章"采访调查成功的6个提问诀窍"。若预算允许，最理想的情况是请专业的主持人组织访谈，非专业主持人反复模仿专业主持人，也能掌握访谈技巧。另外，定性调查虽然可以深入挖掘具体意见，但是覆盖面较小，这也是它的缺点之一。

定量调查可以通过明确的数值、比例来掌握事实，这种调查方式能够获得强有力的依据。它可以帮助我们把握整体的趋势，获得一个大体的结论。因为这种调查以数据作为支撑，所以可以确保客观性，容易理解，误差也少，且舍弃了少数意见，效率更高。

但定量调查也有信息来源局限于对问题的回答等缺点，也因此很难获得出人意料的信息。如果所给出的选项本身存在遗漏，那么被遗漏的情况就永远无从得知。这种调查方法也无法对原因进行更深层次的挖掘，因而无法认识到问题的本质，只能停留在表面信息的解读上。容易倾向于多数意见，忽视少数意见，也是定量调查的缺点之一。

"为什么购买这件产品？""你最看重产品的哪个特质？"如果你想在观察客户的过程中掌握他们购买产品的原因和选择上的细微差别，可以使用定性调查。

"有什么类型的群体，每个群体有多少人？""有多少人了解这个产品？"如果你想通过客观数值、比例等数据把握整体趋势，可以使用定量调查。

即使是同一个调查主题，方法不同，得到的信息也会大相径庭。定性调查和定量调查各有优劣，应灵活、合理地加以使用（见表2-2）。

表2-2 主题相同的情况下不同的调查方法会得到不同的信息

定性调查	定量调查
● 眼线笔最重要的特质应该是不洇、不掉色。但是，总是用黑色眼线笔会显得妆容太过老套，所以想用咖色等清新一点的颜色（20多岁、女性、职员） ● 我一直很看重眼线笔不易脱落和使用方便这两点。最近彩色眼线笔很流行，我觉得很时髦所以买了一支，结果它太难用了，最后扔在了一边。有时我会想，如果能出一种颜色淡雅清新的眼线笔就好了（30多岁、女性、售货员） ● 可以看出，客户非常期望眼线笔具有清新的颜色（对象：3名眼线笔购买者）	● 不易掉色 58% ● 不易洇 45% ● 使用方便 30% ● 颜色清新 25% ● 有美容功效 19% （对象：100名眼线笔购买者）

如今在线上进行定性调查越来越普遍。下面，我将介绍这种线上访谈调查

的优点：

- 不出差也能采访到生活在全国各地的人。
- 能够观察到受访者的房间，不仅得到了采访内容，还获得了思想和价值观方面的启发。
- 采访时能够拍摄到脸，从而观察受访者表情的变化。
- 受访者在自己家里，较为放松自然。
- 远程连线对于采访者而言时间上较为灵活。开始和结束的时间可以定在早上，也可以定在晚上，也便于参与人员协调时间。音画效果也更好，且能事后分享录像。
- 节省会场费和印刷费，降低成本（可以以很低的成本逐一进行深度采访）。

而线上访谈调查的缺点有以下几点：

- 会产生线路、设备、系统等方面的问题（需要操作指南、提前彩排）。
- 需要准备向受访者展示的资料和产品样品等道具（但部分保密性较高的物品出于风险管控的考虑无法邮寄，可以用投影资料代替。部分道具还要特制为可供手机端浏览的尺寸）。
- 与组织方的参与人员沟通的难度大于当面沟通（需要提前安排提问人员、建立聊天群组等）。
- 1 次线上团体采访的上限是 3 个人，需要更多成本（通常线下团体采访是 1 次 6 个人）。

了解总体和样本的关系

如何锁定包含在调查对象中的目标群体呢？关于这一点，我会在第 5 章详细说明。在此，我会讲解如何确定调查对象，以及应该询问多少人（如何确定人数）。在考虑一项调查应该询问多少人之前，我们要先了解以下 4 个基本的统计学术语（见表 2-3）。

第 2 章　锁定目标和卖点打造爆品

表2-3　4个基本的统计学术语

名称	定义
总体（N）	作为调查对象的全部集合
总体大小	总体中数据的个体数量（本书中仅对人进行问卷调查，所以个体数量指"人数"，后同），用"$N=$ 数字"表示，也称为"总体容量"
样本（n）	从总体的一部分抽取出来的样本
样本大小	从总体中抽取的样本数据的个体数量，用"$n=$ 数字"表示，也被称为"样本大小"或"样本容量"

例如，你想要调查的对象是"居住在东京都内的 20～29 岁的女性"，那么，居住在东京都的 20 多岁的全体女性就是调查对象的全部集合，即总体，而总体大小指的是这一总体数据中的个体数量。在本书中，因为是以人为对象进行的调查，所以个体数量就是指"人数"。这里的总体大小是 89.9 万人（$N=$ 899 000），如图 2-12 所示。最为理想的情况是对 89.9 万人都进行调查，但这是不现实的。

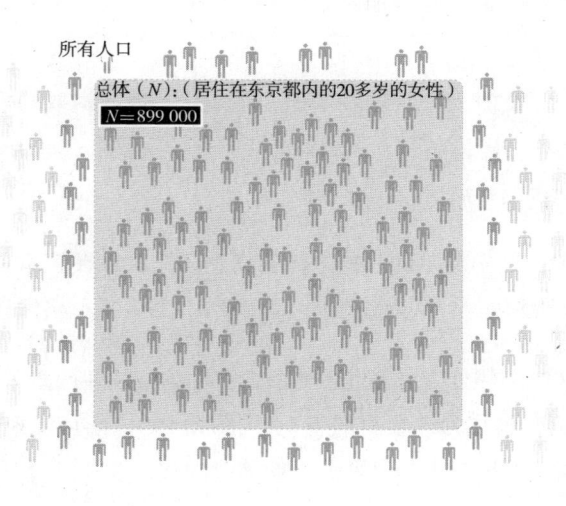

图 2-12　调查对象总体

资料来源：日本总务省统计局 2019 年 10 月 1 日人口估值。

因此，我们要从 89.9 万名居住在东京都内的 20～29 岁女性的总体中，随机抽取 200 人组成"样本"进行调查，并由此推测总体情况（见图 2-13）。

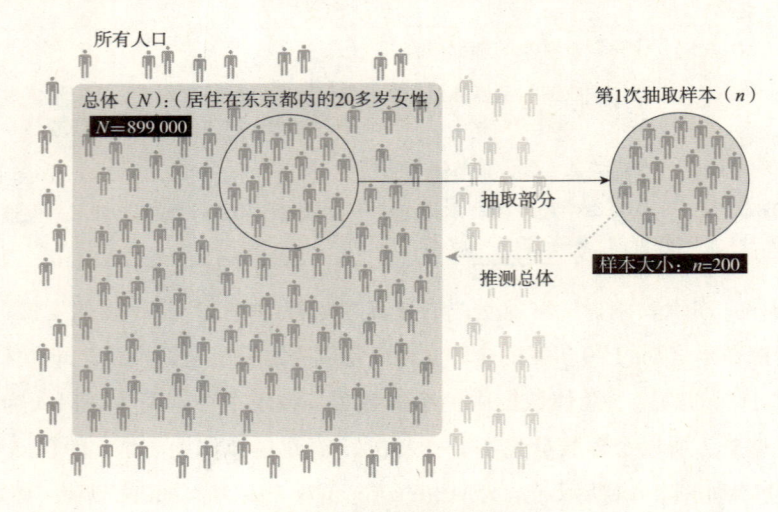

图中文字：
所有人口
总体（N）：（居住在东京都内的20多岁女性）
$N=899\ 000$
第1次抽取样本（n）
抽取部分
推测总体
样本大小：$n=200$

图 2-13　调查对象样本

资料来源：日本总务省统计局 2019 年 10 月 1 日人口估值。

刚才提到的"样本大小"这一术语，是指从总体中抽取的样本数据的个体数量。和总体大小一样，在以人为对象进行调查的时候，这一个体数量就是"人数"。这里的样本大小为 200 人（$n=200$）。

在统计学中，首先要明确区分总体和样本。其次，在表示总体大小时使用大写字母 N，在表示样本大小时使用小写字母 n，二者须严格区分使用。

从总体中抽取一部分为对象进行的调查被称为"抽样调查"，而以总体全体为对象进行的调查被称为"全面调查"（见图 2-14）。具有代表性的全面调查，包括以在日本居住的所有人为对象进行的国势调查，以及以日本所有事业单位、企业为对象进行的经济普查等。私人企业一般不会耗费大量的金钱、时间、人力资源等成本进行全面调查，所以我们一般会用到的是抽样调查。

有一个表达与"样本大小"十分相似，那就是"样本数"，但两者并不是同一个概念。

第 2 章　锁定目标和卖点打造爆品

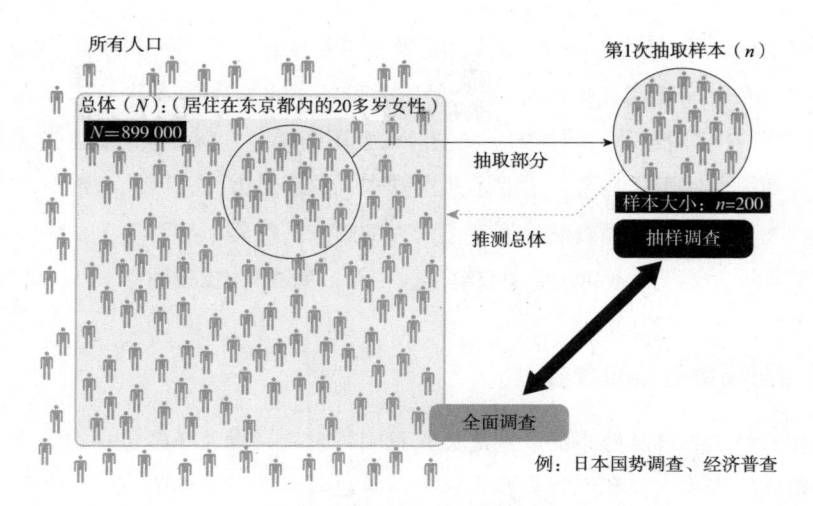

图 2-14　全面调查与抽样调查

资料来源：日本总务省统计局 2019 年 10 月 1 日人口估值。

样本数指抽取样本的次数，也就是样本集合的数量。例如，前文中只建立了一次样本集合，那么样本数=1。如图 2-15 所示，建立 3 次样本集合时，样本数=3。

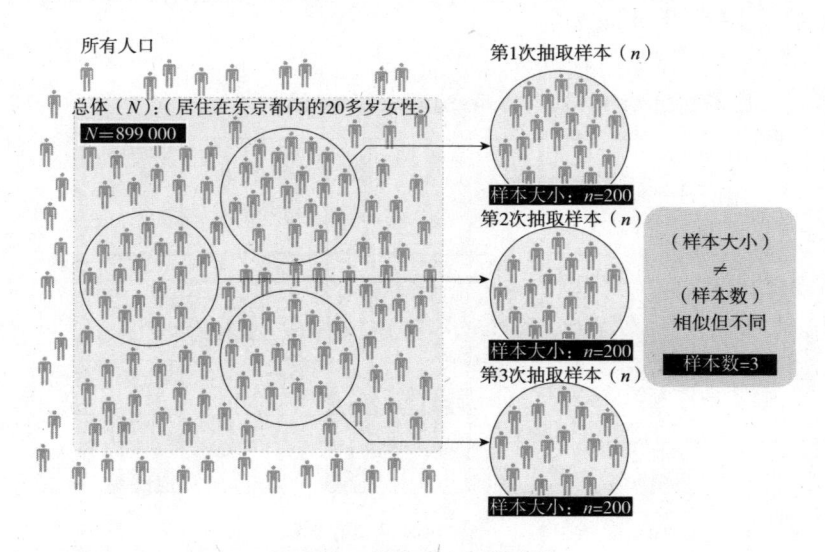

图 2-15　样本大小与样本数

资料来源：日本总务省统计局 2019 年 10 月 1 日人口估值。

但是在进行分析时,人们经常会混淆"样本大小"与"样本数",例如,在抽取200人的抽样调查中错写成"样本数200人"(正确的表达是"样本大小200人")。在打造爆品的调查中,我们经常会用到样本大小(咨询了多少人)的表述,却很少使用样本数(抽取了几次样本)的表达方式,因此对这两个词产生混淆并不会对这类调查的进展产生太大的影响。但是在统计学上,样本大小和样本数的含义截然不同,请大家牢记这一点,视情况加以运用。

确定定量调查对象的数量

在了解了总体和样本的区别之后,我们再来看一看怎样确定样本大小,也就是要询问多少人。我们首先要掌握确定定量调查样本大小的方法,之后再学习确定定性调查样本大小的方法。

了解"明细表""单纯统计""交叉统计"

样本大小是由所需明细倒推决定的。"明细表"(见图2-16)也称为"细目"(Breakdown,BD),指的是一种收集并计算调查结果的表格,列在表格左侧为"性别""年龄"等分析视角。

问题:你会使用喝饮料不脱色、不沾杯的口红吗?(单选题)

		n	想用	有点想用	不太想用	不想用	前两项总和	后两项总和
全体	分析轴	400	30.7	41.5	13.5	14.3	72.2	27.8
性别、年龄①	女性 20～29岁	200	30.5	39.9	14.5	15.1	70.4	29.6
	女性 30～39岁	200	30.9	43.1	12.5	13.5	74.0	26.0
性别、年龄②	女性 20～24岁	100	29.6	44.6	13.4	12.4	74.2	25.8
	女性 25～29岁	100	31.4	35.2	15.6	17.8	66.6	33.4
	女性 30～34岁	100	23.1	51.1	10.2	15.6	74.2	25.8
	女性 35～39岁	100	33.4	40.5	13.3	12.8	73.9	26.1
使用情况	涂口红	40	30.9	49.8	10.3	9.0	80.7	19.3
	不涂口红	360	30.3	23.7	20.3	25.7	54.0	46.0

与整体数据的分数差(绝对值)　　+10%以上　　　-5%以上
　　　　　　　　　　　　　　　　+5%以上　　　　-10%以上

图2-16　明细表

第 2 章　锁定目标和卖点打造爆品

"统计"指的是计算可用数值表示的数据集合，调查统计可以分为单纯统计（Grand Total，GT）和交叉统计两种，含义如图 2-17 所示。

问题：你会使用喝饮料不脱色、不沾杯的口红吗？（单选题）

		n	想用	有点	不太	不想	前两	后两
单纯统计								
全体		400						
性别、年龄①	女性 20～29 岁	200						
	女性 30～39 岁	200	30.9	43.1	12.5	13.5	74.0	26.0
性别、年龄②	女性 20～24 岁	100	29.6	44.6	13.4	12.4	74.2	25.8
	女性 25～29 岁	100	31.4	35.2	15.6	17.8	66.6	33.4
	女性 30～34 岁	100						
	女性 35～39 岁	100						
使用情况	涂口红	40						
	不涂口红	360						
交叉统计								
与整体数据的分数差（绝对值）								

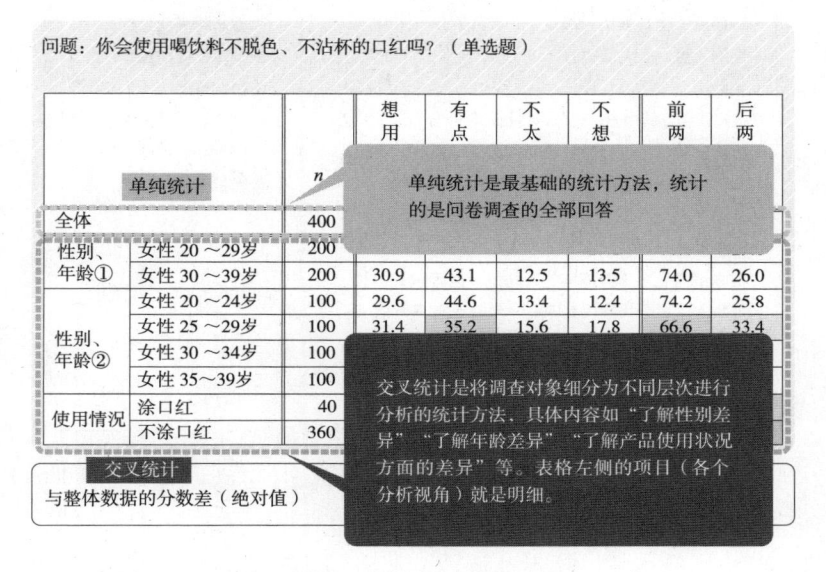

单纯统计是最基础的统计方法，统计的是问卷调查的全部回答

交叉统计是将调查对象细分为不同层次进行分析的统计方法。具体内容如"了解性别差异""了解年龄差异""了解产品使用状况方面的差异"等。表格左侧的项目（各个分析视角）就是明细。

图 2-17　单纯统计和交叉统计

可以通过以下两个步骤确定明细表的内容。

调查行动指南

确定明细表内容的方法

√ 从"属性"和"产品关注度"出发对目标进行分类。
√ 确定比较维度。

首先，我们可以从属性和产品关注度出发，分别按图 2-18 所示的要素对目标进行细分。这里的诀窍是不要把条件划分得太细，以免使目标范围过小。

053

■属性	■产品关注度
大多由以下3个要素决定，也有很多时候仅需这3个要素： ·居住地（全日本，一都三县，首都圈，特定县） ·性别（男，女） ·年龄 根据想要调查的内容，还可以将目标群体分为以下几类： ·行业、职业（可分为普通职业或复合职业、兼职或全职、家庭主妇或学生、是否从事特定职业等） ·婚否、有无小孩、小孩年龄（可分为未婚女性、孩子为学龄前儿童的家庭等） ·家庭结构（可分为与祖父母同住、独居等） ·年收入（可分为高收入家庭、年收入在百万日元左右的家庭等） ·兴趣、生活方式、价值观等（可按照特定兴趣爱好进行分类）	·对产品或服务的认知、兴趣、购买或复购 ·本公司产品和竞争产品的使用情况（使用中/停止使用/从未使用） ·对广告等形式的认知、接触频率等

图 2-18 从属性和产品关注度出发对目标进行分类

其次，在比较维度上，我们要思考哪些明细能够进行比较。要从细分的目标范畴中发现比较维度的相似性，如果无法找到相似性或是比较维度本身有限，也可以寻找相反性。

- 相似性：主要目标和辅助目标、本公司产品客户和竞争产品客户、目标群体的属性以及目标群体对产品的关注度等。
- 相反性：广告接触者和非接触者、客户和非客户、知情者和不知情者等。

例如，某家销售护手霜的公司自一年前护手霜产品 A 上市起，一直以来都以全日本 40～59 岁的男性、女性为目标群体。但实际上，全国 20～39 岁的男性、女性也是该产品的潜在目标群体，所以公司假设把目标锁定到这一群体范围。

这时，需要调查的内容就是"本公司护手霜产品 A 的卖点中，X 要素和 Y 要素哪一个更吸引人"等问题，以及验证"男性和女性客户对该产品的评价是否存在差别"。此外，从产品关注度来看，无须调查几乎不会购买护手霜（不限厂家）的人。

1. 从属性和产品关注度出发对目标进行分类。
- 属性：新目标群体为全国20～39岁的男性、女性。
- 产品关注度：目标群体为每年至少购买一次护手霜的人（不限厂家，不购买护手霜的人不在调查范围之内）。

2. 确定比较维度。
- 与全国40～59岁的男性、女性比较（相似性：原来的目标群体）。
- 男性客户与女性客户的比较（相似性：按目标群体的属性分类）。
- 想要调查的内容：产品A的X要素和Y要素哪一个更吸引人？

这种情况下，共同条件是"每年至少购买一次护手霜的人"。其中，按性别和年龄平均分配同等人数，这里的分配指按照一定维度设定回答者的数量。

20～39岁男性、女性目标群体的数据如图2-19所示。从中可以看出该年龄段内不同性别的比较，与该年龄段整体和40～59岁年龄段的比较。

	20～29岁	30～39岁	40～49岁	50～59岁	合计
女性	50人	50人	50人	50人	200人
男性	50人	50人	50人	50人	200人
合计	100人	100人	100人	100人	400人

共同条件：每年至少购买一次护手霜的人

平均分配：所有单元格设定同等人数

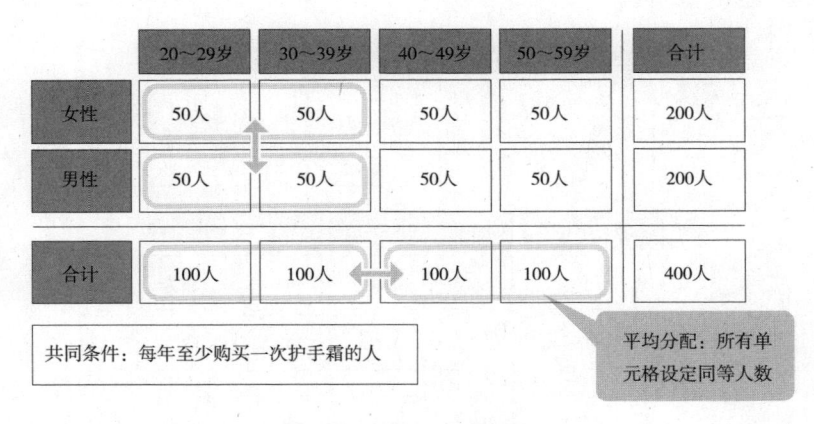

图2-19 平均分配示例

注：可扫描书前测试题二维码下载电子版。

像这样给所有单元格都设定同等人数的分配方式被称为"平均分配"。得到分配的各个方格被称为"单元格",单元格内数量的总和就是该样本大小的总和。

每个明细表都需要确定信息收集的人数(样本大小),就是"设定分配"。除了平均分配,常用的设定分配方法还包括比例分配。

调查行动指南

设定分配的两种方法

√ 想要对同一类型下的不同单元格进行比较,找出其中的差异时,应使用平均分配。

√ 想要了解整体趋势、态势时,应使用比例分配。

在此举一个用比例分配的方式进行分析的例子。如果想要观察一个国家所有人思想和行动上的变化,就应当根据该国人口结构比例,为不同性别、不同年龄段设定相应的人数(见图2-20)。

比例分配(例如:根据人口结构比例进行分配)

想要观察所有人思想和行动上的变化,根据该国人口结构比例,为不同性别、不同年龄段设定相应的人数

	20~29岁	30~39岁	40~49岁	50~59岁	60~69岁	70~79岁	合计
女性	134人	168人	197人	164人	188人	136人	987人
男性	130人	164人	194人	165人	198人	162人	1 013人
合计	264人	332人	391人	329人	386人	298人	2 000人

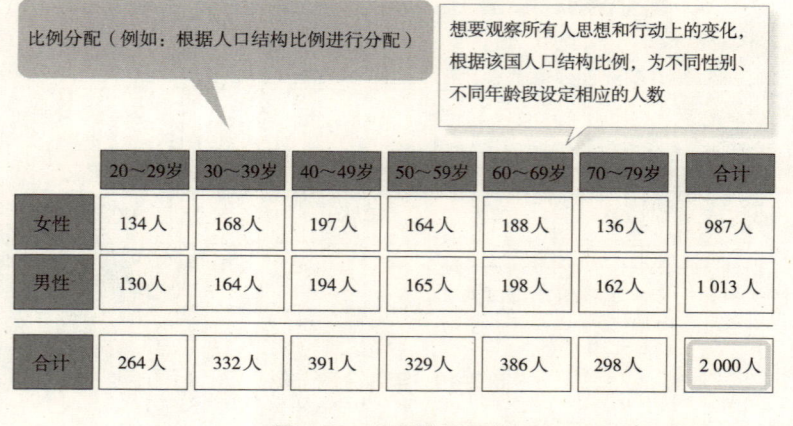

图2-20 比例分配示例

在没有熟悉这种分配方式之前，建议先掌握平均分配。接下来，我将介绍定量调查中单元格人数的确定方法。严格来说，该方法得出的结论可能存在一定的误差，但我们也可以通过简化思考来减少误差，如图 2-21 所示。

- 29人以下的明细表因为不满足统计要求的数量，因而不能使用。一个单元格最少需要30人
- 在预算有限的情况下，一个单元格有50个样本最为理想。需要特别关注和分析的单元格尽量不要少于50个样本
- 如果可行，一个单元格不少于100个样本会更为稳妥
- 问题的数量应合理，控制在20个以内，最多60个

	20~29岁	30~39岁	40~49岁	50~59岁	合计
女性	50人	50人	50人	50人	200人
男性	50人	50人	50人	50人	200人
合计	100人	100人	100人	100人	400人

共同条件：每年至少购买一次护手霜的人

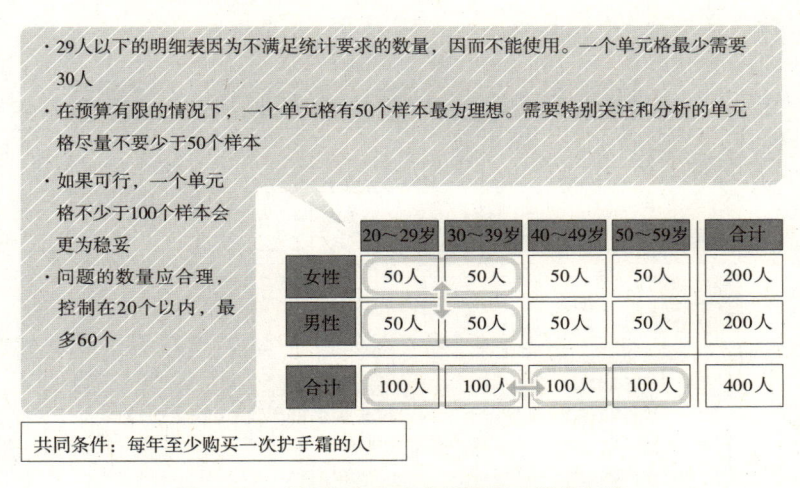

图 2-21　定量调查中确定单元格人数的标准

特别需要记住的是，统计人数不到 30 人的数据不能用作定量数据。至于为什么不能少于 30，因为涉及复杂的统计知识，所以不做详细的解释。数量为 29 人以下的单元格可信度较低，属于参考值，而 30 人是进行数据分析所需的最低数据量。不过在通常情况下，1 个单元格内有 50 人最为理想。

增大样本大小或设置加权样本

样本大小是从所需明细倒推得出的，其中数据量最小的明细是决定样本大小的重要因素。例如，前文提到的护手霜制造商想要使用"已经购买本公司护手霜产品 A 的 20～39 岁的人"作为明细，但这款护手霜产品 A 仅上市一年，人们对它的了解还不充分，所以如果把调查对象限定在每年购买一次护手霜的人，那么能统计出的购买过护手霜 A 的人数将是极少的。

如果按照性别、年龄进行平均分配，20～39 岁的人总计 200 人。在这 200 人中，如果有 15% 的人购买了护手霜产品 A，那么就意味着有 30 个人购买了这

款产品，剩下的170人没有购买，在这种情况下，出现了30人的数据，勉强可以进行统计。15%这一数字体现了"发生率"，所谓发生率，指符合分配条件的人出现的概率，这类数据是设计分配方案所必需的内容，可以委托调查公司做免费的发生率调查（见图2-22）。

	20~29岁	30~39岁	40~49岁	50~59岁	合计
女性	50人	50人	50人	50人	200人
男性	50人	50人	50人	50人	200人
合计	100人	100人	100人	100人	400人

共同条件：每年至少购买一次护手霜的人

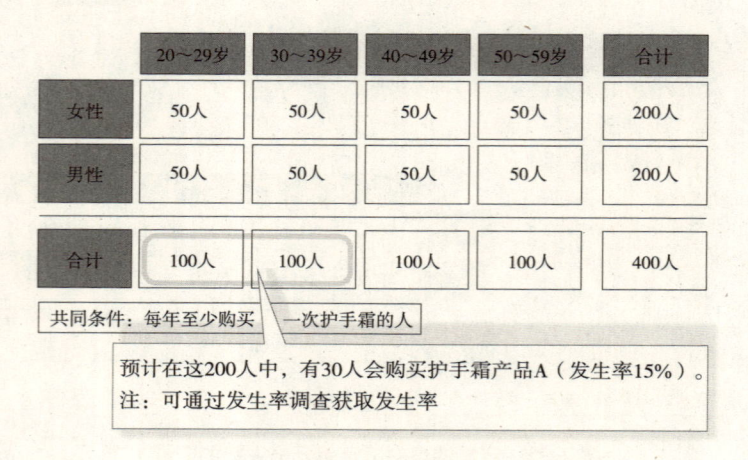

预计在这200人中，有30人会购买护手霜产品A（发生率15%）。
注：可通过发生率调查获取发生率

图2-22　发生率调查

如果已使用这款护手霜产品A的人的发生率只有10%，那么200人中符合条件的仅为20人，不足30人，明细就不能成立。这时该怎么办呢？针对明细数量不足的问题有两种应对方法。

调查行动指南

明细数量不足的应对方法

√ 以数据量最少的明细项目为基准，整体增加样本大小。
√ 针对数据量最少的部分单元格设置加权样本[①]。

---

① 指在初始设计样本之外，向特定单元格追加样本。也有些调查公司称之为"特别分配"，或简称"追加"。

第一种方法很简单，通过扩大整体数量就能解决问题（见图 2-23）。

1 以数据量最少的明细项目为基准，增加样本大小

	20~29岁	30~39岁	40~49岁	50~59岁	合计
女性	125人	125人	125人	125人	500人
男性	125人	125人	125人	125人	500人
合计	250人	250人	250人	250人	1 000人

共同条件：每年至少购买一次护手霜的人

预计在这500人中，有50人会购买护手霜产品A（发生率10%）

图 2-23　以数据量最少的明细项目为基准，整体增加样本大小

为了收集发生率为 10% 且数据量为 30 名以上的购买护手霜产品 A 的客户，就需要总计不少于 300 名 20～29 岁的客户。但如前所述，从数据量而言，将 30 人作为分析对象得出的结果参考价值不高，所以需要收集到 50 个人，那也就是说，需要 500 名 20～29 岁的客户。

第二种方法中的"加权"是指在初始设计样本之外，向特定单元格追加样本（见图 2-24）。例如，在平均分配且总数为 400 人的基础上，追加 50 名会购买护手霜产品 A 的人。

于是，原本在 200 名 20～29 岁男性、女性客户中，因发生率为 10%，得到自然发生的"购买护手霜产品 A 的人"的数据量为 20 人；而在追加 50 人之后，该数据量就变为了 20 人（自然发生）+ 50 人（加权）=70 人（总计）的可供分析的明细项目。

2 针对数据量最少的部分单元格设置加权样本

	20～29岁	30～39岁	40～49岁	50～59岁	小计	合计
女性	50人	50人	50人	50人	200人	400人
男性	50人	50人	50人	50人	200人	
加权回收 商品购买人	50人				50人	50人
						450人

单纯统计总计为400人

共同条件：每年至少购买一次护手霜的人

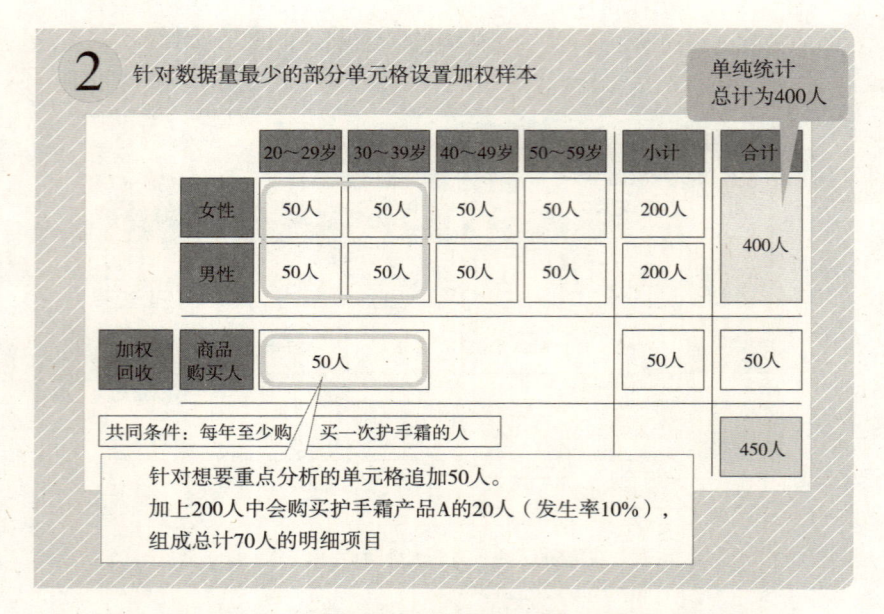

针对想要重点分析的单元格追加50人。加上200人中会购买护手霜产品A的20人（发生率10%），组成总计70人的明细项目

图 2-24 针对数据量最少的部分单元格设置加权样本

需要注意的是，单纯统计的总数量并不是平均分配的400人和加权样本的50人二者相加后的450人，而是去掉加权人数后的400人。将加权样本的50人统计在内得出的450人不具有任何意义，因为这样一来"购买过护手霜产品A的人"的比例会高于实际情况，结果存在偏差。

加权样本的方法适用于交叉统计，例如，对比20～29岁的人群中，购买过护手霜产品A的人和没有购买过护手霜产品A的人（加权50人的使用方法仅限于此。再次强调，不能将其列入单纯统计之中）。如下所示：

- 购买护手霜产品A的人 = 70人（自然发生20人 + 加权50人）。
- 没有购买过护手霜产品A的人 = 180人（从200人中减去购买产品的20人的样本）。

还要注意，在采用第一种方法，即增加样本大小的时候，样本大小的数据量也不宜过大，这种方法适用于各明细项目的样本都易于收集（或预算充裕的情况。我个人推荐第二种方法，通过追加样本的方式，从最低限度追加数据量，更为经济合理。

确定定性调查对象的数量

在进入确定定性调查对象数量的话题之前，我要先补充说明一下调查公司的相关知识。

调查公司是指以市场营销为目的，在互联网上提供收费定性调查或定量调查等服务的公司。想必很多人都知道，在日本，有时登录调查问卷网站协助填写问卷调查，就能获得积分，而向调查对象（回答者）提供调查问卷的正是调查公司，它们能够在收集、统计、分析问卷调查结果等各个环节提供帮助。反过来说，调查公司拥有数十万人乃至数千万人的调查对象，能够快速、准确地实施调查。

当然，即使不向调查公司订购服务，我们也可以通过 Google Form 等免费服务收集调查结果，还可以向注册了公司服务的客户发送调查问卷、召集团体采访志愿者等。不过，这些方式收集到的数据所涉及的范围有限，在结果上会造成一定的偏差。

例如，面向会员进行问卷调查，就不能询问到那些尚未成为会员的人；通过在互联网网站或社交平台上公布问卷调查的网址链接来征集回答，很难均衡地收集到不同目标群体的意见，从统计学上来说，这些数据并没有分析价值。另外，有的免费服务难以进行复杂的统计和分析。

因此，很多企业会利用调查公司来保证调查的效果，由于费用从几十万日元到几百万日元不等，所以我建议多找几家调查公司进行比价。日本的调查公司有明路调查网、英德知、Video Research、Cross Marketing 等，我经常会使用的调查公司有以下两家：

- 电通 Macromill Insight：作为电通的调查代理商，它是日本国内线上调查市场占有率第一[①]的明路调查网和电通合资的公司。它拥有强大的专业技巧和有效的解决方案，在制定营销战略、沟通战略所必需的调查实践上有优势。
- 乐天市场：拥有由乐天集团旗下各种产品和服务的客户所组成的，业内最大规模的市场调查参与群体。它能提供多种服务，价格比较便宜。

上述调查公司都拥有很多优秀的调查人员，如果你在应用调查方面还不够熟练，可以借助它们的力量。调查公司数量很多，一定要找到符合你自身需求的那一家。

确定分析对象和设定人数

下面介绍定性调查中单元格人数的确定标准。

> **调查行动指南**
>
> **定性调查：各单元格人数的确定标准**
>
> √ 1个单元格所需的最少人数（团体采访时，指一次能够召集到的人数）：面对面的团体采访为一次6人1组（同时进行，120分钟）；线上远程采访为一次3人1组（同时进行，60～120分钟）；一对一深度访谈无论是线上还是线下，1个单元格内最少3人（逐一进行，30～60分钟）。
>
> √ 即使预算有限，1个单元格内至少也要有3人。
>
> √ 想要根据内容得出结论，总计至少要询问12～18人。
>
> √ 因为不以数据量为分析对象，所以1个单元格内可以不足30人。
>
> √ 如果1个单元格内能够收集超过30人的数据，也可以对这些数据进行定量调查。但由于成本问题，进行定性调查时几乎不会在每个单元格都收集到30人以上的数据。

[①] 数据来源：日本市场研究协会2020年9月16日第45次经营业态调查。

在定性调查中，如果每个单元格内的人数超过 30 人，那么调查成本就会变高。不过，通过 Sprint 等访谈系统，现在的定性调查也可以轻松收集到大量的回答。

定性调查的调查对象数量较少，需要更为明确、敏锐地从属性和产品关注度出发对目标进行分类，并确定比较维度。线上访谈分配调查对象的示例如图 2-25 所示。

	购买本公司护手霜产品A	购买竞争公司护手霜产品B	两家公司产品均购买	合计
	20～29岁	20～39岁	40～49岁	
女性	3人	3人	6人	12人
男性	3人	3人	6人	12人
共同条件：每年至少购买一次护手霜的人				24人

图 2-25　线上访谈分配

注：可扫描书前测试题二维码下载电子版。

生产护手霜产品 A 的公司如果想把购买了竞争对手护手霜产品 B 的客户中的"20～29 岁的男性、女性客户"作为优先级最高的主要目标群体，可以把对应单元格的人数增加 2～3 倍。如果想从购买本公司护手霜产品 A 的客户中的"20～29 岁的男性、女性客户"中提取激发目标群体购买行为的线索，可以增加对应单元格的人数。

哪个单元格的优先级更高、更应该重点关注，取决于想要验证的内容和目标群体，这一部分可以参考第 3 章。

每次询问的人数及时长

虽然 1 个单元格人数标准为 3～6 人，但在使用网络会议系统进行团体采访的情况下，考虑到受访者的注意力，一次最多只能采访 3 人，因此，可以分两次进行团队采访来收集 6 个人的数据。而在一对一深度访谈的情况下，每个单元格最少要有 3 人（相同条件下接受访谈），这时如果想要进行详细的询问，或是想要了解较多的内容，则可以进行 120 分钟的团体访谈或 60 分钟的深度访谈。

相对于采访酬金，采访时长对定性采访的成本影响更大，因为速记、主持、进度管控的人工费等支出受工作时长、会场使用时长等方面的影响，所以，有的调查会采取减少询问项目、缩短采访时间、增加受访人数等方式来节约成本。

例如，将通常 3 人、120 分钟的线上团体采访时间缩短一半，即缩为 60 分钟，对一个单元格进行 2 次调查，收集 6 个人的数据。

这部分的具体内容将在第 3 章进行说明。要想在采访中挖掘出连受访者自己都难以意识到的深层原因，需要一定的时间，而定性调查常常由于时间紧迫，只能挖掘到表面粗浅的内容而导致失败。因此，除非所要询问的问题非常精练，否则不建议大家采用缩短时间的方法。

对收集来的信息进行分类

避免在调查时受挫有一个诀窍，那就是"不要把所有收集到的信息都堆在一起，对不清楚如何利用的信息一定要分开保存"。

下面仍以"X 公司眼线笔"为例，介绍如何对收集到的信息进行分类。最近眼线笔产品颇受消费者青睐，鉴于在售的眼线笔种类越来越多，我提出"本公司的产品是不是被淹没在了种类繁多的产品当中，客户难以选择"的假说。

在此我们需要明确两点信息，一是验证产品种类繁多、客户难以选择，二是明确竞争产品是否在让产品便于客户选择上做了努力。了解这些信息的方法是去门店进行实地调查、掌握竞争动向以及分析本公司产品。

然后，我们再将收集到的信息分为可用信息和不清楚如何利用的信息（如图 2-26 所示）。

第 2 章　锁定目标和卖点打造爆品

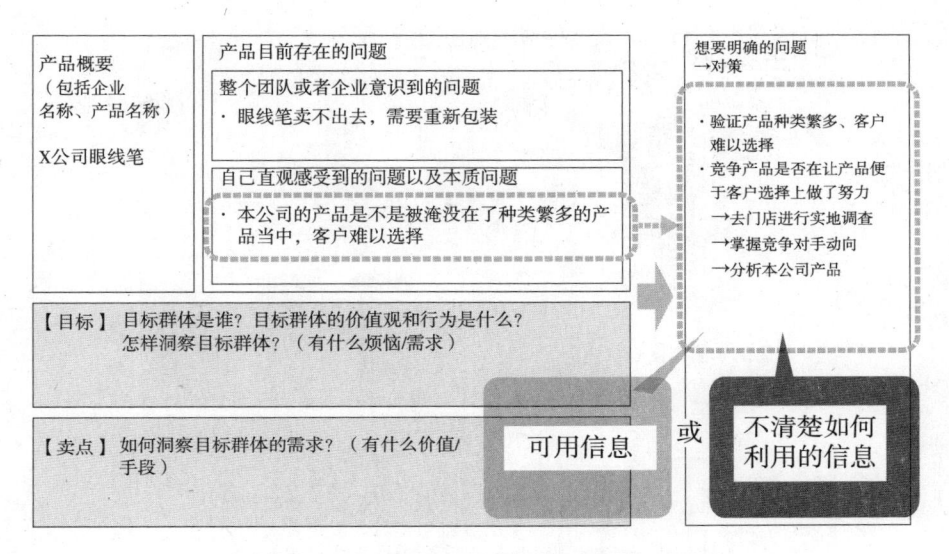

```
┌─────────────────────┬──────────────────────────────┐  ┌──────────────────────┐
│ 产品概要            │ 产品目前存在的问题           │  │ 想要明确的问题       │
│ （包括企业          ├──────────────────────────────┤  │ →对策                │
│ 名称、产品名称）    │ 整个团队或者企业意识到的问题 │  │ ・验证产品种类繁多、 │
│                     │ ・眼线笔卖不出去，需要重新包装│  │   客户难以选择        │
│ X公司眼线笔         ├──────────────────────────────┤  │ ・竞争产品是否在让产品│
│                     │ 自己直观感受到的问题以及本质问题│  │   便于客户选择上做了努力│
│                     │ ・本公司的产品是不是被淹没在了│  │ →去门店进行实地调查  │
│                     │   种类繁多的产品当中，客户难以│  │ →掌握竞争对手动向    │
│                     │   选择                        │  │ →分析本公司产品      │
├─────────────────────┴──────────────────────────────┤  │                      │
│【目标】 目标群体是谁？目标群体的价值观和行为是什么？│  │                      │
│         怎样洞察目标群体？（有什么烦恼/需求）       │  │                      │
├────────────────────────────────────────────────────┤  └──────────────────────┘
│【卖点】 如何洞察目标群体的需求？（有什么价值/      │   ┌──────┐      ┌────────┐
│         手段）                                      │   │可用信息│ 或  │不清楚如何│
│                                                    │   │        │      │利用的信息│
└────────────────────────────────────────────────────┘   └──────┘      └────────┘
```

图 2-26　可用信息和不清楚如何利用的信息

为了掌握竞争对手的动向，我对竞争对手的广告和促销产品等内容进行了分析。结果发现，竞争对手起用了多名日本艺人为产品代言，并按照艺人形象对产品进行分类宣传，让产品具有更高的辨识度。它把产品分为 3 个系列，分别由不同艺人代言，这样的设计更易于消费者对产品做出选择。

在门店进行实地考察后发现，竞争对手并没有把全部产品都摆放出来，而是按照艺人代言的不同系列，采取每一系列陈列几款产品的方式，让客户易于挑选。

相反，本公司所有风格的产品都堆放在一起，让人感到无从下手。门店内所摆放的产品确实存在着让客户选择困难的问题，亟须通过明星代言不同系列等方式加以解决。可用信息如图 2-27 所示。

不清楚如何利用的信息首先包括"当前竞争对手产品的客户画像"。在分析竞争动向时，我提出了一个假说：在眼线笔的种类变多的情况下，如果把客户从竞争对手那里抢过来，就能提高销售额。

通过分析竞争对手，发现竞争对手按照艺人形象对产品分类进行宣传，凸显品牌特征。
产品分为3个系列，分别由不同的艺人代言，产品辨识度更高

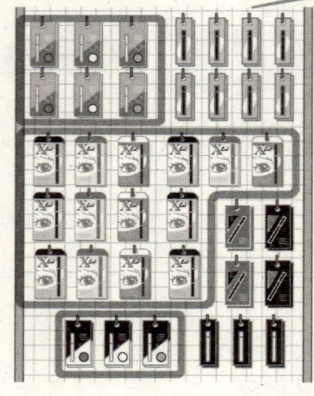

← 竞争品牌A

X公司产品

⇒ 门店的产品存在难以挑选的问题，亟须解决

在门店进行实地调查后发现，竞争公司品牌A并没有把全部产品都摆放出来，而是按照艺人代言的不同系列进行陈列，这样方便客户挑选。X公司所有风格的产品都堆放在一起，让人感到无从下手

图2-27 可用信息

因此，如果能够通过调查掌握竞争对手的产品拥有什么样的客户，就可以把这些客户设定为目标，从而轻松制定战略以吸引这一目标群体。但是经过调查发现，竞争对手的客户与X公司的客户并没有什么特别的差异，同时，我们也没有获得新的发现或下一步的对策，于是只能将这些信息作为备用信息保存起来。

我想要通过客户对X公司产品的评价，了解现有客户对X公司眼线笔的看法，从而找出别具一格的卖点，避免X公司的产品被淹没在市场里。然而为此收集到的评价只有品质和成品上的印象等信息，从竞争的角度来说，并不具有

独特的价值，于是也只能当作备用信息保存起来。

实际上，对现有客户进行调查不可能无功而返，如果真的找不到，只能说明调查方法是错误的。如果你收集到了一些信息，但没有从中提取出什么结论，也不知道如何利用，那么可以先暂时将信息保存下来。

但是，不要把这些信息和可用信息混为一谈，而要将它们单独保存，作为以后可能会用到的备用信息。这是一项枯燥但却十分重要的工作，需要耐心完成。

养成将可用信息和不清楚如何利用的信息进行分类保存的习惯，不要不加思索地把所有信息堆在一起，而要认真地加以解读，利用调查到的信息寻找下一步对策。

关键是对于信息不能仅仅停留在"收集"这一步，如果不能从中抽取出有意义的内容，找到下一步的对策，就等于调查做了无用功。我们需要养成收集信息，主动分析、解读，之后寻找下一步对策的三位一体的习惯。

在调查中寻找"下一步对策"

调查为何具有改变团队决策的力量？关于这一话题。我将从一个虚构的案例入手，介绍寻找下一步对策的方法。案例整体虽然是虚构的，但却是由多个真实事件组合加工而成。

在案例中，Y公司生产了一款功能饮料A，这款功能饮料是一个老牌畅销品，但在产品问世20年后，由于跟不上潮流、不受年轻人的青睐，导致销量持续低迷。功能饮料A的负责人表示："我们已经无计可施。"于是公司下定决心进行产品更新。

为了扩大宣传范围，公司起用了在年轻人中拥有超高人气的日本偶像组合，并投放电视广告。偶像艺人在广告里的可爱形象成为热门话题，并在社交网络

电通爆品讲义

上广泛传播，然而，饮料的销售额却丝毫没有复苏的迹象。负责人想，可能以年轻人为代表的新客户根本看不上这款产品，而老客户带来的销售额也不会再有新的突破，因此，是时候考虑停售了。但是这个品牌就这样没了，总感觉不甘心，于是决定通过调查，重新锁定目标和卖点。

负责人提出假说和具有针对性的调查方法

负责人先后提出了两个假说。第一个假说是：从饮料这一类产品的特性来看，如果放弃年轻人这一目标群体，品牌就没有未来，因此必须坚持瞄准年轻人。第二个假说是：不能过早轻率地放弃年轻人这一目标群体，他们依然是具有潜在购买力的目标群体。

这样一来，想要明确的问题就锁定在了"年轻人的购买潜力如何"和"为什么请来人气偶像、投放广告后销售额却没有突破"上。然后，把对策锁定为"抽样后的购买数据分析"和"广告效果验证调查"（见图2-28）。

产品概要 （包括企业名称、产品名称） Y公司 老牌畅销产品 功能饮料A	产品目前存在的问题 整个团队或者企业意识到的问题 ·问世20年后，产品跟不上潮流 ·年轻人不再购买，销量持续低迷 ·进行产品更新迭代。为了扩大宣传范围，起用人气偶像组合，并投放电视广告，成为热门话题，饮料销售额却没有复苏迹象 自己直观感受到的问题以及本质问题	想要明确的问题 →对策 ·年轻人的购买潜力如何 →抽样后的购买数据分析 ·为什么请来人气偶像、投放广告后销售额却没有突破 →广告效果验证调查
【目标】目标群体是谁？目标群体的价值观和行为是什么？怎样洞察目标群体？（有什么烦恼/需求） ·从饮料这一类产品的特性来看，如果放弃年轻人这一目标群体，品牌就没有未来，因此必须坚持瞄准年轻人 ·不能过早轻率地放弃年轻人这一目标群体，他们依然是具有潜在购买力的目标群体		
【卖点】如何洞察目标群体的需求？（有什么价值/手段）		

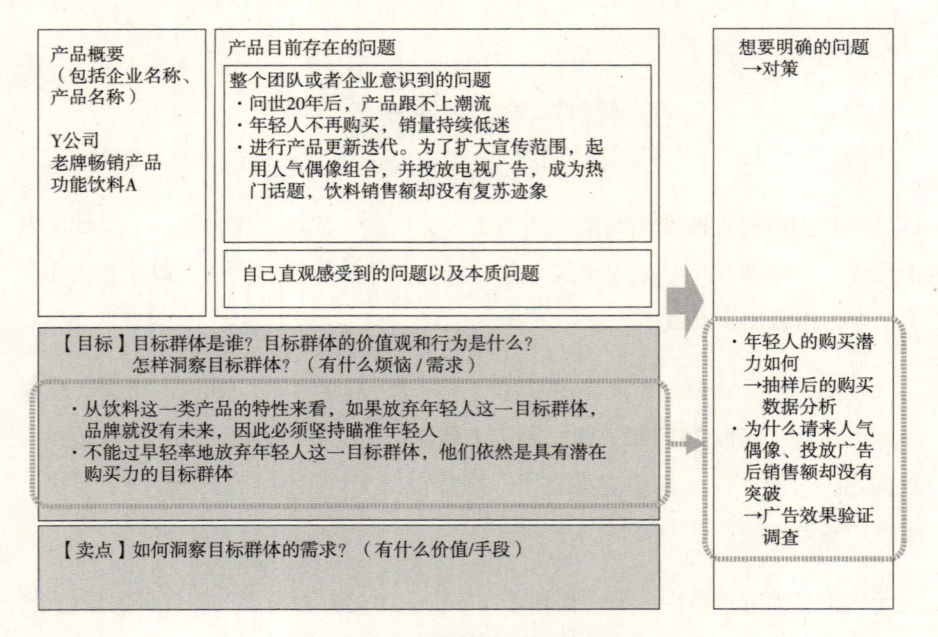

图 2-28　功能饮料 A 的假说示例

从调查结果找出下一步对策

经过调查，负责人获得了以下信息：一是在购买和回购次数方面，10～29岁的年轻群体的数据比30岁以上的现有客户群体的数据表现更好；二是大家对广告很有好感，但是通过广告很难认识到产品的亮点，这说明广告内容存在问题。

于是，负责人将目标锁定为"坚持瞄准10～29岁的年轻群体"，并从中找出下一步对策，即"应当改善广告内容，使其能够更好地体现出产品的特点（重新制作广告）"（见图2-29）。

| 产品概要
（包括企业名称、产品名称）

Y公司
老牌畅销产品
功能饮料A | 产品目前存在的问题

整个团队或者企业都意识到的问题
· 问世20年后，产品跟不上潮流
· 年轻人不再购买，销量持续低迷
· 进行产品更新迭代。为了扩大宣传范围，起用人气偶像组合，并投放电视广告，成为热门话题，饮料销售额却没有复苏迹象

自己直观感受到的问题以及本质性的问题 | 想要明确的问题
→对策 |

【目标】目标群体是谁？目标群体的价值观和行为是什么？
　　　　怎样洞察目标群体？（有什么烦恼/需求）
· 坚持瞄准10～29岁的年轻群体

【卖点】如何洞察目标群体的需求？（有什么价值/手段）
· 应当改善广告内容，使其能够更好地体现出产品的特点
　（重新制作广告）

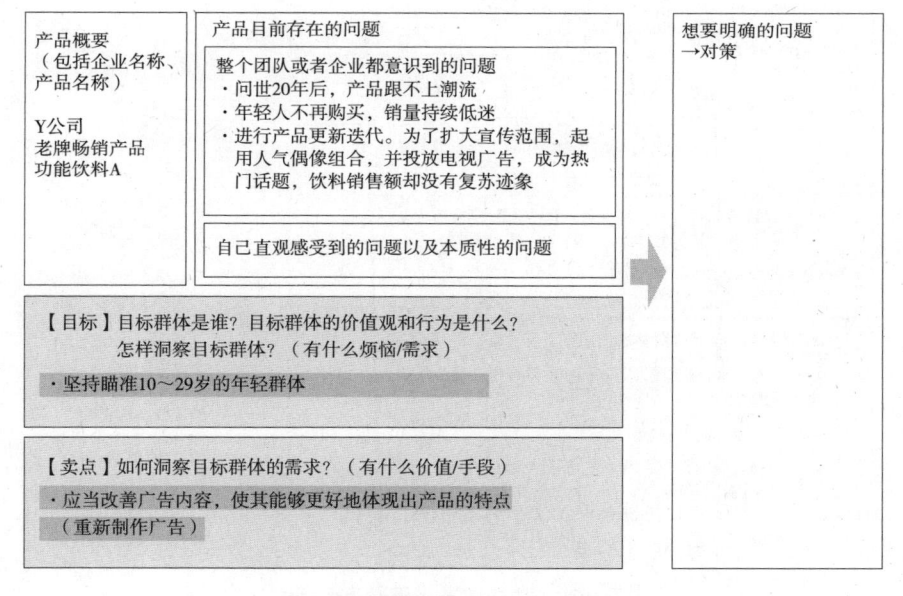

图 2-29　功能饮料A的假说优化

重复进行"假说—调查—对策"

负责人进一步思考，新广告要把产品的什么特点当作卖点，才能吸引客户购买。功能饮料A的特点在于，它看上去是一种会成瘾的饮品，实际上却是富含维生素C的健康饮料。

"除了那些了解功能饮料A特点的30多岁的人群，作为目标群体的年轻人

只是把它当作一种普通的刺激性饮品。因此，如果能让更多的人知道它富含维生素C，是不是就能激起消费者的购买欲望？"在提出这一假说以后，负责人想要明确的问题就锁定为验证"如果把富含维生素C这一特性作为卖点，让更多的人知道，那么大多数的年轻人就会购买"，对策就是计算宣传饮料富含维生素C这一功能之后会行动的潜在消费群体的规模，以及评估宣传该饮料富含维生素C的广告语（见图2-30）。

产品概要 （包括企业名称、产品名称）	产品目前存在的问题	想要明确的问题 →对策
Y公司 老牌畅销产品 功能饮料A	整个团队或者企业都意识到的问题 ·问世20年后，产品跟不上潮流 ·年轻人不再购买，销量持续低迷 ·进行产品更新迭代。为了扩大宣传范围，起用人气偶像组合，投放电视广告，成为热门话题，饮料销售额却没有复苏迹象	·验证一下"如果把富含维生素C这一特性作为卖点，让更多的人知道，那么大多数的年轻人就会购买" →计算宣传饮料富含维生素C这一功能之后会行动的潜在消费群体的规模 →评估宣传该饮料富含维生素C的广告语
	自己直观感受到的问题以及本质问题	

【目标】目标群体是谁？目标群体的价值观和行为是什么？怎样洞察目标群体？（有什么烦恼/需求）
·坚持瞄准10～29岁的年轻群体

【卖点】如何洞察目标群体的需求？（有什么价值/手段）
·应当改善广告内容，使其能够更好地体现出产品的特点（重新制作广告）

·功能饮料A的特点在于它看上去是一种刺激性饮品，实际上是富含维生素C的健康饮料，只要能让更多的人知道它富含维生素C，那么它就不会被当作一种普通的刺激性饮品

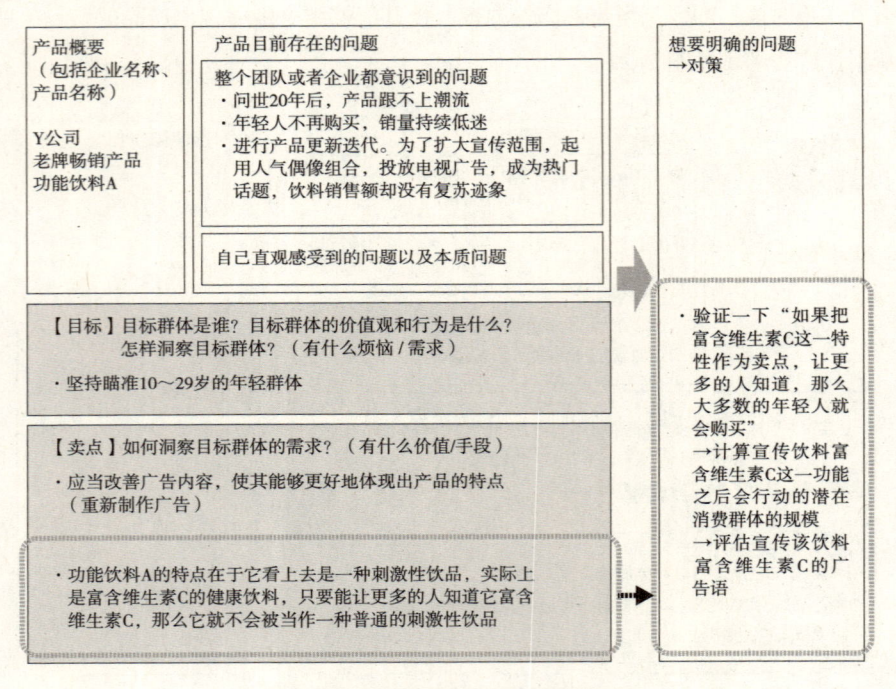

图 2-30　功能饮料A假说再次优化

通过反复调查找到真正的目标

对目标人群的调查结果显示，90%的年轻人知道功能饮料A这款产品，其中大多数人（89%）知道它富含维生素C。这就说明负责人提出的"因为没有把富含维生素C作为卖点，所以无人购买"的假说是错误的。因为该饮料是一个老牌爆品，所以它富含维生素C这一基本特性在年轻人中已是尽人皆知。

此外，体量最大的群体并不是知道该产品但不知道它富含维生素 C 而不购买的人，而是知道该产品，也知道它富含维生素 C，却依然不购买的人。调查结果如图 2-31 所示。

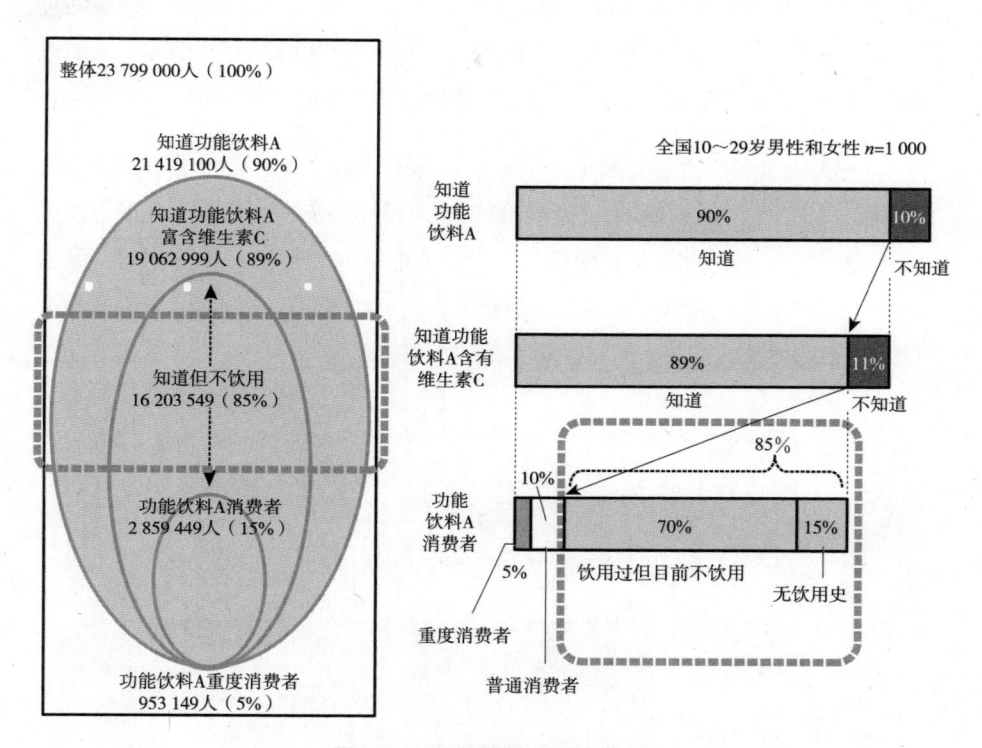

图 2-31　功能饮料 A 目标体量

注：可扫描书前测试题二维码下载电子版。

资料来源：2019 年 10 月日本总务省统计局统计全国 10～29 岁年轻群体人口整体数据。

由此可见，负责人可以将目标锁定在"知道该产品，也知道其富含维生素 C，却依然不购买"这一在日常生活中并不关注功能饮料 A 的群体，从中找出对策。

这些人为什么不购买功能饮料 A 呢？以什么为卖点，才能吸引他们购买呢？为了找到问题的答案，我们可以从多个维度提出功能饮料 A 的卖点，制作宣传饮料亮点的广告文案，并进行验证。

把广告文案作为假说进行验证

如图 2-32、图 2-33 所示,我们将调查对象通过广告文案而产生的购买意向分为"想买 / 有些想买 / 买与不买均可 / 不太想买 / 不想买"5 个层级,让他们对各广告语逐一进行评价,最后分别合计不同广告语在"想买 / 有些想买"上的得分对文案排序。因为数表在观感上会显得烦琐,所以在此采用排序的方式列表。

负责人提出的假说是"如果把维生素 C 作为饮料卖点,会激发消费者的购买欲望"。但调查的结果显示,即使像负责人所设想的那样在广告文案上直接宣传维生素 C,年轻人也未必会购买。实际上,把富含维生素 C 作为宣传产品的辅助信息之一,只出现在广告片段、店面 POP[①] 和产品包装上即可。关键在于把"口感绝佳的刺激性饮品"作为首要卖点,才能刺激起目标群体的购买欲望。

购买意向	关于功能饮料A的广告文案,通过对5个层次的回答统计 前两项合计得分	全体	年龄(10岁年龄差)			年龄(5岁年龄差)						功能饮料A饮用频率			
			20~29岁	30~39岁	40~49岁	20~24岁	25~29岁	30~34岁	35~39岁	40~44岁	45~49岁	重度消费者	普通消费者	以往消费者	非目标消费者
	广告文案	(400)	(134)	(133)	(133)	(71)	(63)	(69)	(64)	(40)	(93)	(41)	(98)	(158)	(103)
	美味维生素C饮料,喝了没负担	56.7	57.5	58.4	57.4	63.0	50.2	57.7	58.1	54.7	60.8	78.8	78.9	55.1	43.2
	好喝的秘诀在于维生素C	44.9	49.2	45.7	43.0	53.0	43.9	48.3	41.7	42.6	45.6	73.9	60.7	40.5	29.3
	唤醒活力的关键在于美味	42.4	45.5	43.6	41.3	51.5	37.5	45.3	46.2	48.7	41.2	74.9	60.7	32.8	25.5
	好喝零负担的维生素C饮料	41.4	44.0	40.7	43.0	48.7	37.5	39.0	41.7	42.6	45.6	73.9	54.6	35.6	23.0
	我的动力之源,美味维生素C	39.9	42.5	40.7	39.8	47.2	35.9	36.3	44.7	45.7	40.1	70.1	60.7	29.3	28.0
	维生素C助力你的美丽	38.4	41.7	37.9	38.8	45.8	35.9	32.3	43.2	51.7	36.9	75.9	51.6	24.4	24.2
	呵护自我,维生素C	35.2	36.4	36.5	35.8	34.4	37.5	32.3	40.2	42.6	35.8	66.1	48.6	27.9	19.2
	喝维生素C,健康每一天	34.9	35.0	33.7	37.4	43.0	29.6	32.3	33.2	39.6	39.0	70.1	45.5	23.7	20.4
	烦躁的日子,喝维生素C	34.7	34.2	33.7	37.4	41.5	29.6	35.0	31.2	39.6	39.1	61.3	45.5	29.0	19.2
	喝维生素C,让你20秒内火力全开	34.2	35.7	35.8	31.8	43.0	31.2	37.7	32.7	33.5	33.5	65.3	51.6	25.8	17.9
	喝维生素C,请认准功能饮料A!	34.2	35.0	35.1	33.4	38.7	34.3	36.3	32.7	42.6	32.6	70.0	42.5	22.3	19.2
	……	32.7	37.2	33.0	28.6	44.4	32.7	32.3	32.6	30.5	30.2	65.2	42.4	24.8	14.1

图例:前3名 前6名

即使直接宣传产品富含维生素C,年轻人也未必购买

图 2-32 购买意向排序(得分)

注:可扫描书前测试题二维码下载电子版

[①] 摆在店面的广告工具。标明产品名称、价格、卖点、宣传语等。

第 2 章 锁定目标和卖点打造爆品

购买意向	关于功能饮料A的广告文案，通过对5个层级的回答统计前两项合计得分											图例 前3名 前6名	
广告文案	全体	年龄（10岁年龄差）			年龄（5岁年龄差）					功能饮料A饮用频率		
^	^	20~29岁	30~39岁	40~49岁	20~24岁	25~29岁	30~34岁	35~39岁	40~44岁	45~49岁	重度消费者	普通消费者	以往消费者	非目标消费者
^	(400)	(134)	(133)	(133)	(71)	(63)	(69)	(64)	(40)	(93)	(41)	(98)	(158)	(103)
美味维生素C饮料，喝了没负担	1	1	1	1	1	1	1	1	1	1	1	1	1	1
好喝的秘诀在于维生素C	2	2	2	2	2	2	2	5	5	2	4	2	2	2
唤醒活力的关键在于美味	3	3	3	4	3	3	3	2	2	4	3	3	4	4
好喝零负担的维生素C饮料	4	4	4	2	4	4	4	3	4	5	2	4	3	6
我的动力之源，美味维生素C	5	5	4	5	5	6	4	3	2	4	5	5	5	3
维生素C助力你的美丽	6	6	6	6	6	6	9	2	7	5	9	9	10	5
呵护自我，维生素C	7	8	7	9	12	3	7	6	9	9	8	9	7	8
喝维生素C，健康每一天	8	10	10	7	8	11	9	8	9	7	6	9	11	7
烦躁的日子，喝维生素C	9	12	10	7	10	11	2	9	9	9	12	9	6	9
喝维生素C，让你20秒内火力全开	10	9	8	11	8	9	11	9	11	10	10	6	8	11
喝维生素C，请认准功能饮料A!	10	10	9	10	11	8	9	9	5	11	8	11	12	11
……	12	7	12	12	7	9	9	9	9	11	10	12	9	12

※ 使用Excel的RANK函数，将汇总表转换成排序表。

图 2-33 购买意向排序（等项）

注：可扫描书前测试题二维码下载电子版。

如图 2-34 所示，负责人将目标群体锁定为 10～29 岁的年轻群体，以及对功能饮料 A 这一品牌的认知度较低且知道该产品富含维生素 C 却依然不购买的人群。此外，负责人还把功能饮料 A 的卖点定为 "口感绝佳的刺激性饮品"，以此确定了重新制作广告这一对策。该对策实施 5 年后，该产品的销售额成功复苏。

只要找准目标和卖点，产品就能畅销。以下 4 种调查方法可以用作对策，各对策的具体步骤将在第 3 章至第 8 章进行详细介绍：

- 锁定目标的调查：第 5 章。
- 广告效果验证调查：第 8 章。
- 估算目标体量的调查：第 5 章。
- 对广告文案进行评价的调查：第 3 章。

> 【目标】目标群体是谁？目标群体的价值观和行为是什么？怎样洞察目标群体？（有什么烦恼/需求）
>
> · 坚持瞄准10～29岁的年轻群体
> · 将目标锁定在"知道该产品富含维生素C却依然不购买"这一在日常生活中不青睐功能饮料A、对这一品牌认知度较低的群体

> 【卖点】如何洞察目标群体的需求？（有什么价值/手段）
>
> · 改善广告内容，使其能够更好地体现出产品的特点（重新制作广告）
> · 把主打卖点定为"口感绝佳的刺激性饮品"。富含维生素C作为宣传产品的辅助信息之一，只出现在广告片段、店面POP和产品包装上即可

图 2-34 功能饮料 A 的目标和卖点

这个案例是由几个知名主流品牌的实际案例组合加工而成，通过案例我们认识到，无论是目标群体规模不大的小众产品，还是宣传力度不够的中小企业或风险企业的产品，通过调查锁定目标和卖点，都有助于打造爆品。具体步骤为通过调查锁定公司真正的目标及其体量，找出公司的销售工具、广告、促销产品应该包含的有效卖点，针对后续对策进行样本测试，最终打造出爆品。重点是要按照"先提出假说，确定想要明确的问题，后采取相应对策"的顺序进行调查。无论处在哪一步，都要一边仔细构思下一步对策，一边解读手上的数据。

要一边思考下一步对策一边收集信息，而不是收集到信息之后再进行思考。

调查放大镜

看不懂统计表怎么办

为了让交叉统计表更容易看懂，我推荐使用"填充颜色法"，也就是把比整体数据高或低5%～10%的单元格用不同灰度填充。在委托调查公司进行调查时，可以要求它们按照 ±5%/±10% 的标准给相应的数值填充灰度（见图2-35）。

第 2 章　锁定目标和卖点打造爆品

问题：你会使用喝饮料不脱色、不沾杯的口红吗？（单选题）

		n	想用	有点想用	不太想用	不想用	前两项总和	后两项总和
全体		400	30.7	41.5	13.5	14.3	72.2	27.8
性别、年龄①	女性 20～29岁	200	30.5	39.9	14.5	15.1	70.4	29.6
	女性 30～39岁	200	30.9	43.1	12.5	13.5	74.0	26.0
性别、年龄②	女性 20～24岁	100	29.6	44.6	13.4	12.4	74.2	25.8
	女性 25～29岁	100	31.4	35.2	15.6	17.8	66.6	33.4
	女性 30～34岁	100	23.1	51.1	10.2	15.6	74.2	25.8
	女性 35～39岁	100	33.4	40.5	13.3	12.8	73.9	26.1
使用情况	涂口红	40	30.9	49.8	10.3	9.0	80.7	19.3
	不涂口红	360	30.3	23.7	20.3	25.7	54.0	46.0

与整体数据的分数差（绝对值）　　+10%以上　　　　　－5%以上
　　　　　　　　　　　　　　　　+5%以上　　　　　　－10%以上

图 2-35　填充颜色法应用

075

第 3 章

将创意转变为产品的
"爆品研发调查"

電通現役戦略プランナーのヒットをつくる
「調べ方」の教科書

第 3 章　将创意转变为产品的"爆品研发调查"

如何根据不同的目的选择调查方法？调查的目的取决于你此时需要解决的问题，目的不同，锁定目标和卖点的调查也会有所区别，具体可以分为以下 3 个类别（见图 3-1）。

目的 A
将创意转变为产品的
"爆品研发调查"
第 3 章

目的 B
制定销售战略的
"战略调查"
第 4～7 章

目的 C
确保产品在市场上经久不衰的
"长期畅销调查"
第 8 章

图 3-1　锁定目标和卖点的 3 类调查

首先是以"将创意转变为产品"为目的的爆品研发调查。如果你正在为"哪个方案能做出爆品""不确定打造出来的产品会不会畅销""广告语和宣传文案有很多切入点，但是不清楚从哪一点出发宣传效果更好"之类的问题而发愁，那么我建议进行爆品研发调查。

无论多么优秀的创意，都始于一个小小的想法或灵感。将最初的突发奇想转化为爆品，诀窍在于养成将想法和灵感转化为创意的习惯，并且通过调查予以验证。

大卫·奥格威曾留下过这样一句至理名言，用来表达通过调查来检验创意的重要性：

> 如果一件产品以消费者为对象预先进行产品、广告的测试，那么它一定会在市场上畅销。……要去测试质保是否可靠，测试媒体宣传效果，测试广告头条和插图，测试广告的规模，测试投放频率是否合适，测试支出水平，测试电视广告。千万不要停止测试。

奥格威甚至提到了广告投放频率、媒体等推广宣传领域的内容。在爆品研发调查方面，本书重点介绍如何运用多个调查方法锁定目标和卖点，并实施相应对策确保产品畅销。

其次是以制定产品销售战略为目的的战略调查。

为了制定销售战略，我们会在进行战略调查时采用 3C 分析法。当你负责某个新产品的销售任务时，在完全不了解相关信息的情况下，可能会考虑先收集基本信息，从中找出目标和卖点。

但这时，如果可用和不可用的信息混杂在一起，可能会让你遗漏必要的信息，导致调查无法顺利进行。对此，我们需要灵活运用 3C 分析法，避免信息上的浪费和遗漏。

3C 分析法（见图 3-2）是收集信息、锁定目标和卖点的基本框架之一，我推荐从 3C 入门，学习战略调查的具体方法。

3C 分析法由时任麦肯锡咨询公司经营顾问的大前研一在 1982 年提出，如今已成为一个广为人知的经典框架，该分析法把市场/客户（Customer）、竞争对手（Competitor）、公司（Company）作为关键因素来分析市场环境。

第 3 章　将创意转变为产品的"爆品研发调查"

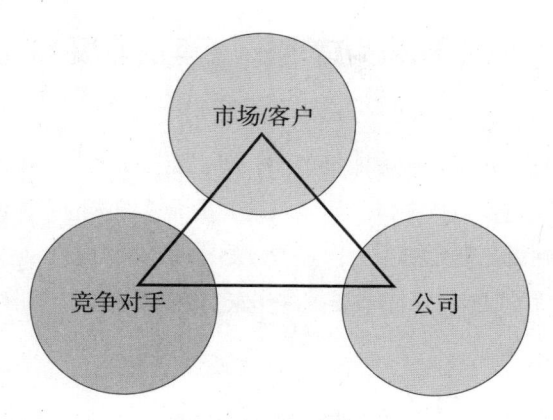

图 3-2　3C 分析法

分析框架有很多种，但如果要从中选出一个可以简便快捷地提升调查技巧的框架，那么我会毫不犹豫地选择 3C 分析法，因为该分析法遵循"市场/客户—竞争对手—公司"的固定分析顺序，简单易懂，任何人都能快速上手。

本书将用 4 章对 3C 分析法进行解读，第 4～6 章分别是"市场/客户分析""竞争对手分析""公司分析"。第 7 章是以"确保产品在市场上经久不衰"为目的的长期畅销调查。

如果你想要持续销售已经投放到市场的产品，可以通过长期畅销调查来了解市场对该产品的评价。想要让已经畅销的产品紧跟潮流、经久不衰，就需要根据时代和市场环境不断调整目标和卖点。

除根据不同目的进行调查外，还需要一边验证对策产生的效果，一边思考下一步的战略规划。如今的流行趋势以及人们的关注点、兴趣点都在不断变化，如果不走在时代前面，产品转瞬间就会落伍。相关内容我将在第 8 章具体介绍。

爆品研发调查、战略调查、长期畅销调查应用于打造爆品调查方法的步骤 2 中。在复习步骤 2 的过程中，不要忘记每一类调查方法所对应的目的。从本章开始，你不必按顺序阅读，哪一类调查能解决你提出的问题，你就从相应的章读起。

有意识地培养制作原型的习惯

爆品研发调查是我最希望你能够多加利用、轻松掌握的一类调查方法，因为它不仅容易实现，且容易从中得出具体对策，是最具趣味的一种调查方法。这里需要再次强调，在爆品研发调查中，要养成制作原型的习惯，并且一定要通过询问目标群体对创意予以验证。不需要把制作原型想得太复杂，具体内容如下所示。

调查行动指南

制作原型的 5 种尝试

√ 尝试确定新产品的样子（文字说明、插图、模型等）。
√ 尝试确定新产品的包装设计样式（文字说明、插图、模型等）。
√ 尝试撰写产品销售的广告语/宣传文案。
√ 尝试撰写产品销售宣传活动的企划书（一张 A4 纸的篇幅、可分条列项）。
√ 尝试撰写产品新闻发布会和报道的原稿。

我把在纸上或数字介质上整理思路的做法称为制作"纸质原型"，以上 5 种尝试都是十分常见的工作内容，可以让创意轻松快捷地转化为原型。无论是产品、服务、广告，还是报道文案，人们脑海里的想法和实际成型的内容之间总会存在很大的差距。因此，比起空想，我们更应该有意识地养成先制作原型的习惯，这是一个很重要的初始行动。无须在意原型美观与否。

原型有助于洞察目标

让创意成型并进行验证之所以重要，是因为它能帮助我们洞察目标。"洞察"和"营销""战略"等词一样，其定义和解释因人而异，字面意思就是看穿事物的本质。在市场营销中，通过洞察大致能收获以下几项内容：

- 打动消费者的关键。
- 客户自己都没有意识到的、潜藏的真实想法和动机。
- 消费者无法用语言表达的真实想法和动机。
- 消费者在表面上没有显露出来的潜在需求和欲望。
- 尚未被发现的购买需求。
- 打造能够刺激消费者购买欲望的产品的灵感。

本书对洞察的定义是：深入客户自己都无法用言语表达的无意识领域，发觉其本质。将尚未被发现、深刻而本质的需求用语言表达出来。一言以蔽之，就是用语言表达本质的烦恼或需求。

试想一下，当你问别人"中午想吃什么"时，对方往往会回答"什么都行"；但如果你明确地问他"中午想吃意大利面还是烤肉"时，他便会给出"中午吃烤肉太油腻，想吃意大利面"这样具体的回答。

因此，在打造新产品的时候，我们需要提出具体的假说。**思考并预备大量的原型，对于洞察人们深层的、本质性的需求至关重要。**

如果我们找到了目标的本质需求，自然就能发现产品的哪些价值能够成为卖点，以及宣传卖点的策略。也就是说，制作出更为具体的原型并观察目标的反应，更容易锁定卖点。有时遇到卖点总是剑走偏锋的情况，具体的原型也能帮助我们发现目标上的偏差。

爆品研发调查还包括其他几种方法，例如，从零打造新产品时，可以利用纸质原型提出粗略的假说；也可以观察人们对样品的反应，将其打磨成更容易被市场接受的产品。

成功案例：蔻吉 DOLLY WINK

让创意成型并通过调查予以验证的具体步骤是什么呢？下面介绍一个在研发新产品时运用爆品研发调查成功打造出爆品的案例。

该案例中，我所在的电通团队负责新产品的研发，委托方是位于日本东京浅草的老牌美妆制造商"蔻吉"，新产品来自蔻吉旗下的眼妆品牌"DOLLY WINK"。DOLLY WINK 以销售假睫毛起家，目前已推出了眼线笔、眼影、睫毛膏、眉笔等多种眼妆产品。该品牌的负责人是曾经创造了"辣妹""魅力模特"等流行时尚的益若翼，而 DOLLY WINK 诞生的 2009 年也正是"辣妹"市场带动日本社会和经济发展的时代。当时"辣妹风"成为一种社会流行趋势，DOLLY WINK 产品的销量也遥遥领先，其以前卫、可爱的特点备受瞩目，牢牢抓住了大众的心，在那个时代独树一帜。

但是，近年来"辣妹"热潮逐渐衰退，被认为是"辣妹"妆造象征的假睫毛的市场规模大幅缩水至巅峰时期的约 2/3。如今，自然妆容成为主流，同时睫毛嫁接的技术在市场上也逐渐普及。于是，假睫毛被打上了过时的烙印，大部分女性开始远离假睫毛，时尚和美容杂志等媒体也不愿意再刊登这类产品的相关内容。分销商开始停止配货假睫毛，杂货商店作为年轻女性流行产品的"气象站"，店内假睫毛的配货量也低得惊人。作为一件潮流美妆产品，假睫毛的市场销售情况已经陷入绝境。

竞争对手相继退出，放弃了假睫毛市场。2018 年 11 月，当蔻吉产品开发总部的谷本宪宣向电通寻求建议时，蔻吉的主打品牌 DOLLY WINK 正面临销售额大幅缩水的严重问题，当时相关产品的销售额已经不足巅峰时期的 50%（见图 3-3）。

在前期了解的过程中，电通团队惊讶地发现，蔻吉拥有独树一帜的假睫毛制作技术和产品品质。事实上，蔻吉不仅是日本第一家实现假睫毛产品化的公司，而且其产品在市场上具有碾压性的竞争力。因此，我们决定最大限度地发挥该公司的优势，让假睫毛再次掀起热潮。

当然，蔻吉并没有坐以待毙，它一直在与时俱进地努力更新技术，也推出了一些新产品。可是，在很多女性看来，如今市场上的假睫毛产品与 10 年前"辣妹"热潮时的产品相比，看起来没有什么变化。况且产品包装看起来也和 10 年前差别不大，以至于客户的购买欲望不高。这些都是我们亟须解决的问题。

第 3 章　将创意转变为产品的"爆品研发调查"

危机 1
▶ 自然妆容成为主流

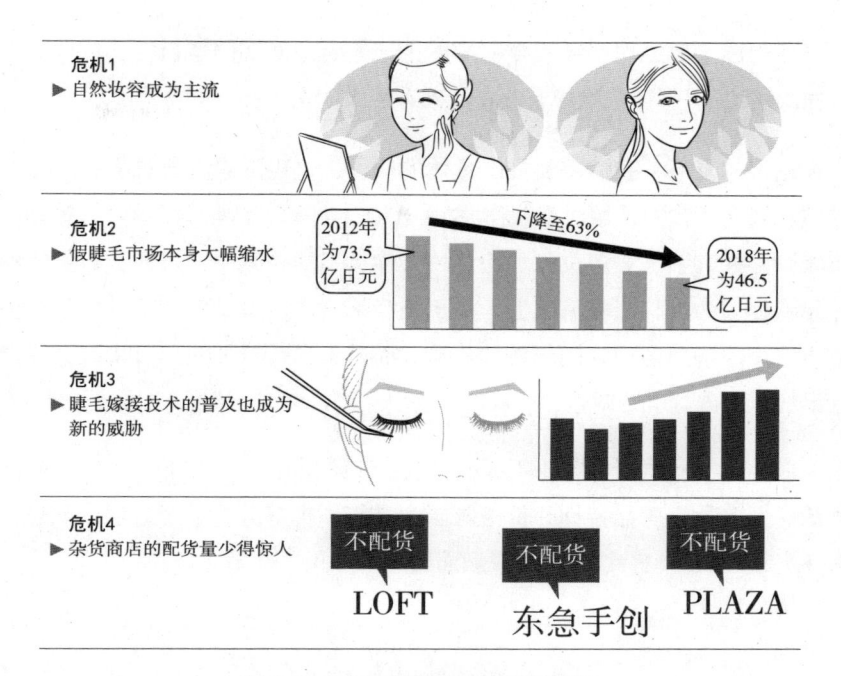

危机 2
▶ 假睫毛市场本身大幅缩水

2012年为73.5亿日元　下降至63%　2018年为46.5亿日元

危机 3
▶ 睫毛嫁接技术的普及也成为新的威胁

危机 4
▶ 杂货商店的配货量少得惊人

不配货 LOFT　　不配货 东急手创　　不配货 PLAZA

图 3-3　2018 年假睫毛产品的危机

资料来源：危机 2 富士経済「美容家電・化粧雑貨マーケティングトレンドデータ 2018（アイラッシュ関連品）」。危机 3 HOT PEPPER Beauty Academy「美容センサス 2018 年上期」。

除了假睫毛之外，美化眼周睫毛的方法还包括睫毛膏和睫毛嫁接，这两种方法更为自然。作为目标群体的现代女性会去涂睫毛膏，也会去做睫毛嫁接，可见她们对睫毛美妆的需求依然存在。可她们不会选用假睫毛，因为假睫毛给人一种"只有花里胡哨的'辣妹'才会戴"的印象，而且 10 年前的假睫毛产品不易佩戴，戴上以后也很不舒服。尽管如今的假睫毛产品已经升级换代，佩戴起来更加轻松，但人们依然忘不了早期难以操作、佩戴后感到不适的体验。

时移世易，仅靠更新产品已经无济于事，我们意识到这一事实，于是决定对产品的价格、使用方法、线下购买方式等一切与假睫毛相关的内容重新进行适应时代趋势的设计。

085

虽然得出了要制作全新假睫毛的结论，但是即便询问了目标群体"会选购什么样的假睫毛"，也依然没有收获特别有用的创意。

在这种情况下，我们需要提出具体的假设，这也意味着要思考并准备大量的原型。因此，我们开始着手制作原型，DOLLY WINK 项目组由负责策划的益若翼领衔，蔻吉、电通多位各具特色的女性员工加入其中，站在目标群体的角度深思熟虑。为了将假睫毛改造为易于被当下女性所接受的样式，大家凭借敏锐的直觉不断提出假说，制作各种原型。而后，又针对那些经过多次讨论严格筛选出的原型进行市场调查。

一部分真实的原型如图 3-4 所示。在设计原型时，我们对新设计、新理念、广告语、新名称、产品特性、价格等要素进行了拆解分析。经过层层筛选，最终有 4 个新产品的包装设计方案脱颖而出。

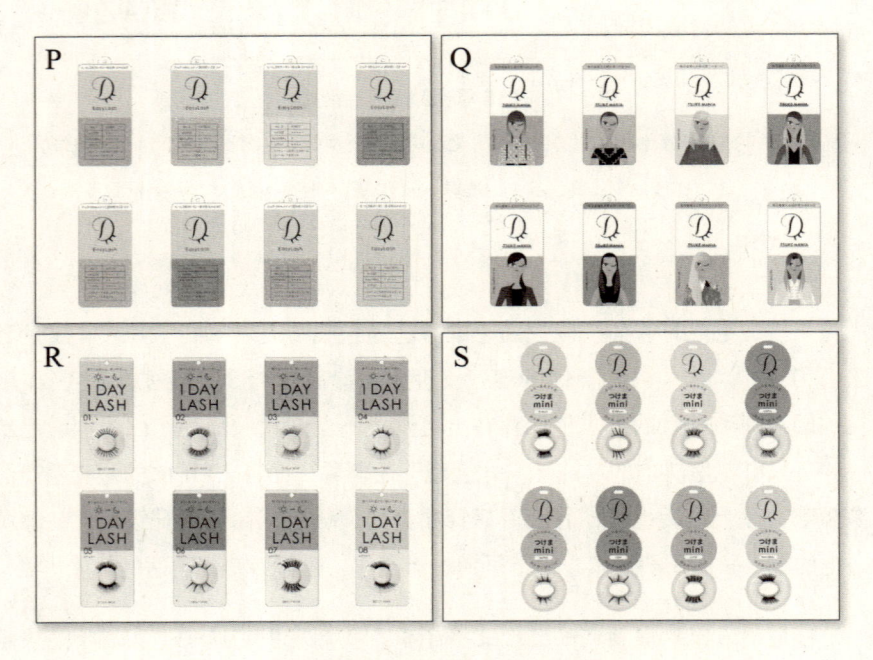

图 3-4　产品包装设计方案

第 3 章　将创意转变为产品的"爆品研发调查"

这时，如果我们需要从设计方案 P～S 中选择一个，你会选哪一个？

进行调查之前，DOLLY WINK 项目组认为 P 方案或 S 方案可行，因为大多数人都觉得 P 方案的设计十分可爱、无可挑剔，S 方案则展现了前所未见的崭新设计。此外，Q 方案的图案展现出很强的个性，团队成员的评价好坏参半，因此排名较为靠后。

最终调查结果显示，P 方案虽然无可挑剔，但无法打动消费者；S 方案则因为形式过于新颖而难以被接受。Q 方案所获得的评价和预想的一样，呈两极分化，但在采访中发现，也有很多人特别中意该方案。

在针对无可挑剔的 P 方案和评价呈两极分化的 Q 方案所进行的团队讨论中，设计总监认为 Q 方案比 P 方案更具设计感，于是我们最终决定采用 Q 方案生产产品（见图 3-5）。设计总监参与调查，并提出与团队决策相关的重要意见，这一点其实十分重要。

图 3-5　EASY LASH 10 秒嫁接假睫毛成品

调查过程不需要太过复杂，进行一些让非策划人员、不熟悉调查工作的团队成员也能理解的简单调查就已足够。然后，全体成员一起分析调查结果，互相交换意见，思考下一步的对策，这就是爆品研发调查能取得成功的诀窍。对同一份调查结果的解读不是只有一个正确答案，只有从多个角度收集意见，才能推导出最优解。

打造爆品的关键是先凭直觉制作原型，但又不能仅凭直觉做出判断。

在日本的假睫毛市场上，通常能卖出 8 万件的产品就能被称为爆品。蔻吉在 2019 年 11 月新推出的 10 秒嫁接假睫毛 EASY LASH 发售仅一个月就创造了 30 万件的销售记录。门店的配货在 3 天内就已售罄，追加订单纷至沓来。

这款产品还被日本最大的少女资讯类网站 Modelpress 评选为 2020 年年度流行产品，假睫毛时隔 5 年再度成为流行风尚，堪称划时代的新闻。

之后，它不仅在 @cosme 美妆大赏 2020 上半年新作大赏分组中斩获头名，而且入围了 LOFT 2020 年最佳化妆品排行榜。借着这一股东风，DOLLY WINK 品牌旗下的其他假睫毛销量也有所回升，带动了新一轮假睫毛热潮。

怎样避免产品无人问津

爆品研发调查的具体步骤如下：

首先，我们需要先把创意转化为原型（或样品），通过目标群体对原型的反馈分析创意的可行性，而在制作原型之前，我们应该明确这件产品能够解决消费者的哪些烦恼，满足消费者的哪些需求。这是为了避免打造出来的产品无人问津，或是广告宣传激不起任何水花而必须思考的问题。

埃里克·莱斯在《精益创业》（*The Lean Startup*）中写道：

> 在现代经济中，几乎每件想象得到的产品都能被开发制造出来。所以更贴切的问题是"需要开发这个产品吗"和"围绕这一系列的产品和服务，我们能建立一项可持续的业务吗"。

这提醒我们在思考创意之前，首先应该思考这个产品是谁需要的、对谁有吸引力。我们思考原型的出发点应该是打造爆品，而不是我们想要生产什么、想做什么。

> **调查行动指南**
>
> **制作原型之前问自己的 3 个问题**
>
> √ 这款产品谁需要、对谁有吸引力？
> √ 这款产品能够解决消费者的哪些烦恼？
> √ 这款产品能够满足消费者的哪些需求？

我们可以结合这些问题，找出有可能成为卖点的产品特质。之后，进一步思考目前有哪些问题阻碍了产品的价值传播，以及产品存在什么本质上亟须解决的问题。

这里没有固定的思考顺序，从假说模板（见图 3-6）上的任一部分开始分析都可以，也可以同时写下自己的灵感。实际上，创意的原型有时会直接浮现于脑海，这时我们也要认真地对它进行分析，思考谁想要买、能解决哪些烦恼等问题，从而让创意转化成的产品实现畅销。

我们要做的是找到能够解决消费者烦恼、满足消费者需求的卖点，思考如何将价值传递给客户再制作原型。

要记住，不要盲目地构思创意，而要战略性地制作创意原型。锁定一款产品能解决客户的哪些烦恼、满足客户的哪些需求等问题的具体方法，我将在第 5 章进行介绍。

在制作原型之前应该提出什么假说？以刚才寇吉的案例为基础，将具体内容填入假说模板中，得到了图 3-7。先思考这些问题再制作原型。

电通爆品讲义

产品概要
（包括企业名称、产品名称）

蜜告
DOLLY WINK
假睫毛

产品目前存在的问题

整个团队或者企业意识到的问题
· 假睫毛过时了

自己直观感受到的问题
· 需要解决的本质的问题

【目标】目标群体是谁？目标群体的价值观和行为是什么？怎样洞察目标群体？（有什么须做/需求）
· 这款商品谁需要，能卖给谁？
· 这款商品能够解决消费者的哪些烦恼？
· 这款商品能够满足消费者的哪些需求？

【卖点】如何洞察目标群体的需求？（有什么价值/手段）
· 卖点是什么？
· 先思考以上问题再制作原型 ↓
· 原型方案A、B、C、D

想要明确的问题
→对策

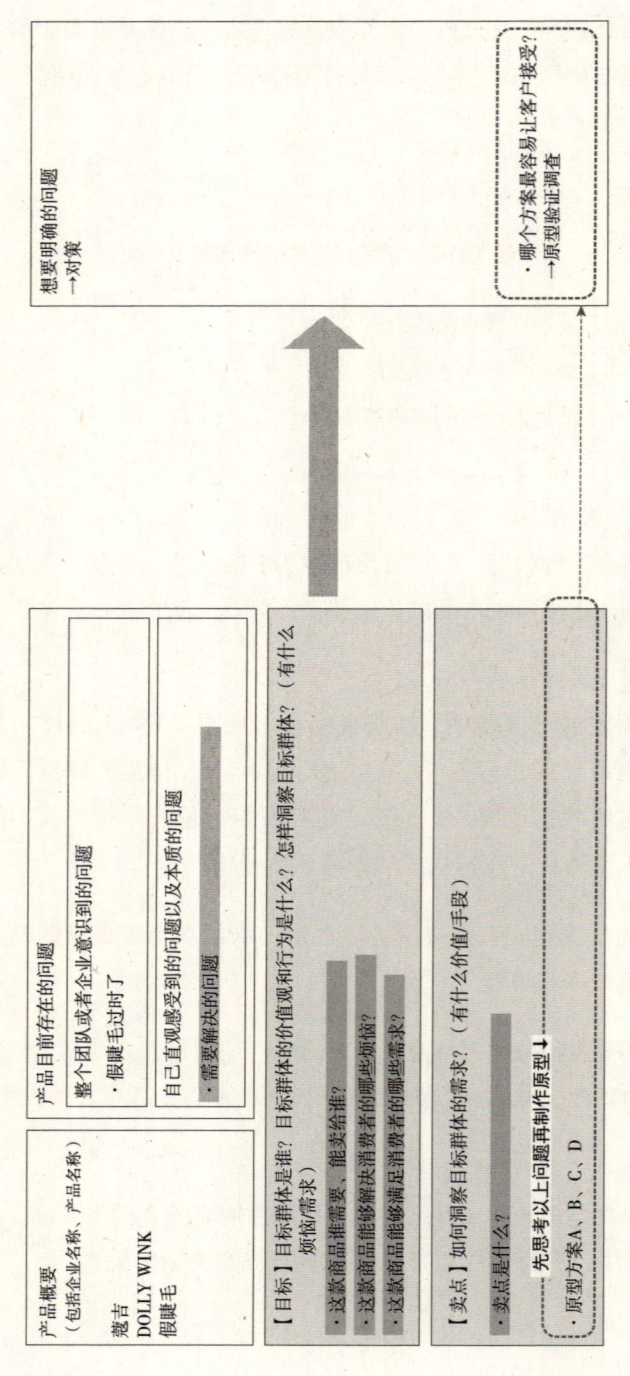

· 哪个方案最容易让客户接受？
→原型验证调查

图 3-6 DOLLY WINK 假睫毛假说模板

第 3 章　将创意转变为产品的"爆品研发调查"

产品概要
（包括企业名称、产品名称）

莹吉
DOLLY WINK
假睫毛

产品目前存在的问题
整个团队或者企业意识到的问题
・假睫毛过时了

自己直观感受到的问题以及本质的问题
・如今的假睫毛与10年前"莱妹"热潮时相比，看起来没有变化，给人一种花里胡哨、只有"辣妹"才会使用的印象。
・虽然实际上产品已经升级换代，佩戴起来更加轻松，但人们依然忘不了早期难以操作、佩戴感不舒服的体验

【目标】目标群体是谁？怎样洞察目标群体？（有什么隐藏需求）
・现代女性会涂睫毛膏，也会做睫毛嫁接，可见对睫毛美妆的需求依然存在。对某个女性来说，如果A需解决A需求的假睫毛，如果产品能满足B需求也想购买

【卖点】如何洞察目标群体的需求？（有什么价值亦手段）
・很多人还不知道假睫毛已经升级换代，如今的假睫毛变得更加方便，这难道不是卖点吗？
・作为日本第一家制造假睫毛的企业，莹吉拥有独树一帜的品质和技术

先思考以上问题再制作原型↓
・原型方案A、B、C、D

想要明确的问题
→对策

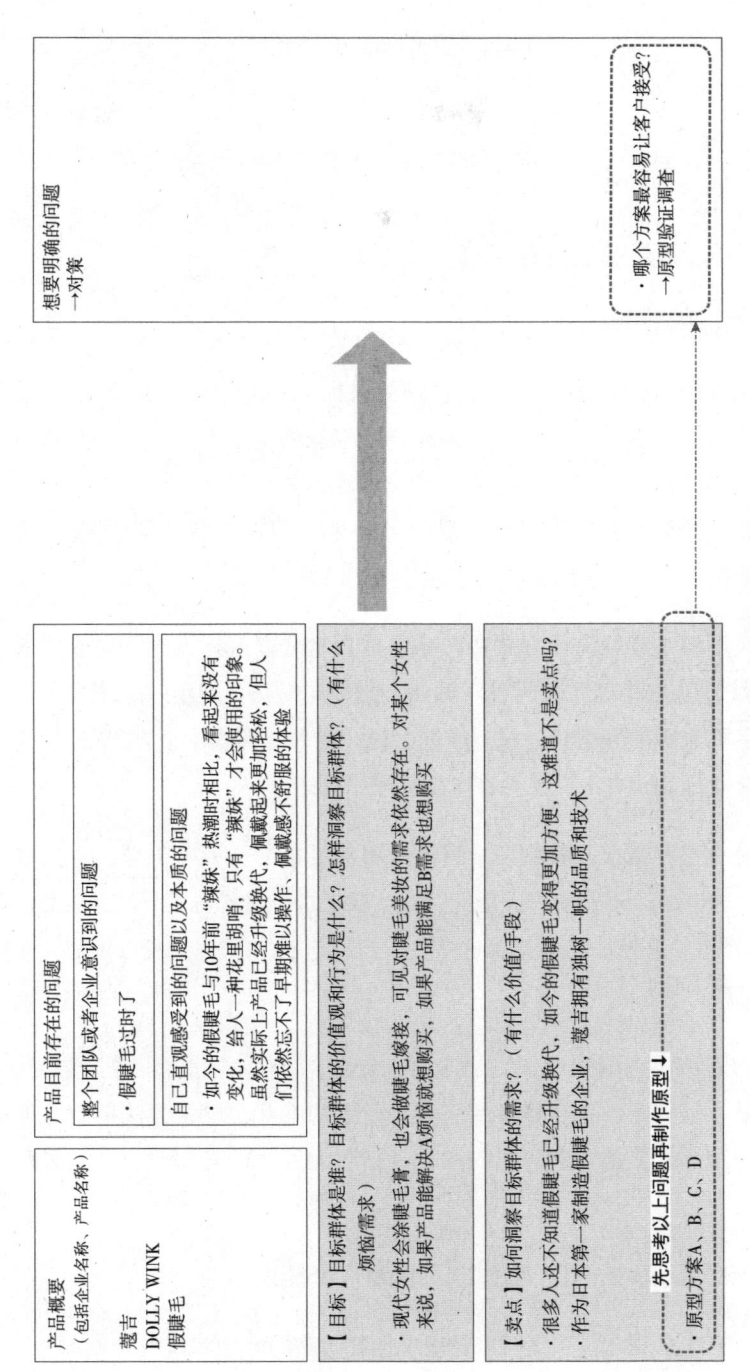

哪个方案最容易让客户接受？
→原型验证调查

图 3-7　DOLLY WINK 假睫毛假说案例

091

用采访调查验证原型

在制作出原型之后，我们需要通过采访调查对其进行验证。

第1步：采访调查前的准备工作

1. 拆解、整理原型。

将原型细致地拆解为设计/理念、产品名称、广告语、产品特性、价格等几部分。融合众多要素于一身、近乎最终产品形态的原型，可以在采访最后的收尾环节向受访者展示，并听取对方的意见。需要注意的是，不要在采访一开始就拿出原型，否则对方将难以从主观认识出发，回应"产品哪些部分可以作为卖点，不能作为卖点"等问题。

此外，还要注意对设计方案和产品名称方案分开进行询问，只有这样，才能让受访者给出有针对性的回答。例如，当你向受访者展示一个集合了设计方案和产品名称方案的原型时，对方或许会说"我非常喜欢这个方案"，但是他可能只是被设计打动，对于产品名称则感到平平无奇。

为了避免这种情况，我们要尽可能地将原型细分为几个部分，方便受访者区分评价，这也是让调查取得成功的诀窍。我把这个过程称为"产品因数分解"。如图3-8、图3-9所示，有时产品的理念、产品名称和广告语难以拆解，会以整体的形式呈现。

理念的表达没有固定形式，也未必一定要与产品名称、广告语融为一体，调查时如果可以拆解，就尽量拆解。如果原型中有几个要素无法拆解，那么在采访时要注意分辨受访者的评价指向，分析对方评价的是理念、产品名称还是广告语。

2. 记录想要明确的问题（想知道的问题）和假说。

拆解、整理原型之后，我们需要记录想要明确的问题和假说（见图3-10）。

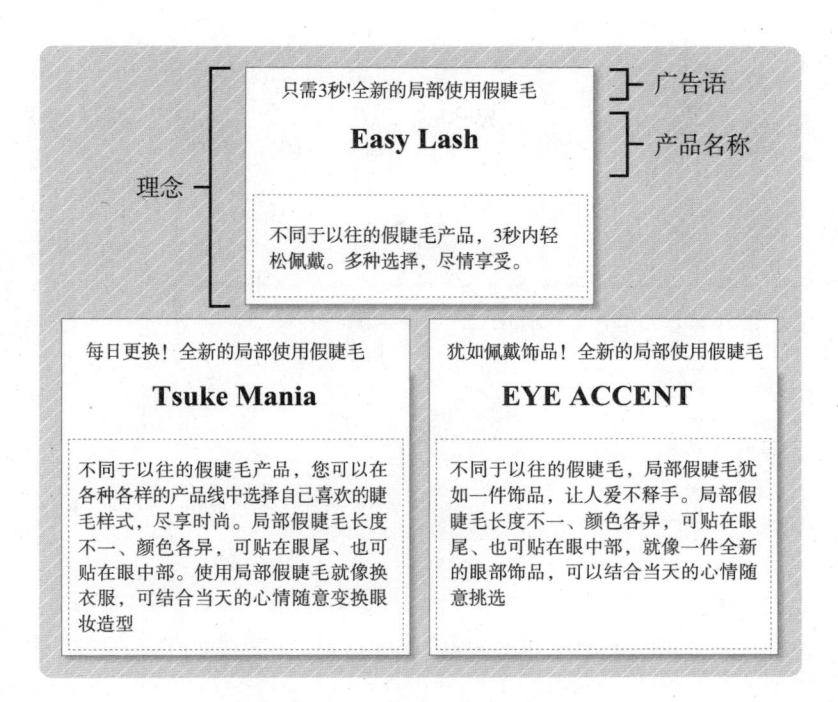

第 3 章　将创意转变为产品的"爆品研发调查"

理念 {
　广告语：只需3秒!全新的局部使用假睫毛
　产品名称：Easy Lash

　不同于以往的假睫毛产品，3秒内轻松佩戴。多种选择，尽情享受。
}

每日更换！全新的局部使用假睫毛
Tsuke Mania

不同于以往的假睫毛产品，您可以在各种各样的产品线中选择自己喜欢的睫毛样式，尽享时尚。局部假睫毛长度不一、颜色各异，可贴在眼尾、也可贴在眼中部。使用局部假睫毛就像换衣服，可结合当天的心情随意变换眼妆造型

犹如佩戴饰品！全新的局部使用假睫毛
EYE ACCENT

不同于以往的假睫毛，局部假睫毛犹如一件饰品，让人爱不释手。局部假睫毛长度不一、颜色各异，可贴在眼尾、也可贴在眼中部，就像一件全新的眼部饰品，可以结合当天的心情随意挑选

图 3-8　产品理念、产品名称、广告语

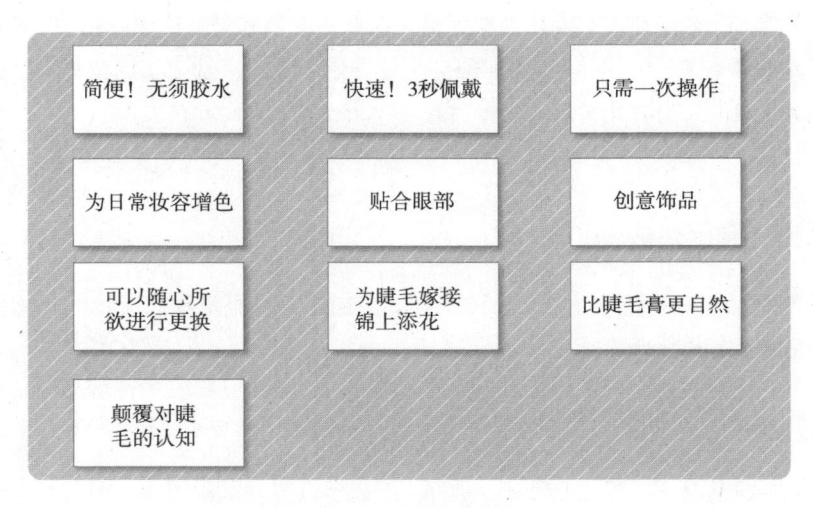

简便！无须胶水	快速！3秒佩戴	只需一次操作
为日常妆容增色	贴合眼部	创意饰品
可以随心所欲进行更换	为睫毛嫁接锦上添花	比睫毛膏更自然
颠覆对睫毛的认知		

图 3-9　产品特点方案

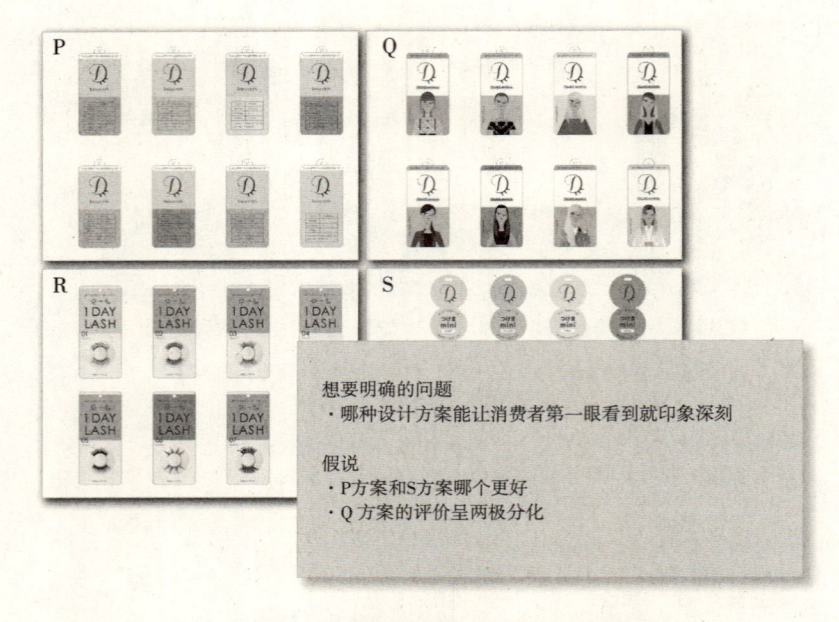

图 3-10 想要明确的问题和假说笔记示例

想要明确的问题
・哪种设计方案能让消费者第一眼看到就印象深刻

假说
・P方案和S方案哪个更好
・Q方案的评价呈两极分化

以上文 DOLLY WINK 的产品设计为例，我们想要明确的是一个醒目的外包装，即研究哪种设计方案能让消费者第一眼看到就印象深刻；假说包括"P 方案和 S 方案哪个更好""Q 方案的评价呈两极分化"等。这份记录细致与否，决定了在实施调查的时候能否精准锁定目标和卖点。

第 2 步：开始采访

准备就绪后，就可以启动采访调查了。在这里，假定我们进行的是团体采访和深度访谈等定性采访调查。

1. 对设计／理念、产品名称、广告语方案的采访。

大多数情况下，我们会使用一张 A4 纸展示方案的纸质原型，但同时也可以预备实体的样品。如果一次性把所有问题都抛出，会让受访者不知所措，因此我们要做因数分解，或问设计，或问产品名称，从而分门别类地听取评价。不同风格的设计/理念、产品名称、广告语方案数量应该控制在 3～4 个。有些时候方案数量充足，但相互间区别不大，那么受访者也会难以做出有用的评价。所谓不同风格，以图 3-8 为例，呈现方式如下：

- 使用简便的 Easy lash。
- 可以每天更换的、新潮的 Tsuke Mania。
- 享受多样饰品风格的 EYE ACCENT。

或以图 3-4 的设计原型方案为例：

- P：品牌颜色基调为粉色，凸显可爱的设计。
- Q：印有让人印象深刻的图案，展现多样性的时尚设计。
- R：展现高技术水平和研究态度，体现公司形象的简洁设计。
- S：形似日抛隐形眼镜，展现前所未有的形状设计。

在询问受访者时，有 3 种方式。第一种方式是，将所有方案（如果是设计方案，就准备所有设计方案）一口气展示出来，在受访者没有任何先入为主的偏见时，询问对方的第一印象。提供的信息或提问的方式等内容会造成受访者回答上有偏差，导致最终数据失准。

受访者在看到产品方案后会表达自己的观点，要记录下他们所说的话。同时，还要重点记录他们在看到方案时的情绪、表情等非言语反应，洞察受访者的真实想法，从而提炼产品卖点。

第二种方式是，从第一印象最好的方案开始逐个听取评价，这种方式在市场调查领域被称为"绝对评价"。具体如下：

- 从"非常想尝试/有些想尝试/均可/不太想尝试/完全不想尝试" 5 个层级收集评价，并听取理由。
- 询问对方如何看待这款产品，以及对方欣赏或反感该产品的理由。

- 询问对方会如何使用这款产品。

第三种方式是，在采访快结束时，再次拿出所有方案，让对方重新选择一个最喜欢的方案，并询问选择这个方案的理由。这种方式在市场调查领域被称为"比较评估"。此时，受访者可能会选择一开始第一印象中认为最好的方案，也可能在经过绝对评价之后，选择其他方案。

这3种询问方式既适用于面对面采访，也适用于线上采访；既适用于针对3～6人集中进行的团体采访，也适用于一对一的深度访谈。但是，在以团体采访的形式询问多人的情况下，为了避免受访者被其他人的意见左右，可以让所有人先把自己的意见写在专用纸上，然后再发言。如图3-11所示，采访过程中需要受访者填写的专用纸被称为"事中票"。

| 【P】 姓名：_____ 请圈出最准确的一项 非常想尝试 — 有些想尝试 — 均可 — 不太想尝试 — 完全不想尝试 事中票（1） | 姓名：_____ 让你最想购买产品的方案是 [_____] 事中票（2） |

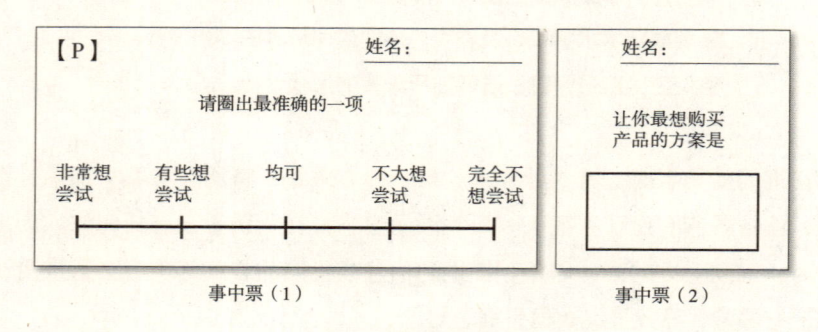

图3-11　事中票

注：可扫描书前测试题二维码下载电子版。

事中票可以是如图3-11所示的提前预备的模板，也可以是一个空白便签。总之，使用事中票的目的是让受访者把内心真实的意见写在纸上，避免自己的想法在采访时受到其他人的影响。

顺便一提，有时候在采访开始之前，为了了解受访者的个人信息，会事先进行一个简单的问卷调查，以了解受访者的性格、兴趣、正在使用的产品、平时阅读的杂志和社交网络等内容。这种问卷调查不同于事中票，被称为"事前票"。

2. 对产品特点方案的采访。

这时，我们可以如下所示，用一张 A4 纸详细地分条列举产品的特点，数量通常为 10～20 个：

- 简便！无须胶水。
- 快速！3 秒佩戴。
- 只需一次操作。
- 为日常妆容增色。
- 贴合眼部。
- 创意饰品。
- 可以随心所欲进行更换。
- 为睫毛嫁接锦上添花。
- 比睫毛膏更自然。
- 颠覆对睫毛的认知。

首先，如上文所示，以分条的方式对产品特点进行展示，请受访者选择 3 个感兴趣的产品特点并在前面画○，其中最看重的画◎。对受访者兴趣的优先顺序也要有所了解。

其次，请受访者公布自己的选择并阐述选择的理由。此外，也可以向受访者询问以下几个问题：

- 看到这条信息以后你能知道什么，产生了什么印象？
- 脑海中浮现出怎样的使用场景？
- 感觉这款产品与以前使用的产品有什么不同？
- 自己会怎样使用这款产品？

最后，请受访者选择 3～5 个认为没有必要宣传的特点，并阐述理由。

3. 让受访者评价价格方案。

这时，给出拟定的产品价格，询问受访者"如果这款产品的设计/理念、产品特点等条件符合你的需求，并定为这个价格，你会购买吗？"然后观察他们的反应。

口头表达数字时常常会出现歧义，因此我们可以在纸上打印出价格方案，如"1 000 日元/1 个""1 800 日元/2 个"等，或者用粗记号笔在白纸上写出来展示给受访者，询问他们的想法。如果不事先了解产品的理念、设计、特点等内容，人们就很难对一款产品的价格进行评价；但如果事先了解了价格，又很容易让受访者产生偏见，因此一定要把有关价格方案的询问放到最后。

采访时切记要做好笔记。参考下列要点，能够帮助你在做笔记时收集锁定目标、卖点的线索。

调查行动指南

采访要点

√ 受访者的立场、态度（如"受访者 A 并非假睫毛的使用者"）。

√ 想要明确的问题有什么结论。

√ 假说的验证结果如何。

√ 感到有趣的内容。

√ 感到意外的内容。

√ 需要后续调查研究的内容。

√ 印象深刻的回答。

√ 受访者言不由衷的表现（如"虽然对产品给出了很高的评价，但实际上并不会买"）。

↓ 在这些信息的基础上锁定目标、卖点。

√ 目标群体是谁？怎样洞察目标群体？（想要解决什么烦恼，满足什么需求？）

√ 什么有可能成为卖点？（有什么价值，什么对策？）

√ 怎样洞察目标？

第3步：统计结果

采访结束后，我们需要统计受访者对哪一个卖点的评价最高。一般来说，如果想要得出统计结果，样本大小需要超过30人（$n=30$）。

因此，大多数情况下，不足30人的定性调查统计结果只能作为参考，无法提炼卖点。但如果结合前文提到的采访要点中的笔记内容，将定性调查的结果作为提炼卖点的参考数据的话，依然能够有所发现，因此统计是必不可少的。

1. 统计受访者对5个层级的评价数量并排序。

需要统计的数据包括回答"非常想尝试"的比例（记为TOP1），以及回答"非常想尝试"和"有些想尝试"的比例（记为TOP2）（见图3-12）。

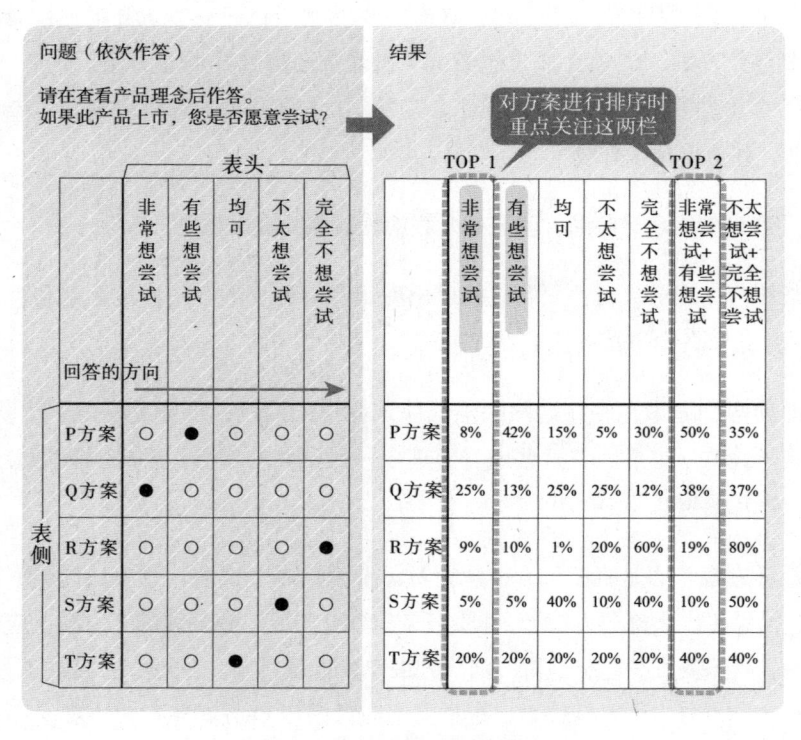

方案	非常想尝试	有些想尝试	均可	不太想尝试	完全不想尝试	非常想尝试+有些想尝试 (TOP2)	不太想尝试+完全不想尝试
P方案	8%	42%	15%	5%	30%	50%	35%
Q方案	25%	13%	25%	25%	12%	38%	37%
R方案	9%	10%	1%	10%	60%	19%	80%
S方案	5%	5%	40%	10%	40%	10%	50%
T方案	20%	20%	20%	20%	20%	40%	40%

图3-12　5个层级评价排序

以提取出的结果为基础，对TOP1和TOP2中的内容进行排序，如图3-13所示。

TOP 1	TOP 2
1. Q方案 （25%）	1. P方案 （50%）
2. T方案 （20%）	2. T方案 （40%）
3. R方案 （9%）	3. Q方案 （38%）
4. P方案 （8%）	4. R方案 （19%）
5. S方案 （5%）	5. S方案 （10%）

图3-13　结果排序

从这个排序中我们可以看出，TOP2（非常想尝试＋有些想尝试）最受欢迎的方案是P方案，TOP1（非常想尝试）最受欢迎的方案是Q方案。TOP1中评价较高的方案中除了排名第一的Q方案外，T方案获得的评价也很高，二者难分伯仲，评价出现了分歧。

2. 在评价出现分歧时，验证各方案的优缺点并提出意见。

当评价出现分歧时，要明确梳理出受访者对各个方案的肯定意见和否定意见，从中提炼各个方案的优缺点。

即使两个方案存在相同的缺陷或应该探讨的问题，也要重复记下优缺点，不能有所遗漏。之后，将这些内容整理成一目了然的表格，形成团队筛选方案时可以参考的材料。

最佳方案未必是唯一的，团队全员需要整合多个视角，找出最优解。对于调查后的结果，大部分人认为，较之于在TOP2得到一致好评的P方案，应该选择虽然评价呈两极分化、但对一部分人来说具有强烈吸引力的Q方案或T方案，这两种方案在TOP1得分较高。至于最终应该采用Q方案还是T方案，需要用表格一目了然地列出优缺点，再进行讨论（见图3-14）。

第3章 将创意转变为产品的"爆品研发调查"

		团体采访给出的肯定或否定评价		优缺点讨论
Q方案	肯定意见	✓ 与以往的印象不同，设计吸引人 ✓ 给人留下深刻的印象 ✓ 想上手试一下	优点	✓ 在店里热卖
	否定意见	✓ 不喜欢 ✓ 想象不出来 ✓ 不了解 ✓ 对一类人适用	缺点	✓ 不可避免地会区分出好恶
T方案	肯定意见	✓ 让人兴奋 ✓ 有的人评价很高 ✓ 使用场景一目了然	优点	✓ 有强烈的吸引力
	否定意见	✓ 难以想象 ✓ 不喜欢某一方面 ✓ 不了解 ✓ 商品类型有局限	缺点	✓ 难以产生共鸣 ✓ 不清楚能否成功实现
共同问题		✓ 有必要取消		

图3-14 优缺点分析表模板

注：可扫描书前测试题二维码下载电子版。

3. 统计产品特点方案的投票情况并排序。

对于分条列出的产品特点方案的投票结果，可以统计票数并排序，以作参考（见图3-15）。

	A先生	B先生	C先生	D先生	E先生	
特点F	✓				✓	→2票
特点G	✓	✓	✓	✓	✓	→5票
特点H		✓	✓	✓		→3票
特点I					✓	→1票
特点J						→0票

1位：G（5票）
2位：H（3票）
3位：F（2票）
4位：I（1票）
5位：J（0票）

图3-15 产品特点方案投票排序

对设计／理念、产品名称、广告语、产品特点等内容的评价会受到受访者个体差异的影响。例如，会使用假睫毛的和不使用假睫毛的人所选择的方案就存在很大差异。那么，我们应该更重视哪些人的意见，做出怎样的判断呢？

在分析投票结果的时候，必须先确定受访者反馈结果的优先顺序，再进行分析。这也就是说，不能草率地接受表面上排名第一的反馈结果。因为在汇总所有目标群体的反馈而得出的综合排名中，最保险的方案更容易得到高分，但这样的方案实际上往往无法有效激起人们的购买欲望。因此，按照受访者的优先顺序重新斟酌反馈结果很重要。

我们可以按照先分析主要目标、后分析所有目标的顺序，根据相应结果综合做出判断。

- 主要目标的投票（将主要目标锁定为"角色"的效果更好）结果。
- 所有目标（主要目标和次要目标）的投票结果。

在分析结果的时候，可以关注一下团队中向来直觉敏锐的成员做出了怎样的决策，以及做出该决策的理由。直觉敏锐的人虽然会以感觉作为判断标准，但他们善于发现商机，出版社编辑、产品设计师就属于这一类人。此外，也可以听取专家的意见，具体内容见第 6 章。

当我们优先考虑主要目标，重视直觉敏锐的人的意见时，往往会得到与投票结果不相符的结论。不过需要注意的是，被大多数人讨厌的方案一定不要选。DOLLY WINK 项目团队没有按照投票结果选择评价最高的 P 方案，而是采用了评价呈两极分化的 Q 方案，这是因为在做决策时，DOLLY WINK 重视主要目标，也就是从未使用过假睫毛或使用过假睫毛但因为不好用而不再使用的人群的投票结果。然后参照次要目标，也就是包括所有假睫毛使用者在内的投票结果，剔除大多数人都讨厌的 S 方案，即便也有几位直觉敏锐的人选择了这一方案。综合上述情况，再参考设计总监等直觉敏锐的人的意见，团队最终采用了 Q 方案。

不把票数多少作为决策依据，是打造爆品的调查诀窍之一。

当我们用排序的方式对案例中的产品方案所得票数进行统计时，为了得到更为准确的排序结果，有时候还可以对投票次序加权后计算得分。所谓加权，就是根据评价的重要程度赋予相应的分数，再对加权后的数值进行排序。如下所示，针对案例中假睫毛的产品方案的评价，我们可以对各评价按次序进行加权。

- 第1名票数 ×5分。
- 第2名票数 ×4分。
- 第3名票数 ×3分。
- 第4名票数 ×2分。
- 第5名票数 ×1分。

另外，如果想要利用前文提到的绝对评价的5个层级得出好恶分明的数据，可以去掉表示中立的"均可"，按照4个层级来调查。尤其是在日本进行的调查，受访者经常会选择"均可"作为回答，因此分为4个层级可以让好恶意见体现得更加明确。但是，这样做也会有一种强迫对方进行非此即彼的选择的意思，5个层级得出的数据则更为均衡。

常用的评价指标有"是否想要尝试"和"是否想买"（"想买/有些想买/均可/不太想买/不想买"）2个，其中，"是否想买"的反馈更接近于真实购买情况，但因为做出这个反馈需要受访者跨越更高的心理障碍，所以有时会同时用2个指标分别进行询问。

此外，还可以根据"是否新颖""是否具有吸引力""是否喜欢""是否想要去店里"等指标进行5个层级的评价。我们要根据想要明确的问题和想要验证的假说，灵活选择评价指标。

例如，如果你想知道客户是否愿意去线下门店转一转，可以使用"是否想要去店里"指标；如果你想了解产品是否让人眼前一亮，可以使用"是否新颖"指标。

在设置 5 个层级的评价指标时，需要注意表达统一。

举一个反例，在使用"新颖/有些新颖/不好说/不太新颖/完全不新颖"的指标时，"新颖"和"完全不新颖"其实并非评价的两极。在这种情况下，可以把"新颖"改成"非常新颖"，或者把"完全不新颖"改成"不新颖"，以达到表达上的统一。

以上内容虽然都是在定性调查时进行采访的方法，但也可以用于进行评价的定量调查。具体如下所示：

问题：通过这些原型（如设计），你如何看待这款产品？请对各个原型（如设计）从不同方面给出评价（如想买或想要尝试）。

·调查问卷的项目包括设计/理念、产品名称、广告语、产品特点等内容的原型；

·调查问卷的表头包括"非常想买/有些想买/均可/不太想买/完全不想买""非常想尝试/有些想尝试/均可/不太想尝试/完全不想尝试"等评价指标。

调查问卷结果如图 3-16 所示。然后统计结果并进行排序。

	非常想尝试	有些想尝试	均可	不太想尝试	完全不想尝试
P方案	○	●	○	○	○
Q方案	●	○	○	○	○
R方案	○	○	●	○	○
S方案	○	○	○	●	○
T方案	○	○	○	●	○

图 3-16　调查问卷结果

第 3 章　将创意转变为产品的"爆品研发调查"

> **调查行动指南**
>
> **验证原型的 3 个好处**
>
> √ 易于洞察目标。
> √ 易于锁定卖点。
> √ 易于发现目标存在的问题。

我们可以综合受访者的反应、验证假说的结果以及反馈结果的排序等内容，来洞察如何激发目标的购买欲望，锁定卖点。这时，如果发现所有的原型都无法打动消费者，那么很有可能是目标出现了偏差。这时，可以参照第 5 章的内容仔细验证目标。

在参照调查结果打磨产品的过程中，你可能会再次产生"打磨后的产品 A 和产品 B 中，消费者更青睐哪一个，理由是什么"等问题。这时，如果能够简单快捷地重复进行采访，那么你距离打造出爆品的目标也就越来越近了。

> **调查放大镜**
>
> **了解 3 种假说验证工具**
>
> **既经济又便捷的两种定性调查工具**
>
> 在定性调查中，既经济又简便的调查工具包括明路调查网提供的 Mill Talk 和 Just Systems 公司提供的 Sprint。
>
> 在使用 Mill Talk 的服务时，你可以生成一张"你会选择 A 还是 B"的调查问卷，收集消费者的选择理由；你也可以使用 Sprint，在聊天室向消费者提问"你会选择 A 还是 B"，并询问详细的理由（如图 3-17、图 3-18 所示）。

Mill Talk

- 由最大的网络调查公司明路调查网提供服务，可在线上与消费者交流。
- 大致有以下3种功能版块。在论坛上收集意见和创意的"听一听"；通过聊天的方式对提出意见、建议的人进行集体采访的"聊天室"；通过关键词搜索人们在Mill Talk上的反馈，从中寻找灵感的"今天的一句话"。
- "听一听"是一种问卷调查，针对一个问题，只需几个小时就能收集到数百人的意见。10分钟左右就能收到反馈评论，信息量大，除了等待无须其他操作。
- 使用"听一听"配置的"图像试问"功能，可以在问题上附加多个图像。另外，还可以制作以图像为选项的调查问卷，供受访者选择。
- 在"听一听"中，不仅可以发表评论，还可以上传照片和图像，具有相册功能。
- 搭载多功能文本挖掘功能，便于分析收集到的评论。
- "聊天室"最多可容纳10个用户，并可替换参加者。一间聊天室的运行时长为2周。
- 有免费套餐，也有付费套餐，价格较为公道。

针对一个问题的问卷调查：你更青睐下面哪一个方案？
选项：A方案/ B方案/都不选
请说明你选择的理由

配备了对收集到的反馈信息进行定量解析的文本挖掘功能

https://service.milltalk.jp/

图 3-17　大量、广泛地掌握消费者心声时使用的定性调查工具推荐

Sprint

- Just Systems公司提供的聊天访谈服务。无须特别准备，即可简单快捷地收集到意见。
- 大致有2种功能。仅需5分钟，就能从全日本范围内找到符合条件的受访者，并通过线上聊天室进行30分钟的一对一深度访谈；仅需5分钟，可同时选择最多5个受访者，根据预先设定好的问题进行自动运行的多人采访。
- 数据可以以Excel格式下载。
- 每月只需19.8万日元，就能使用所有功能，与一般的收费定性调查相比具有明显的价格优势。

https://chat-interview.com/

图 3-18　快速、深入地掌握消费者心声时使用的定性调查工具推荐

Mill Talk 和 Sprint 都是线上采访工具，因此，与面对面或利用 Zoom 等带有视频功能的电视会议系统所进行的普通定性采访调查相比，它们能获得的信息量会少得多。

但是，相较于会花费大量时间和金钱的普通采访，Mill Talk 和 Sprint 在成本和效率方面具有明显的优势。因此，它们既可以用于模拟采访，也可以用来进行一些简单的定性调查。对这些工具一定要多加利用，但也要与一般采访方式区分开来。

> 既经济又便捷的定量调查工具

在这里介绍一种定量调查工具：明路调查网提供的 Questant（见图 3-19）。如果你想进行一次正式的调查，那么我建议你使用一般的调查方法；但如果你想在短时间内制作问卷并收集回答，且问题数量不多，所需受访者数量在 100 人左右，那么使用 Questant 会更加方便。

Questant

- 明路调查网提供的调查工具。因为是自助服务，所以可以随时开展调查。
- 初学者易于操作。汇集了70多种模板和问题数据库，可以根据需要轻松生成问卷。
- 自助收集反馈意见的时候（如客户问卷调查等），在10个问题、100人范围内，可无限次免费使用服务（这种情况下，调查公司不提供受访者）。
- 如果由调查公司提供问卷受访者，需签订一年不低于5万日元的合约，之后可以以最低1万日元（5个问题、100人范围内）的低价获得反馈意见。
- 免费使用后，也可以根据需要追加付费功能。

https://questant.jp/

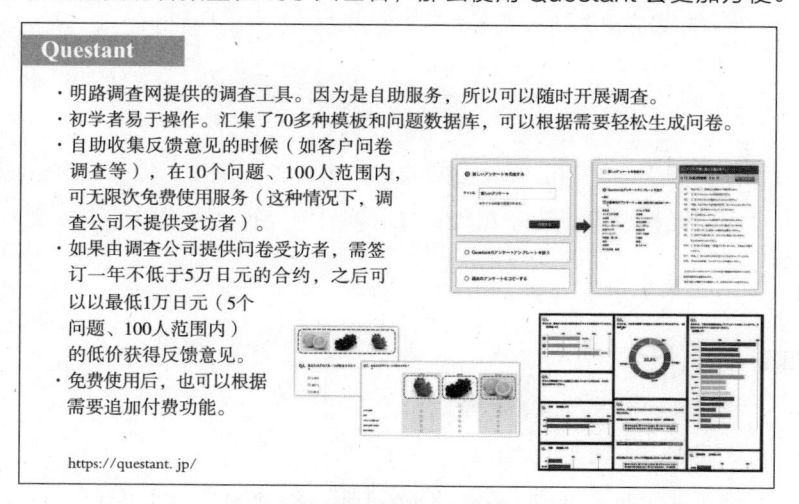

图 3-19　快速获取大量反馈意见的时候使用的定量调查工具推荐

切记，不能忽略正式调查。

采访调查成功的 6 个提问诀窍

在进行针对目标聚焦卖点的采访时,有 6 个提问诀窍有助于提高采访的成功率。

调查行动指南

采访调查成功的 6 个提问诀窍

√ 使用关键词深入问题本质挖掘,如"为什么""具体来说""详细来说"等。

√ 不要泛泛而谈,要关注回答者的实际情况(注意时间顺序)。

√ 一个问题只问一个方面。

√ 提出的问题主旨明确、浅显易懂。

√ 不用诱导性的语句。

√ 采用"如果实现了××呢?"等提问方式。

假设你任职于一家制造假睫毛的公司,想要提高销量,那么你应该如何运用这 6 个诀窍呢?让我们看一看具体的采访示例。我会先提供一个反例,再给出诀窍。

采访反例 1

提问者:"你买过假睫毛吗?"

回答者:"假睫毛不适合我,所以不用。"

提问者:"原来如此,那么下一个问题。你平时用什么工具化眼妆?"

这些问题只能引出表面事实,无法提炼出卖点。"假睫毛不适合我,所以不用"只是一些司空见惯的回答,而要判断什么卖点能够吸引客户,以及该客户能否成为目标,显然还需要更多的信息。这时,我们需要对得到的回答进行深入挖掘，增加信息量，从而使回答的内容更具解析的价值。"假睫毛不适合我，所以不用"这句话只是冰山一角，是一部分表面化的意识，在这句话之下还隐藏着潜意识里的想法，所以我们要洞察并深入挖掘回答者自己都未能察觉的本质烦恼和需求。

第一个诀窍：使用关键词深入挖掘，如"为什么"。利用"为什么"进行深入挖掘的采访示例如下：

提问者："你买过假睫毛吗？"

回答者："假睫毛不适合我，所以不用。"

提问者："为什么觉得不适合呢？"

回答者："与我现在想要画出的妆容不搭。"

提问者："为什么不搭呢？"

回答者："因为假睫毛太花哨了吧……现在不是流行自然妆容吗？"

略为烦琐地反复询问2～5次"为什么"，可以让回答者逐渐表露出内心深处的想法。

在进行采访的过程中，你会获得很多模棱两可的词语，如上文中的"花哨""流行"等。此外，对话中也会出现很多在表达上仍留有余地的词语，如"好""不好""好用""不好用""喜欢""讨厌""普通""说不清""可爱""放心""大家都……"等。如果遇到这种模棱两可的词语，就轮到关键词"具体来说""详细来说"来进行深入挖掘了。

利用"具体来说""详细来说"进行深入挖掘的采访示例如下：

回答者："因为假睫毛太花哨了吧……现在不是流行自然妆容吗？"

提问者："你所说的花哨，具体是指一种什么形象？"

回答者："辣妹妆，那种妆容有点儿过时了。"

提问者："请再详细说一下为什么你觉得它过时了。"

回答者："10年前我也画过辣妹妆，在我上高中的时候很流行。那种妆容会给人一种只有特定年龄段的人才会画的感觉。"

提问者："原来如此，这么说10年前你喜欢戴假睫毛。请再详细回忆一下当时的感受吧。"

回答者："戴是戴过，但是感受不太好。"

提问者："具体来说，有什么感受呢？"

回答者："总之感觉不好用。"

提问者："请你详细说一下它怎么不好用吧。"

回答者："难戴、费时、眼睛上有异物感之类的吧。"

像这样深入挖掘，可以发现以下问题：

- 消费者对假睫毛的印象还停留在10年前的"辣妹"时代。当前课题是消除那个时候的假睫毛所带来的花哨、难戴、费时、眼睛上有异物感等负面印象。
- 如果能够突出假睫毛在升级换代之后才有的特点，可以将其作为卖点。时下流行的卖点是适用于自然妆容。
- 如果能消除假睫毛的负面印象，原本流失的消费者也有可能重新成为目标群体。

现在，想必你已经对"洞察并深入挖掘"有了大致的了解。在进行采访的过程中，我们还经常会遭遇以下失败案例：

采访反例2

回答者："难戴、费时、眼睛上有异物感之类的吧。"

提问者："那么对假睫毛有什么好的印象吗？"

回答者："拍照时会显得眼睛比较好看吧。"

提问者："现在，想要拍照好看的时候，会想到用假睫毛吗？"

回答者："喜欢发Instagram的女生应该会用吧。"

这次采访的失败之处在于只从话题中得到了一般观点。"虽然我不用，但应该有人会用"，"虽然我不用，但那些人可能会用"，类似这样的意见并没有摆脱推测的范畴，依然属于无用信息。我们需要聚焦回答者自身的感受和事实，而不是回答者以外其他人的感受和事实，更不需要社会大众的一般论调。但是，泛泛而谈有助于调节对话氛围，我们要善于委婉地把话题引导到本人身上。

第二个诀窍：关注回答者的实际情况。 采访示例如下：

回答者："喜欢发 Instagram 的女生应该会用吧。"
提问者："确实也有这样的女生。可以顺便告诉我，你自己是怎么想的吗？想要拍照好看时，会想到用假睫毛吗？"
回答者："为了拍照时好看，我也用过。"

我们可以不露痕迹地把焦点转移到回答者本人的感受和行为上。在聚焦于回答者的实际情况时，还要格外注意时间点。所谓"现在"，可能指昨天，也可能指半年以前，甚至可能是 2～3 年以前。通常超过 1 年以上的信息就有些过时了，没有太大的用处，因此我们需要用"最后一次""最近"等关键词来确认更精确的时间点：

回答者："为了拍照时好看，我也用过。"
提问者："最后一次为了拍照好看而使用假睫毛是在什么时候？"
回答者："大概是 4 年前吧……Instagram 流行的时候迷上了拍照。最近已经厌倦了在社交平台上传照片，只会使用 Stories 功能，所以也不太在意自己上不上相了。"

在确定了时间后，我们才了解到这位受访者"为了拍照时好看而使用假睫毛"已经是 4 年前的事情了，所以"拍照时好看"已经不能作为当下假睫毛的卖点了。

像下面这样的失败示例也很常见：

采访反例3

  提问者："关于使用假睫毛的眼妆效果和方便程度，你觉得和睫毛膏相比怎么样？"

  回答者："这个……"

这个采访的失败在于一次询问了眼妆效果和方便程度两个方面的问题。对于被问到了两个问题的回答者而言，她不知道该如何同时对两个方面作答，即便回答了，内容也很容易出现偏差。一个问题只问一个方面，这是一条雷打不动的规则。

第三个诀窍：一个问题只问一个方面。采访示例如下：

  提问者："关于使用假睫毛的眼妆效果，你觉得和睫毛膏相比怎么样？"

  回答者："假睫毛不像睫毛膏那样会结块，如果贴得好的话，能像嫁接睫毛一样好看。"

  提问者："关于使用假睫毛的方便程度，你觉得和睫毛膏相比怎么样？"

  回答者："佩戴比较费时，而且戴上以后的异物感也让人很痛苦，所以我觉得不如睫毛膏好用。"

像这样逐一进行询问，可以准确地引导出回答者的观点。我们可以再看一个失败示例。

采访反例4

  提问者："你会认真化眼妆吗？"

  回答者："……我觉得自己算是比较认真的那一类吧。"

这次采访的问题在于对"认真"的定义并不明确，所以得到的回答很容易因为个人感觉而产生偏差。像"认真"这样标准模糊的词语，需要明确它所指向的具体定义，并思考如何用具体事实予以验证。例如，关于认真化眼妆，我们先可以给出以下两个定义：

- 最少要用到睫毛膏、眼影、眼线笔等 3 种化妆品。即便不用睫毛膏，也要用到嫁接睫毛或假睫毛来化眼妆。
- 每周至少化 3 次眼妆。

然后像下面这样提出问题。

第四个诀窍：提出的问题主旨明确、浅显易懂。采访示例如下：

> 提问者："可以告诉我你会使用的所有眼妆产品吗？"
> 回答者："我会用眼影底霜、眼影、眼线笔、睫毛打底膏、睫毛膏。"
> 提问者："你一周化几次眼妆？"
> 回答者："每天都化，周末有时候不化妆，所以是一周 5～7 天吧。"

设置明确的定义可以减少分析上的偏差，避免使用模棱两可的表达，可以让回答者更容易作答。

此外，在采访中也要注意专业术语的使用。失败示例如下：

采访反例 5

> 提问者："你在哪里买化妆品比较多，是杂货店还是 DRG？"
> 回答者："……那是什么地方？"

化妆品业界所说的"杂货店"，指的是销售年轻女性流行化妆品、美容产品等产品的流通销售渠道，如 PLAZA、LOFT、东急手创等。但杂货店究竟指什么，其实并不是一个人尽皆知的常识，很多人对此并不了解。DRG 则指松本清、WELCIA 等药妆店，因为店铺数量众多，而且有时会打折销售产品，所以是一种受众更广的销售渠道。药妆店是一个常见词,大家都知道,但说到 DRG,可能有的人会感到陌生。

在采访中,尽量不要使用专业术语,或者在使用专业术语时进行补充说明,要用浅显易懂的表述提问。将专业术语转换成通俗易懂的表述。采访示例如下:

提问者:"你大多数时候是在 PLAZA、LOFT 这样汇集了流行产品的杂货店购买化妆品,还是在药妆店?"

回答者:"公司附近有一家东急手创,所以我经常去那里,大概一个月 1~2 次吧。绝大多数时候还是去药妆店。"

在采访时,能不用专业术语就不用,在必须用到专业术语的地方可以进行补充说明,尽量使用通俗易懂的表述进行采访,能让回答者更容易作答。

在采访时,还会出现下面这样的失败示例:

采访反例 6

提问者:"大家都说眼妆会对眼睛造成负担,你怎么看呢?"

回答者:"没错。卸妆时化妆品会蹭到眼睛里,这样对眼睛不好。"

这个采访的问题是在提问时使用了"眼妆对眼睛有负担"这样带有偏见的表达。受这句话的影响,回答很容易出现偏差。我们应该摒除这种让回答有失偏颇的诱导性语句。

第五个诀窍:不用诱导性的语句。采访示例如下:

提问者:"你是怎么看待眼妆的呢?"

回答者:"化眼妆会让心情变好。我认为化上眼妆后,自己能变得更自信。"

去掉了诱导性的语句，回答的内容就不会出现偏差。在我们进行采访的过程中，单刀直入地询问对方："如果实现了××呢？"这也有助于锁定卖点。

第六个诀窍：采用"如果实现了××呢"等提问方式。采访示例如下：

提问者："为什么不用假睫毛呢？"
回答者："因为假睫毛给人花哨的印象，所以我不用。"
提问者："如果是设计得比较自然的假睫毛呢？"
回答者："戴假睫毛很花时间……"
提问者："如果有只需10秒就能戴上的假睫毛呢？"
回答者："我笨手笨脚的，要是被人看出来戴假睫毛就糟糕了。"

通过这样深入的挖掘，就能逐渐引导出回答者的真实想法，即她不仅觉得假睫毛花哨，还有费时、看上去很明显等缺点。如果只是单纯地询问对方会不会购买这款产品，并不能判断对方回答的"买"或"不买"是不是真实的想法，只有不断深入挖掘答案，聚焦于回答者的行为等事实，才能收集到对方真实的想法。像这样不断重复采访，就能精确地找到目标和卖点。

如果洞察到新时代消费者的心理，创造出能够解决客户本质烦恼、满足客户本质需求的卖点，就很有可能会打造出爆品。上述技巧一定要多加实践。

第 4 章

制定销售战略的
"战略调查"
第 1 步，市场分析

電通現役戦略プランナーのヒットをつくる
「調べ方」の教科書

市场营销有很多分析框架，如果把时间全用在选择框架上就本末倒置了。因此，我们为大家选好了一个框架，那就是 3C 分析法。3C 分析法的内容基础，简单易懂，适用范围广，是我们为锁定产品的目标和卖点，收集基本信息的必备框架。大前研一在其著作《思考的技术》中提到，这 3 个 C 都有各自的利害关系和目的，三者是对立统一的。例如，即使公司的卖点符合目标客户的需求，但若是竞争对手的产品更有卖点，那么产品依然会卖不出去。公司和竞争对手针对相同的目标客户推出了相同的卖点，导致客户无法分辨两家公司的产品有何不同，就会引发降价竞争，以致双方都有损失。

如果只盯着 3 个 C 当中的某一个，而忽略了其他两个，就无法找准目标和应该突出的卖点。反过来说，如果我们的卖点比竞争对手更能满足客户，那么产品就能大卖。3C 分析法的作用就在于此。第 4 章至第 7 章将介绍如何使用 3C 分析法来制定战略调查。

只用 3C 分析法做战略调查

运用 3C 分析法本身不会帮助我们明确目的是什么、收集哪些信息以及怎样运用这些信息。如果抱着先把框架填满的想法鲁莽行动，那么收集到的信息就无法发挥作用，最终我们依然一头雾水。

收集信息的目的是什么呢？当然是为了锁定目标和卖点。那么，应该收集哪些信息，又如何运用这些信息呢？具体如图 4-1 所示。

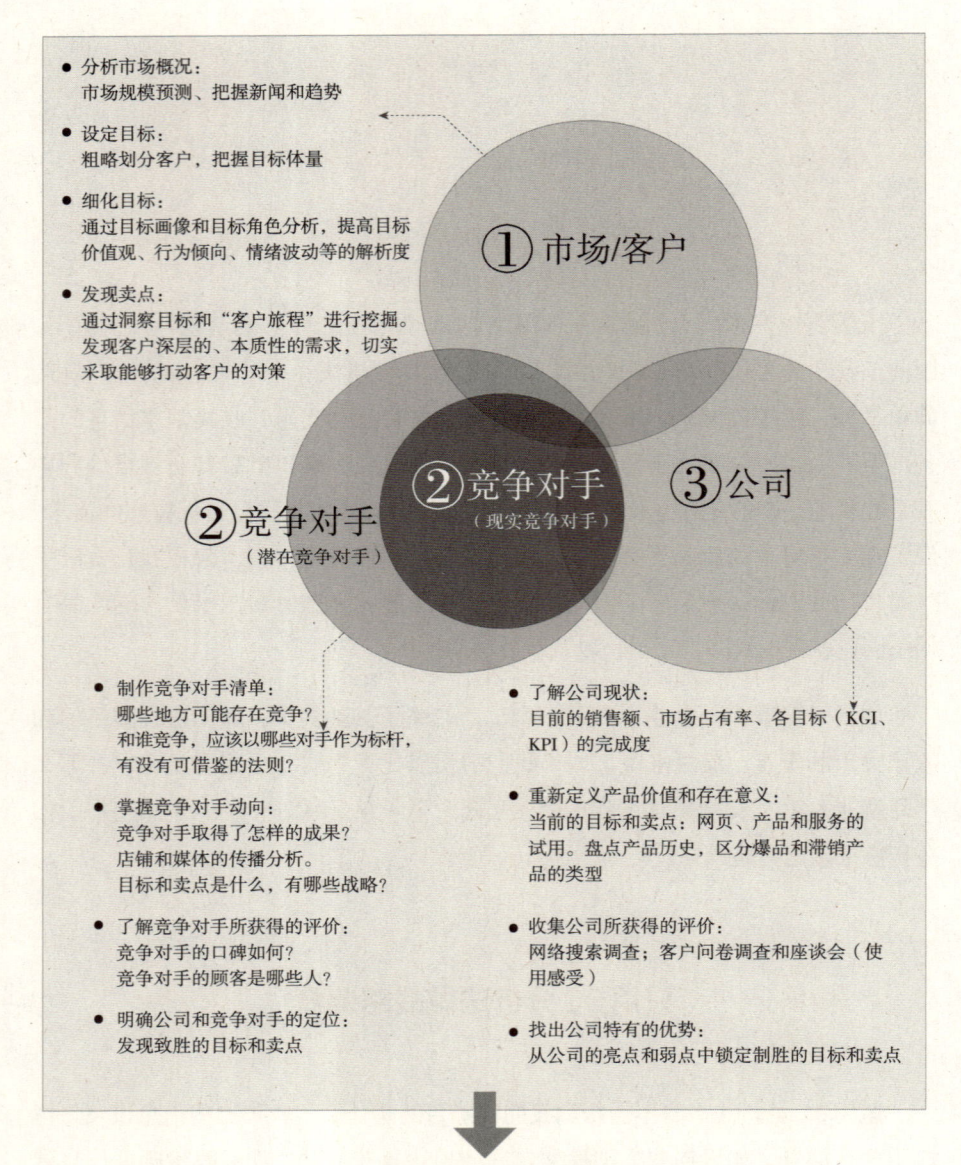

- 分析市场概况：
  市场规模预测、把握新闻和趋势
- 设定目标：
  粗略划分客户，把握目标体量
- 细化目标：
  通过目标画像和目标角色分析，提高目标价值观、行为倾向、情绪波动等的解析度
- 发现卖点：
  通过洞察目标和"客户旅程"进行挖掘。发现客户深层的、本质性的需求，切实采取能够打动客户的对策

① 市场/客户

② 竞争对手
（潜在竞争对手）

② 竞争对手
（现实竞争对手）

③ 公司

- 制作竞争对手清单：
  哪些地方可能存在竞争？和谁竞争，应该以哪些对手作为标杆，有没有可借鉴的法则？
- 掌握竞争对手动向：
  竞争对手取得了怎样的成果？店铺和媒体的传播分析。目标和卖点是什么，有哪些战略？
- 了解竞争对手所获得的评价：
  竞争对手的口碑如何？竞争对手的顾客是哪些人？
- 明确公司和竞争对手的定位：
  发现致胜的目标和卖点

- 了解公司现状：
  目前的销售额、市场占有率、各目标（KGI、KPI）的完成度
- 重新定义产品价值和存在意义：
  当前的目标和卖点：网页、产品和服务的试用。盘点产品历史，区分爆品和滞销产品的类型
- 收集公司所获得的评价：
  网络搜索调查；客户问卷调查和座谈会（使用感受）
- 找出公司特有的优势：
  从公司的亮点和弱点中锁定制胜的目标和卖点

↓

找准"目标"和"卖点"

图 4-1　运用 3C 分析法收集必要信息

注：可扫描书前测试题二维码下载电子版。

市场/客户是需要花费最多的精力和时间进行调查的对象。首先要分析市场的大致状况；其次粗略划分客户，把握目标体量；再次通过提高目标解析度，洞察目标深层的、本质性的需求；最后通过洞察目标和"客户旅程"实现客户购买产品或服务过程的可视化，明确能够打动客户的对策，从而锁定卖点。

竞争对手方面，要列出竞争对手清单，了解竞争对手的动向以及社会评价。把握住公司和竞争对手的定位，就能找出制胜的目标和卖点。诀窍在于准确区分潜在竞争对手和现实竞争对手。

公司方面，要把握公司现状，盘点公司资产，定义产品的本质价值和作用。还要了解公司的口碑和特有的优势、劣势以及由此产生的障碍，找出制胜的目标和卖点。

综上所述，无论分析哪一个 C，都是为了锁定目标和卖点。

为了让客户购买产品，企业在分析针对客户的营销传播内容时，要从信息源、接收者、传播内容这 3 个方面入手。如图 4-2 所示，我们可以根据这 3 个方面划分出最终需要明确的目标和卖点。

图 4-2　营销传播分析

本书反复介绍的目标就是传播的对象，也就是接收者（客户）。卖点是为了吸引目标群体购买产品而呈现出的传播内容，这些内容取决于信息源自身的定位。

若想要通过 3C 分析法用收集到的信息打造出爆品，就要明确以下两点：

- 应该对谁说（目标）。
- 站在什么立场，说什么（卖点）。

如果已经认清了接收者和传播内容，那么就需要开始把握"何时、何地"等传播时机。

若想在使用 3C 分析法时得心应手，诀窍是按照市场／客户—竞争对手—公司的顺序进行分析。首先确定市场／客户这一划定了竞争范围的要素，然后确定竞争对手，这两点是思考如何最大限度地发挥公司优势的前提条件。在实际调查过程中，我们会发现有时对这 3 个 C 的分析是循环进行的，如在明确竞争对手之后需要重新分析市场／客户，但大致的分析顺序是既定的。

本书也将按照章节顺序对打造爆品的市场／客户、竞争对手和公司的分析进行解读（见图 4-3）。

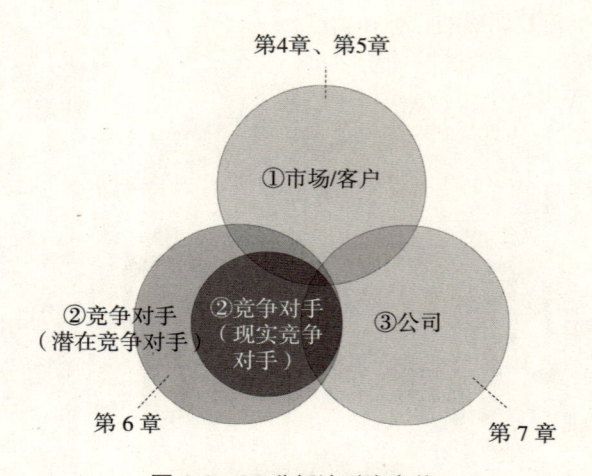

图 4-3　3C 分析法对应章节

为什么要调查市场／客户呢？这是因为我们要分析产品所处的市场环境，例如，这是一个怎样的市场环境，今后的发展前景如何，哪些人会去购买产品或服务，市场规模有多大、有哪些需求，等等。较之于公司和竞争对手，市场和客户是我们更应该重视的要素。

在3C分析法中，市场/客户涉及的领域非常广泛，因此我们要注意遵循由大到小、分层递进的分析顺序，重点在于按照"市场动向—客户"的顺序进行分析。在第4章，我将首先介绍市场/客户当中"市场"的分析方法。

市场分析最先要明确的是市场规模

我们在分析市场概况的时候，最先应该明确的是行业的市场规模。所谓市场规模，顾名思义，就是指产品或服务的市场大小。例如，你想要销售眼线笔，如果眼线笔的全部市场被你垄断，那么你获得的销售额就是市场规模。由于市场规模的精确数值很难统计，所以通常由各国政府部门、行业团体、民间调查公司发布估算额以作参考。

为什么事先明确市场规模如此重要？因为一年1万亿日元规模的市场和一年100亿日元规模的市场得出的预期销售额是不一样的。而预期销售额的变化会导致可投资金额的变化，也就意味着竞争方式的转变。因此，即使只是做粗略的估计，我们也要事先了解自己想要一决胜负的市场规模究竟有多大。

在分析市场规模的时候，我们一般会用到销售总额的数据，有时也需要市场交易中的销售总量等数据，具体如下所示：

- 市场规模通常使用销售总额来衡量。例如，2020年日本护肤品市场规模为12 651亿日元[1]。
- 市场规模有时也用市场交易的销量总量来表示。例如，2019年日本汽车销量为520万辆[2]，粗略估算每年汽车市场规模约为500万辆。

---

[1] 数据由富士经济《化妆品营销要览2021》统计。
[2] 数据由一般社团法人日本汽车工业会统计。

市场规模不是一成不变的

市场规模有时会变大，有时会变小。以 PayPay、乐天 Pay、LINE Pay、Merpay 等日本二维码结算市场为例，从市场规模的变化可以看出，在非现金支付需求不断增长、可用场合不断增多的背景下，二维码结算市场规模正在不断扩大。如图 4-4 所示，二维码结算市场规模在 2018 年为 3 042 亿日元，预计到 2024 年将达到 100 290 亿日元[①]，说明这个市场的发展前景十分广阔。

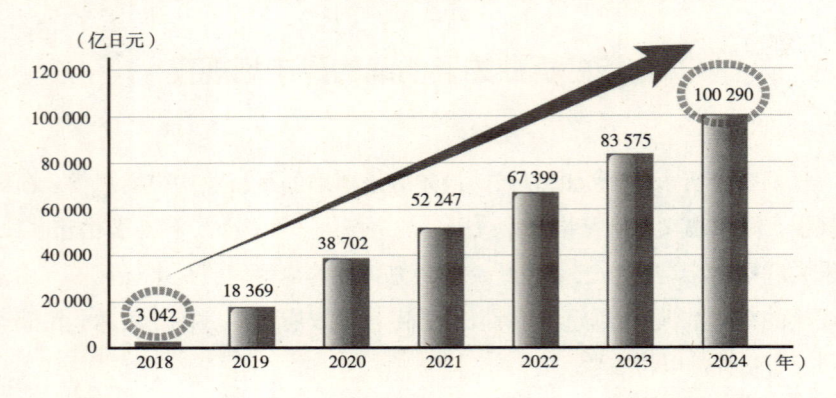

(单位：亿日元)

	2018年	2019年	2020年	2021年	2022年	2023年	2024年
市场规模	3 042	18 369	38 702	52 247	67 399	83 575	100 290
同比	—	604%	211%	135%	129%	124%	120%

图 4-4　二维码结算市场规模预测

如何分析市场规模

无论是以销售总额还是销售总量来呈现市场规模，都需要注意"调查行动指南"中的 4 个要点。假设你要销售有机化妆品，需要了解 2019 年自然派/有机化妆品的市场规模，让我们来看看应该如何操作。

[①] 本书原版出版时间为 2021 年，所以 2021—2024 年数据为预测值。此数据来自矢野经济研究所 2020 年 11 月 16 日对自然派/有机化妆品市场的相关调查。

第 4 章　制定销售战略的"战略调查"第 1 步，市场分析

> **调查行动指南**
>
> **分析市场规模时 4 个要点**
>
> √ 是现实市场还是潜在市场？
> √ 市场是正在扩张还是正在萎缩？（比较历年情况，明确市场的成长程度）
> √ 市场规模有多大？（根据检索到的资料进行横向对比）
> √ 市场规模是足够大，还是不够大？（不要看绝对大小，而要看相对规模）

通过检索日本矢野经济研究所的数据库，我们找到两种市场规模变化趋势。首先，2019 年自然派 / 有机化妆品的市场规模比上一年增长 1.7%，达到 1 400 亿日元（见图 4-5）。

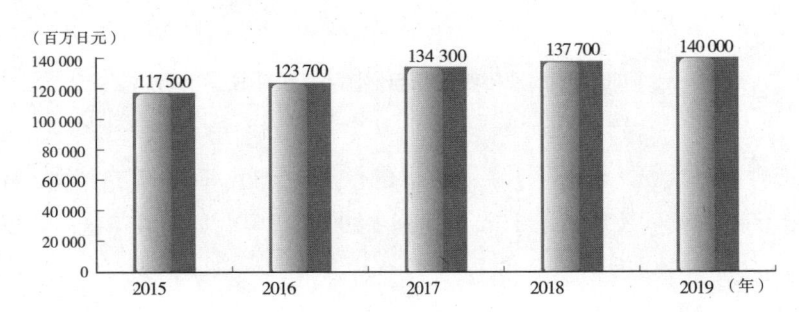

（百万日元）

	2015年	2016年	2017年	2018年	2019年
市场规模	117 500	123 700	134 300	137 700	140 000
同比	106.0%	105.3%	108.6%	102.5%	101.7%

（单位：百万日元）

图 4-5　自然派 / 有机化妆品的市场规模变化

其次，在规模总计 26 480 亿日元的全类型化妆品市场中，有机化妆品的市场占比为 5.3%（见图 4-6）。

电通爆品讲义

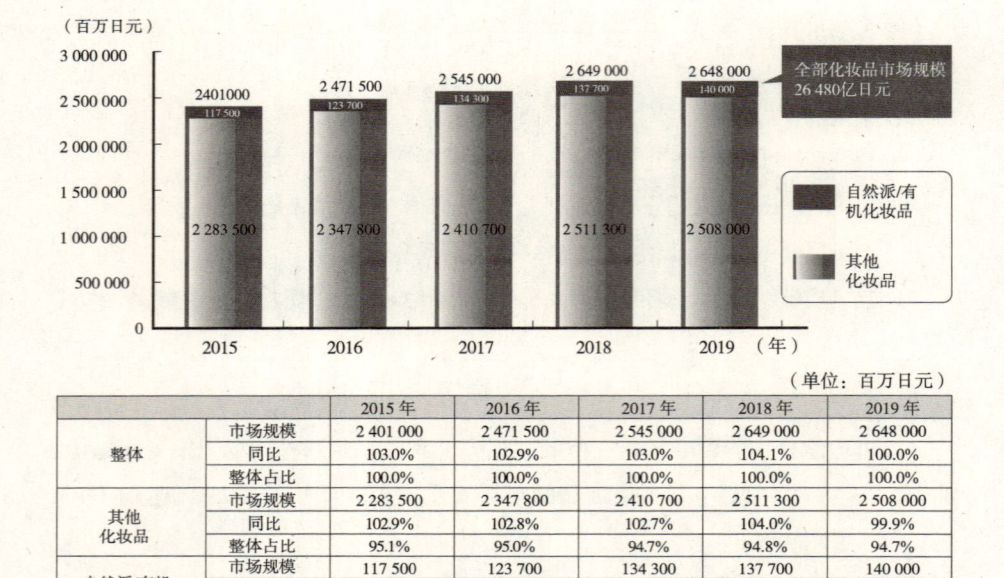

图 4-6 化妆品市场规模变化和自然派/有机化妆品市场规模变化

(单位：百万日元)

		2015 年	2016 年	2017 年	2018 年	2019 年
整体	市场规模	2 401 000	2 471 500	2 545 000	2 649 000	2 648 000
	同比	103.0%	102.9%	103.0%	104.1%	100.0%
	整体占比	100.0%	100.0%	100.0%	100.0%	100.0%
其他化妆品	市场规模	2 283 500	2 347 800	2 410 700	2 511 300	2 508 000
	同比	102.9%	102.8%	102.7%	104.0%	99.9%
	整体占比	95.1%	95.0%	94.7%	94.8%	94.7%
自然派/有机化妆品	市场规模	117 500	123 700	134 300	137 700	140 000
	同比	106.0%	105.3%	108.6%	102.5%	101.7%
	整体占比	4.9%	5.0%	5.3%	5.2%	5.3%

结合这些数据，根据 4 个要点可以进行如下分析。2019 年自然派/有机化妆品市场的规模同比增长了 1.7%，达到 1 400 亿日元。如何看待这一数据？总结如下：

- 因为销售的是有机化妆品，所以是现实市场。
- 通过对比往年数据，自然派/有机化妆品市场可以说是在稳步扩大。
- 调查是否有其他市场规模接近 1 400 亿日元之后发现，这一市场规模大致相当于情人节产品销售市场。
- 市场占比方面，化妆品整体市场规模是 26 480 亿日元，其中有机化妆品市场占比为 5.3%，尚处于低位。但是，随着有机化妆品市场的逐年稳步扩大，该市场预期增长空间很大。

我们从这几个角度对市场情况进行了分析。有些情况下，我们很难获取能够明确体现市场占比情况的图表，这时，我们可以从比较容易找到的内容入手，如"化妆品整体市场规模为 26 480 万亿日元"等上一层次的市场规模数据，然后结合这些数据大致推算有机化妆品市场的占比。

关于市场规模的调查方法，还包括我们曾在第 2 章介绍过的文献调查。在分析市场规模之外，我将介绍在以文献调查收集数据时会用到的各信息来源及其特点。

调查信息来源的优先顺序

调查信息来源的优先顺序如下：

1. 政府机关资料。
2. 行业团体资料。
3. 智库、综合研究所、金融机关资料。
4. 民间调查公司资料（如日本富士经济集团、矢野经济研究所）。
5. 报纸、杂志、公开报道。
6. 民间企业的新闻发布（PR 调查）。

实际上，第 1、4、5、6 项可以涵盖调查所需的大部分信息，其中第 4 项"民间调查公司资料"是日本非常可靠的信息源。对政府机关资料的分析有些复杂，如果能够接触到民间调查公司的资料，也可以直接从这一项开始收集信息。

下面详细介绍各信息源的内容及特点。

政府机关资料

政府机关资料包括国势调查、人口普查、家庭收支调查等资料，利用汇总了日本各级政府公布的统计数据的网站"e-Stat"，可以让资料查阅更加便捷。但是，如果你想要了解人口数量，日本总务省统计局发布有人口统计等内容，在所需数据和来源较为具体的情况下，无须访问 e-Stat，查看统计局网站效率会更高。政府部门数据的特点是范围广、综合性强、扁平化、易获取，且最为客观；但同时存在提取所需信息耗时长、信息加工过程烦琐等问题。

> **调查行动指南**
>
> **政府机关资料的特点**
>
> √ 在调查人口和家庭数量、家庭消费趋势等经济、社会宏观数据的时候较为方便。
> √ 多为大规模调查，客观性和可信度高。
> √ 电子数据大多在网上免费公开。
> √ 需要注意，这类资料从调查到公布存在时滞，个别统计数据的发布周期较长（如5年1次、3年1次）。

行业团体资料

查阅行业团体资料的时候，我推荐搜索使用如"汽车＋某行业团体"等将想要调查的产业、行业名称结合行业团体等内容的关键词组合。行业团体举例如下：

- 日本汽车工业协会（JAMA）：由日本大型汽车制造商联合组成的行业团体，通过该团体资料可以了解日本国内汽车供应量等情况。
- 电子信息技术产业协会（JEITA）：由日本大型家电厂商联合组成的行业团体，通过该团体资料可以了解日本国内电子设备供应量等情况。

智库、综合研究所、金融机关资料

银行和智库发布的报告也是非常有用的信息来源，它们基本上需要付费查阅，但也有一部分是免费公开的。因为信息质量高，所以若能找到所需信息的话会大有用途。

日本政府背景下的智库有经济社会综合研究所（归属内阁）和经济产业研究所（归属经济产业省）等。民间智库有野村综合研究所、三菱综合研究所、日本综合研究所、瑞穗综合研究所、大和总研、电通总研等。各智库网站都有检索窗口，可以输入关键词进行查询。

民间调查公司资料（如富士经济集团、矢野经济研究所）

想要了解市场概况，最便捷的方法就是获取民间调查公司资料的数据进行分析。如果可以直接访问这些资料，就无须查阅前面几类资料了。

民间调查公司资料的特征如下：

- 从市场规模、行业动态、参与企业、制造商份额到未来预测，在进行全方位调查的时候最有用处。
- 资料基于对制造商和流通运营商的采访形成。
- 资料价位一般在 10 万～ 20 万日元，价格区间广泛。

实际上，每个行业的资料都有 300 ～ 800 页，想要全部读完是不可能的。我刚开始工作的时候，误以为必须从头开始按顺序阅读，结果走了很多弯路。灵活运用这些资料的诀窍是锁定阅读范围，我们可以采用一边浏览目录一边圈定种类和产品的方式，锁定阅读范围，从而轻而易举地提取必要信息。

使用这类资料的关键在于阅读时精准锁定所需资料，如果是研究假睫毛就只查阅假睫毛的部分，如果是研究有机化妆品就只查阅有机化妆品的部分，这样能省去不少麻烦。一般在锁定范围之后，需要查看的资料也就只有 4 ～ 10 页，约 15 分钟就能读完。这些资料往往还会介绍相关趋势和动态，内容生动有趣。在化妆品行业，代表性的参考资料是富士经济发布的"化妆品营销要览"和"功能性化妆品营销要览"，这种资料多是一年发布一次，也有些是两年或几年发布一次。另外需要注意的是，资料中提及的品种、项目可能会由于制作年份、时期的不同而有所差异。

报纸、杂志、公开报道

如果从前面几个信息源中没有找到合适的数据，该怎么办呢？

当我们想要了解消费者动向等信息，可是民间调查公司的相关资料不好获取或根本没有时，可以采用一种简便的方法，那就是从报纸、杂志、公开报道中查询相关关键词。日本经济新闻和东洋经济新报社出版的"行业地图"系列书籍，只要1 400日元就能买到，从中我们也可以了解到相关信息。行业地图清晰地展示了主要企业的关系图示和概况，有助于我们大致把握行业动向。此外，我们还可以用手机和计算机随时随地查阅这类资料，十分方便。

因为每家报社都有自己的立场和论调，所以我建议阅读多家报纸进行对比判断。此外，杂志是一种时效性很高的出版物，对我们了解某一时期特定主题的信息很有帮助。图书与其他信息源相比时效性较差，但是信息质量较高，因此我也推荐。

民间企业的新闻发布（PR调查）

如果民间调查公司资料难以获取，我们也可以通过民间企业发布的内容，即制造商和调查公司等企业的PR调查来侧面了解情况，这种方法也很便捷。通过"调查的力量（調査のチカラ）"网站可以非常方便地查找民间企业发表的调查资料，此外，我们还可以求助于Macromill公开调查数据网站、Mynavi网站等主要发布消费相关报告的民间调查公司。

市场规模可以先粗略预测

当你觉得获取资料麻烦、想要放弃时，可以告诉自己"先大致把握就可以了"。对此我们也可以理解为："只掌握那些不花时间、轻而易举就能获取的信息。"例如，有时我们只需要搜索关键词，如"化妆品＋市场规模"和"白皮书"等；又如，因为互联网上的信息纷繁复杂，很难判断哪一个可信度更高，这时我们可以根据信息源的优先顺序来确认它们的客观性和优先级。

如果你对市场规模没有概念，那么我建议你搜索一些具体的行业信息。例如，搜索"市场规模 1 300 亿日元"等关键词，就会得到各种各样可做参照的数据。另外还可以参考汇总了市场规模排行榜、市场规模一览等信息的网站。经搜索，我们可以得到如下答案：

- 市场规模 1 300 亿日元是多大？——相当于万圣节、情人节产品销售市场规模。
- 市场规模 5 万亿日元是多大？——相当于百货公司的年销售额。

这样更有助于我们理解。养成这个习惯之后，我们就能自动产生一些直观感受，例如，"A 的市场规模是 100 亿日元……虽然最近有所增长，但和 B 的 1 万亿日元相比还是太小了""最近热门的 C 的市场规模是 250 亿日元，直逼 D 的市场规模，真厉害啊"。

即使找不到特定产品或服务的销售总额或销售总量等数据，也不必着急，其他一些方法也有助于我们了解大致的市场规模。在没有找到相关市场数据的情况下，我们可以进行粗略的推算，或者参考市场规模的预测数据。市场规模预测数据的内容如下所示：

- 竞争对手公布的发行量、销量。
- 关键词搜索次数、标签次数。
- 主要购物网站的畅销排行榜、评价数量。
- 社交网络评价数量（日本雅虎实时检索很方便）。
- 媒体报道数量。

这些数据侧面反映了产品或服务的反响和影响范围，通过它们可以预测市场规模。

以发行量为例。图书编辑在策划图书阶段，会参考同类图书的销量进行预测。具体来说，他们会搜索同类图书的发行量大概有多少等信息。如果该同类图书是由出版社自己发行，获取其发行量的数据并不难。如果是由其他出版社发行，我们可以通过有众多出版社签约的服务，如能提供POS数据的纪伊国屋书店"PubLine"等，根据销售数据推算市场行情。

一般来说，将PubLine显示的销售数据乘以20，就接近了一本图书全日本的销售数据。如果某书在纪伊国屋销售了2 000册，那么该书的总销量大致就是2 000册的20倍，即4万册。当然，这种推算不包含作者批量购书等数据。

在日本，业界普遍认为销量超过3万本的商务类图书就可以被称为畅销书。很多行业或产品也存在类似的判断标准，对此我们可以征询行业相关人士的意见。

顺便一提，我也调查了与本书同类型的图书的销量。不过，以市场营销调查为主题的图书大多是供专业人士或专家阅读的专业书籍，而本书面向的是那些从未接触过市场调查的非专业人士，目标群体不同，所以销量数据没有太大的参考价值。于是，我又挑选了几本与本书策划意图相近的商业书，调查了它们的发行量，具体数据不再赘述，但在以数据为基础预测本书的市场规模时，我参考了日本出版的《"这有什么根据"数据统计分析书》《事实的力量：克服10种认知偏差，培养基于数据正确看待世界的习惯》等书的发行量。

既要掌握现实市场，也要掌握潜在市场

其实除了实际可以看到的现实市场外，还存在着潜在市场，即目前没有被消费者认可，但以后可能会得到消费者认可的、蕴藏着潜力的市场。

日本女性时尚杂志 *Sweet* 因在杂志中附上了内容丰富的附录而大幅提升了销量，便是一个把握住潜在市场，从而顺利打造爆品的案例。杂志 *Sweet* 的现实市场就是"杂志市场"，顾名思义，是一个对杂志感兴趣的人购买杂志的市场。但 *Sweet* 不仅要在这个可见的杂志市场中一决高下，还把目光投向了不太被人所注意到的市场。

Sweet 的潜在市场是"生活方式市场"，该市场的目标是那些不买杂志却会

去买日用百货的女性。只要抓住她们的心，产品就能成功进入比杂志市场范围更加广阔的生活方式市场。基于这一战略，Sweet 改变了目标和卖点，并取得成功，销售额有了显著增长。

像 Sweet 这样规避行业竞争、寻找潜在市场的方法，可以与定义现实竞争和潜在竞争的方法形成联动。关于这一点，我将在第 6 章进行介绍。有些时候，我们无须转移到别的行业进行竞争，而可以去发掘那些本身尚不明朗的市场。在这种情况下，我们可以利用"费米推论"来推算市场规模。

所谓费米推论，是一种利用常识（如日本人口约为 1.25 亿人、1 天有 24 个小时）和手头掌握的多个信息，在短时间内大致推算出由调查难以得出的数据的方法，著名案例包括对东京都内井盖数量的推算。实际操作中，我们应该如何应用费米推论计算市场规模呢？下面就介绍一个案例。

案例：SoundFun 推出的产品 MIRAI SPEAKER 分析

位于浅草桥的 SoundFun 公司所生产的 MIRAI SPEAKER（有"未来音箱"之意）是一种让听障人士也能"听"的新型扬声器。SoundFun 由大型音响设备制造商的资深开发人员创立，这些人从"听障人士更容易听清留声机发出的声音"这一现象获得灵感，发明了再现留声机喇叭曲面结构的专利技术"曲面扬声器"。

曲面扬声器发出的声波与普通音箱不同，特点是播放出的辅音更加清晰，即使音量很小也能让人听得清发音，而且音质均衡，远距离下也没有衰减。配备了这种曲面扬声器的 MIRAI SPEAKER 能够发出明显不同于传统扬声器的声波，可以说在百年内都不曾有所突破的声音世界里掀起了革命。

日本航空的呼叫柜台在使用这种扬声器以后，发现乘客延误登机的情况减少了，金融机构、医院、大型企业也纷纷引进这一设备。日本的《盖亚的黎明》《世界经济卫星（WBS）》等节目还为它制作了特辑。

该产品能够让人听到更加清晰的说话声，因此可以广泛应用于电视播放、学校教学、家庭聚会、线上会议等场景。公司也把这种利用声音改善人们的生活面貌视为一种"以声音驱动人生"的使命和事业。

2020 年 5 月发售的 MIRAI SPEAKER Home 作为家用扬声器产品，可以让电视声音听上去更加清晰。该产品的主要目标是老年人，因使用简便，耳背的人即使不把电视声音调大也能听得清楚，从而实现了一家人一同观看电视的目的。下面，让我们调查一下 MIRAI SPEAKER Home 的市场规模。

从现实市场开始调查

我们曾试图针对"为了让老年人等听障人士更容易听清电视声音而设计的音箱"收集有效的市场数据，但结果一无所获，因为这是一个刚刚诞生的新兴市场，尽管市场需求不断涌现，但相关数据仍不充分。

于是，我们又对整体音箱市场规模进行了调查。但是，这一市场中掺杂了搭载人工智能以实现声控功能的智能音箱，以及能享受高解析度音质的"Hi-Res 音箱"等数据，这类音箱的用途与 MIRAI SPEAKER Home 大相径庭，所以没有参考价值。作为一款面向老年人的产品，来自某民间调查公司的老年人家电数据调查或许可以从侧面反映出市场规模。当我们对老年人家电的市场规模进行调查后，发现该市场规模不仅足够大，而且还在不断增长。但是，这个老年人家电市场也涵盖了音箱以外的家电市场，同时我们也并不清楚电视辅助音箱的市场在整个老年人家电市场中的占比。

综上所述，我们无法通过现实市场的数据，把握 MIRAI SPEAKER Home 的市场规模。不过，虽然不知道市场规模，但是我们可以调查目前的销售额，了解目前市场需求的现实动态，并以此作为参考。这一思路类似于前文调查图书发行量以预测市场规模的思考过程。我们可以按照以下顺序进行调查：

- 该品类全行业的销售总额 / 销售总量（各销售渠道数据）。
- 该品类竞争对手的销售总额 / 销售总量 / 供货量（各销售渠道数据）。
- 该品类公司的销售总额 / 销售总量 / 供货量（各销售渠道数据）。

收集我们能够找到的信息即可，但要记住的是，只通过公司的信息很难推测市场状况，因此要尽可能地获取全行业和竞争对手的信息。没有全行业和竞争对手的信息，掌握多少公司的信息也只是聊胜于无。对于 MIRAI SPEAKER Home，除了前面提到的作为参考数据的老年人家电市场规模之外，我们还掌握了全行业和竞争对手的信息。电视辅助音箱的现实市场销售额如下（详细数据省略）：

- 老年人家电市场规模在 2019 年为 ××× 亿日元，并在不断增长中。
- 全部家电零售商面向老年人的音箱销售数量为 ×× 万个/年。
- 零售商 A 面向老年人的音箱销售数量为 ×××× 个/年。
- 零售商 A 面向老年人的音箱销售数量为 ×× 个/周。
- 竞争对手：产品 B 的供货量为 × 万个/年。

利用费米推论推算潜在市场规模

运用费米推论的目的是计算整体市场规模，这一市场规模中包含着潜在市场，即因没有购买行为而未显现出来的市场。以下信息可以作为推算的依据。

> **调查行动指南**
>
> **推算市场规模的两个依据**
>
> √ 依据 1：人口、家庭数量等目标的体量。
> √ 依据 2：目标会使用该产品的占比。

对于依据 1，我们只需获取目标群体的数据，即老年人的人口数量、家庭数量，以及听障人口数量和听障人士中老年人的占比等。依据 2 的范围十分广泛，"听障人士中看电视的人占比""每个家庭中有多少台电视机"等数据都可以作为参考。我们收集到了如下可以用来推测市场规模的数据：

- 65 岁以上老年人家庭为 24 927 000 户。[①]

[①] 数据来自日本内阁府《令和 2 年版高龄社会白皮书》。

- 全部听障人士数量为 1 439 万人，老年听障人士数量为 1 024 万人。[①]
- 65 岁以上持有残疾人证的听觉、语言障碍人士中有 71.2% 通过电视获取日常信息。[②]
- 每户家庭平均有 2 台电视机。[③]

应用费米推论对思维能力有一定的要求，我们要思考哪些数据有助于做出精确的推测，并从收集这些数据入手，有逻辑地加以利用，从而得出估算数据。当然，也不用把它想得太过复杂。例如，假设拥有 65 岁以上老年人的家庭为约 2 400 万个，其中有约 1/3 的老人存在听力障碍，那么市场规模就是 2 400÷3=800，也就是 800 万个音箱。如果每个家庭平均有 2 台电视机，那么最终数据就要高一倍，也就是 1 600 万个。也可以用其他计算方法，例如，1 000 万老年听障人士中约 70% 通过电视获取信息，因此市场规模大约为 700 万个音箱。像这样按照一定的逻辑进行推算即可。

推算目标的人口体量

那我们是如何得出全部听障人士 1 439 万人和老年听障人士 1 024 万人这两个数据的呢？当我们调查听力存在障碍的人口体量时，可能会以听障人士、持有残疾人证的人作为对象。从这一想法入手，我们可以很容易地从日本厚生劳动省公布的数据中查到日本共有 29.7 万人（2016 年数据）持有听觉障碍残疾人证。这样一来可能有人会想，这个市场规模是不是太小了？怎么比刚才推测的 800 万这一数字小这么多？

这是因为日本向听障人士发放残疾人证的标准比世界卫生组织（WHO）制定的标准要严格得多。按照日本的相关规定，听力大于 70dB 的人才可以领取残疾人证，但实际上平均听力在 60dB 的人就已经难以进行正常交流。这些听力水平没有达到 70dB 的人虽然听力存在障碍，但仍申请不到残疾人证，也不能成为福利保障对象。这也说明了，仅凭持有残疾人证的人数来推断

---

① 数据出处未详细说明，可参见 P.137-P.138。
② 数据来自厚生劳动省《平成 28 年生活关联调查（全国居家残障人士现状调查）》。
③ 数据来自日本内阁府《消费趋势调查令和 3 年 3 月》。

MIRAI SPEAKER Home 的市场需求存在很大的误差，没有什么参考价值。类似的情况除非咨询专业人士，否则根本无从得知。在进行推算的时候，需要格外注意这些会对结果造成影响的信息。

日本助听器工业会发布的 Japan Trak 调查数据具有权威性，从这一数据我们可以了解到听力存在障碍的人的真实情况。任何人都可以在网上查阅到前一年的最新数据，根据这些数据中的听障人士比例（听障或疑似听障的人口比例）和佩戴助听器的人口比例，基本可以推算出听力存在障碍的人的数量。得到这一数值之后，再结合日本总务省的人口统计数据，我们可以大致推算出可能是目标群体的人口体量。我将在第 5 章详细介绍利用人口统计数据计算目标体量的方法，在此，我要先介绍一下如何利用树状图拆解目标群体。如图 4-7 所示，综合日本总务省 2019 年 4 月的人口统计数据和 Japan Trak 2018 的调查数据可知，日本听力存在障碍的人数约占总人口数的 1/9。

年龄	人口估算（万人）总务省人口估算（2019年4月确定值）	不同年龄段听障人士占比（听障或疑似听障）（%） Japan Trak 2018	听障或疑似听障人口数量（万人）计算结果	其中佩戴助听器的人口比例 Japan Trak 2018	佩戴助听器的人口数量 计算结果
14岁以下	15 321 000	0.006	91 926		
15~24岁	12 234 000	0.036	440 424		
25~34岁	13 063 000	0.028	365 764	0.141	215 164 ④
35~44岁	16 523 000	0.038	627 874		
45~54岁	18 179 000	0.070	1 272 530	0.050	131 191
55~64岁	15 183 000	0.089	1 351 287		
65~74岁	17 453 000	0.176	② 3 071 728	0.168	③ 1 721 149
75岁以上	18 299 000	0.392	7 173 208		
			① 14 394 741		2 067 504

日本总人口（日本总务省人口估算）126 254 000
听障或疑似听障人口　　　14 394 741 ← 1 439 万人 ①
占比　　　　　　　　　　0.114014138 ← 日本听力存在障碍的人数约占总人口数的1/9

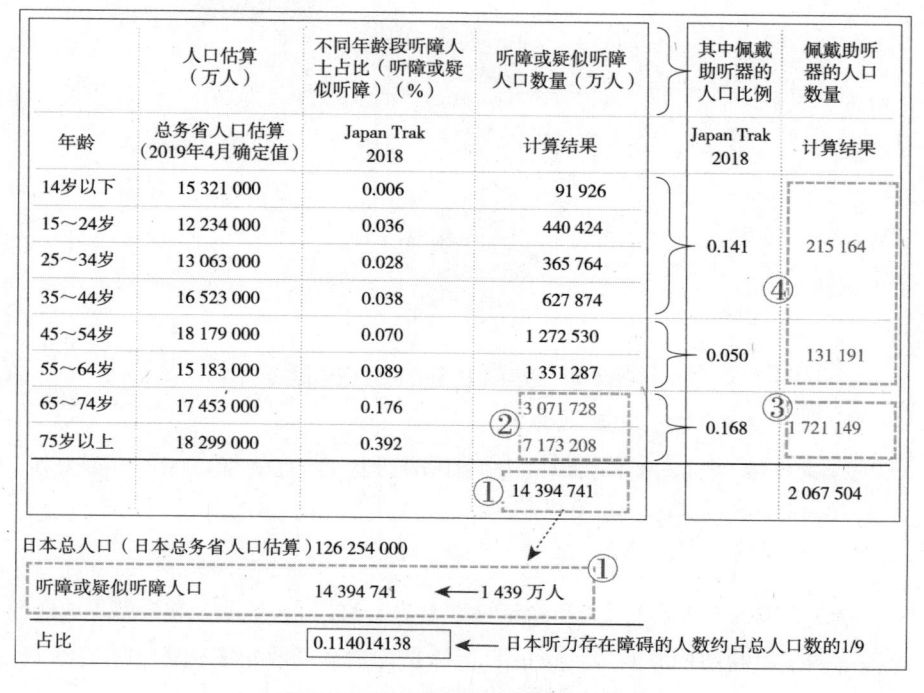

图 4-7　日本听力存在障碍人数计算

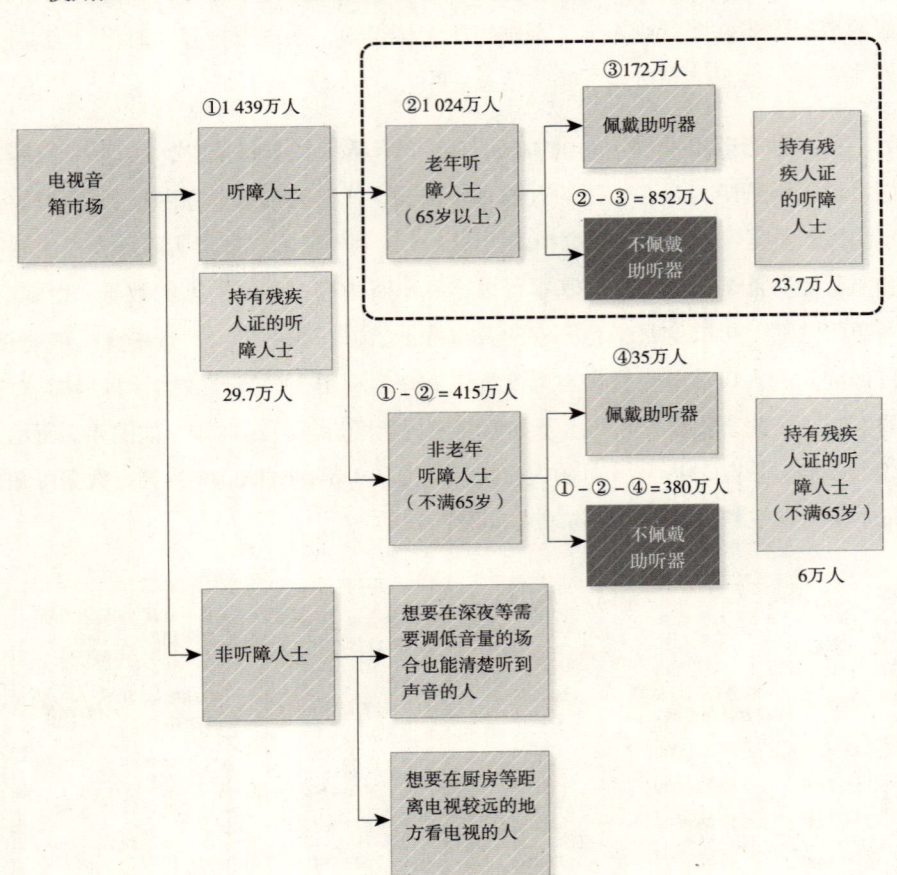

使用图 4-7 中①~④的数据，可推算出目标体量如图 4-8 所示。

图 4-8　利用树状图推算目标体量

注：可扫描书前测试题二维码下载电子版。

资料来源：厚生劳动省《平成 28 年关于生活困难程度的调查（全国残疾儿童等情况调查）》中持有残疾人证的听障人士数据。

全部听障人士 1 439 万人和老年听障人士 1 024 万人这两个数据就是这样统计出来的。树状图中非听障人士的目标体量无法从所收集的数据中进行统计，所以没有填写人数，仅填写了目标的可能性。

把握新闻和趋势，了解行业现状

我们要时时把握所处行业的新闻和趋势，相关图书、行业专刊等资料都可以作为参考。例如，在日本，化妆品行业相关的资料有《妆业周刊》《国际商业》等定期发布的专业杂志。各行业的报纸资料可以在图书馆"各产业的主要专业报纸（行业报）"等网站进行查询。所在公司订阅了付费的新闻报道检索服务时，公司员工可以充分利用这一功能，用与公司、产品、行业相关的关键词进行搜索，可以更容易地掌握最新话题和行业动态。

我个人比较喜欢的搜索平台是谷歌和雅虎的新闻检索，在这些平台上，我们可以使用行业、企业名称或产品、服务名称进行关键词搜索，如果选择"新闻"这个标签，搜索效率会更高。如果是利用雅虎进行搜索，显示的新闻还会按照时间先后进行排序。有针对性地对新闻进行检索，可以更加方便快捷地掌握有效的最新信息。

我还推荐大家在商业周刊类的新闻网站"日经商务电子版""钻石在线""东洋经济在线"中检索企业和产品名称，通过这种方法也可以很简单地了解最新的新闻和流行趋势。

下面介绍两种可以帮助你了解最新市场热点且简便易行的方法。其一是能搜索 Twitter 信息的日本雅虎实时搜索，其二是用图表显示某个词语在谷歌的搜索量的谷歌趋势。利用这些开放工具，检索行业、企业、产品、服务的名称同样十分简便。

另外，我们可以登录 PRTIMES 等新闻门户网站，输入相关关键词，搜索企业、政府、团体等公开发布的信息，轻松掌握市场最新动态。我们还可以去书店，观察相关行业类型的书架上都陈列着哪些图书，看一看其中哪些是热门书，这也是一个有效的信息来源。

但是，盲目关注新闻和流行趋势很容易收集到无用信息，因为我们在调查时缺少类似销售总量、销量总额、市场规模等明确的目标。当然，在日常收集信息的过程中，有时我们也会因为兴趣而接触一些信息。但是，对于旨在制定销售战略、打造爆品的市场分析而言，要遵循第 2 章提出的"先提出假说，确定想要明确的问题，后采取相应对策"的顺序，锁定想要掌握的信息范围。我们可通过以下几点把握新闻和趋势，了解行业现状：

- 有助于大致掌握行业动向的资料，如相关书籍、行业专刊；通过关键词在新闻报道检索服务（付费）中检索最新的话题；在搜索引擎的"新闻"标签中使用行业、企业、产品、服务名称等关键词进行检索。
- 查找有助于预测市场增长情况、与市场息息相关的最新热点话题的网站，如在日本雅虎实时搜索和谷歌趋势中使用行业、企业、产品、服务名称等关键词进行检索，日本雅虎实时搜索可以检索推文，谷歌趋势可以用图表显示某个词语在谷歌的搜索量。

在日本，像 SPEEDA 这样的 SaaS[①] 平台虽然使用成本较高，但是可以查到以下行业概况和信息：

- 对市场规模的把握和分析。
- 行业整体趋势概括。
- 指定企业的基础信息（收录国内外企业财务报表、增长指标等信息）。
- 行业新闻、趋势动态（提供新闻检索数据库）。
- 各行业专家见解。

SPEEDA 适用人群为公司中需要时刻关注多个行业动向的调查、销售、业务开发等部门的负责人。

以上就是进行战略调查所需要的市场分析。

---

① Software as a Service 的简称，软件即服务，一种通过互联网提供软件的模式。

> 调查放大镜

同比和增减率的区别认识

我研发了原创计算工具"同比增减率计算器",这一工具能帮助我们记住同比和增减率的区别,并准确无误地判读。

人们很容易混淆同比与增减率,所以需要格外注意。两者均表示本年度对比上一年度的增减比例,那么区别是什么呢?同比既考虑到本年度的数据,又要考虑到与上一年度相比增减的部分,而增减率则只考虑增减的部分。

为了便于理解,让我们来看一个具体的例子。假设某产品上一年度的销售额为 100 万日元,本年度是 150 万日元,同比和增减率的结果如下所示:

- 同比:达到 150%(= 同比 150%)。
- 增减率:与去年相比增长了 50%(= 增减率 +50%)。

我们可以写成"同比达到 150%""增长率为 50%",但需要注意的是,不能将两者混为一谈,写成"同比增长 150%"。"同比达到 150%"和"同比增长 150%"完全是两个概念,如果是"同比增长 150%",则意味着"上一年度 100 万日元,本年度 250 万日元(= 100 万日元 + 100 万日元 × 150%)",与"同比达到 150%"的结果截然不同。

如果是数值减少的情况,应该怎么进行计算呢?假设某产品上一年度的销售额为 100 万日元,本年度为 70 万日元,同比和增减率的结果如下所示:

- 同比：达到 70%（= 同比 70%）。
- 增减率：与去年相比减少了 30%（= 增减率 -30%）。

同比的计算方法是"本年度的数量 ÷ 上一年度的数量"，除了以年度为基准，还能以季度、月度、天为基准计算同比。增减率的计算方法是"（本年度的数量 ÷ 上一年度的数量）-1"。需要正确区分并有效利用这两种计算工具（见图 4-9）。

■同比的计算

既考虑到本年度的数据，又考虑到与上一年度相比增减的部分

同比＝本年度数量÷上一年度数量

例如：上一年度的销售额是100万日元，本年度的销售额是150万日元，因此：150 ÷ 100 = 1.5（150%），即同比达到150%

■增减率的计算

只考虑增减的部分

增减率=（本年度数量÷上一年度数量）- 1

例如：上一年度的销售额是100万日元，本年度的销售额是150万日元，因此：（150 ÷ 100）- 1 = 0.5（增长50%），即比去年增长50%

图 4-9　同比和增减率的区别

第 5 章

制定销售战略的"战略调查"第 2 步，客户分析

電通現役戦略プランナーのヒットをつくる
「調べ方」の教科書

第 5 章　制定销售战略的"战略调查"第 2 步，客户分析

在做客户分析时我们经常能够听到这样的声音：

> 虽然建立了所谓的目标角色，但不知道如何使用……
> 根据设想的目标拟定计划，结果被质疑是否存在这种目标群体……
> 知道要思考目标，但不清楚从哪里开始思考……

为什么我们觉得客户分析很难呢？因为其中包含了许许多多的调查方法。随意选择某一种调查方法往往无法让我们充分了解目标群体。在调查时遵循合理的客户分析步骤，是准确设定目标、深入理解目标的捷径。因此，我们首先要了解打造爆品的客户分析流程。

调查行动指南

客户分析流程

√ 步骤 1：设定目标。粗略划分客户，把握目标体量。

√ 步骤 2：细化目标。通过目标画像和目标角色分析，提高目标的价值观、行为倾向、情绪波动等解析度。

√ 步骤 3：发现卖点。通过洞察目标和"客户旅程"发现客户深层的、本质性的需求，切实采取能够打动客户的对策。

步骤1是将客户粗略划分为片段（细分市场），确定目标中有哪些群体、数量多少等，找准目标。"以全国10～60岁的所有男性、女性为对象"这种盲目设定、过于宽泛的目标会导致分析效率低下。因此，这个阶段的关键是要"粗略划分"，以免圈定的目标范围过小。之后，我们就可以结合人口统计数据，推算出市场规模。

步骤2是细化目标，首先要进行目标画像。目标画像是对目标，也就是对客户的统计学特征（性别、年龄、职业、年收入等属性）以及价值观、行为倾向等特点进行高解析度的分析，并以此为依据，找到接近目标的方法（适当的产品、信息）。目标画像分析的不是某个人，而是片段的群体特征。

其次，从目标中选出一个理想的客户建立目标角色。"角色"是指将产品或服务的客户形象具象为某一个理想人物。它与目标的区别在于，目标是将客户细分后形成的群体，而角色是尽可能逼真地模拟一个人。通过角色扮演，了解客户真实的情绪变化，分析他们的行为。这里我们不需要关注角色本身的属性，而要把关注点放在角色的心理活动与实际行动上。

步骤1和步骤2可以帮助我们准确设定目标和细化目标。利用步骤2创造的角色，我们可以在步骤3找到卖点。

在步骤3，我们要先洞察目标，可以使用角色来深入挖掘客户无法表达的深层的、本质性的需求。在这种情况下，关键是要进行均衡的分析，不能偏重"品类洞察"[1]或"买家画像"[2]。

此外，我们还可以利用角色来设计"客户旅程"。客户旅程是指目标购买产品或服务的过程，因此我将这个过程比喻为"旅程"。如果将购买过程中客户的行为、心理活动，以及与产品、服务的接触点按照时间排序，就会形成一幅可视化的旅程图。其中，产品、服务与目标的接触点被称为"关键时刻"（Moment of Truth，MoT）。在此基础上，我们可以切实采取打动目标的措施。设定目标的全流程如图5-1所示。

---

[1] 指针对特定产品类别或品牌的认识、感情、烦恼或需求。
[2] 指消费者本身的烦恼或需求，与特定的产品类别或品牌无关。

第 5 章 制定销售战略的"战略调查"第 2 步，客户分析

流程	设定目标	细化目标		发现卖点	
分析的手段	粗略划分客户，把握目标体量	目标画像	目标角色	洞察目标	设计"客户旅程"
分析的目的（想要明确的事情）	将客户切分为片段，目标中有哪些群体，找准目标	对目标，也就是对客户的统计学特征以及价值观、行为倾向等特点进行高解析度的分析，并以此为依据，找到接近目标的方法	选出一个理想的客户，通过角色扮演，了解客户真实的情绪变化，分析他们的行为。这里我们不需要把关注点放在角色本身的属性，而要把关注点放在角色的心理活动与实际行动上	利用角色来深入了解客户无法表达的深层的、本质性的需求	将角色塑造成演员，发现行为、感情变化，与目标的接触点，找到打动目标的接触点，采取行动的情绪
分析的对象	母集团		角色		
目标解析度	粗略抽象				细致具体

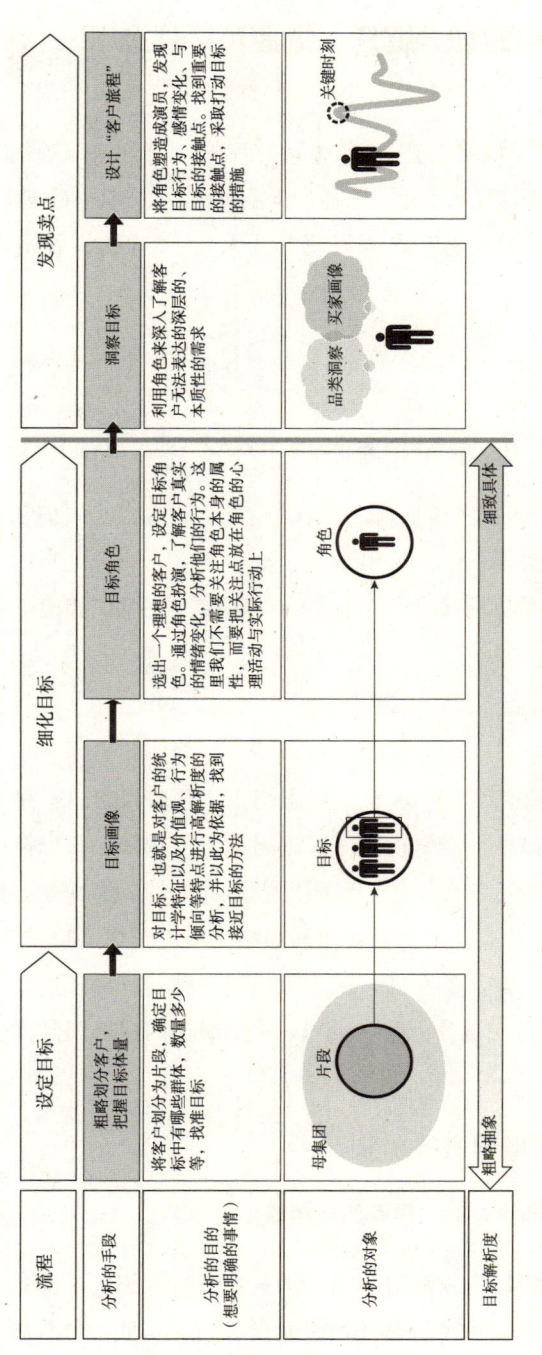

图 5-1 客户分析全流程

注：可扫描书前测试题二维码下载电子版。

147

粗略划分客户，把握目标体量

客户分析的步骤 1 是将客户粗略划分为片段。例如，"这辆面包车针对的是家庭成员较多的家庭，因而目标客户是有小学生及以下年龄段儿童的家长"；"这个户外用品的目标客户是爱好露营的人"。要像这样设定目标的前提条件。

调查行动指南

粗略划分客户的两个切入点

√ 切入点 1：根据目标概况（性别、年龄、人生阶段、属性、价值观、行为）进行划分。

√ 切入点 2：根据目标对产品的关注度（对产品或服务的认知和使用情况）进行划分。

这两个切入点未必都要用到，从这两点切入，可以找出目标最宽泛的前提条件。之所以要把前提条件设定得宽泛，是因为条件越多，目标范围就会被限制得越小。但也要注意不要在初始阶段附加过多的条件，那样就会把目标压缩在过于狭小的范围内。因此，一定要注意是粗略划分。例如"40～49 岁的男性和女性，有车""20～29 岁的女性，认为化妆越少越好，从未使用过本公司产品"，类似这样只涵盖 1～3 个条件，就可以完成最初的粗略划分。

切入点 1：根据目标概况进行划分

第一，从性别和年龄入手，思考如何粗略划分客户。

例如，我们开发的是一款针对 30～39 岁女性的肌肤，以抗衰老功能为卖点的化妆品，这时如果去分析 10 多岁的女孩子，听起来会十分荒唐。我们应该预先设定年龄段等前提条件，从而准确锁定目标，避免无用调查。另外，不同年龄段的人关心的事情、积累的经验、生活的时代背景都不一样。如果一款产品想要迎合所有年龄段的人，那么结果就是所有年龄段的人都不会选择该产品。有这样一个真实的案例，一家食品制造商把目标客户的年龄设定为 20～79 岁，包装采用受年轻一代欢迎的流行风格，同时加上了能让 70 多岁的人也看清楚的大字……最后惨遭失败。年轻人认为"太土"，70 多岁的人又认为"这是给小孩子吃的"，哪一个年龄段都无法接受这个产品。锁定年龄段有两种方法：一种是以性别和年龄来锁定目标，另一种是以人生阶段来锁定目标。以性别、年龄来锁定目标又包括两个角度：具有购买潜力的理想客户群体、公司希望进行巩固的实际购买群体。

具有购买潜力的理想客户群体包括对流行趋势较为敏感，拥有可支配财富的刚步入社会的年轻人等。此外，"时尚、美容类产品只要获得引领潮流的 20～29 岁女性的支持，就能成为该时代畅销品""商务图书如果受到女性的欢迎，就能实现畅销"，这些前提条件能够让人明确看出具有很大购买潜力的性别和年龄要素，可以将符合这些要素的群体设定为潜在目标。如果产品的价格较高，那么就可以把学生等低龄人群排除在外，只考虑 20 岁以上，已步入社会开始赚钱的人群。公司希望进行巩固的实际购买群体假如是"40～49 岁的男性居多，那么主要目标是 40～49 岁的男性"，或是"为了扩大 App 客户群，需要增加 10～19 岁的免费会员，但是能带来销售额的付费会员是 30～39 岁的人群，因此也要增加 30～39 岁的付费会员"。

如果无法直接以年龄、年代划分，还可以按照目标所处人生阶段来进行划分，例如新娘、孕妇、育儿期女性等。又如"小学生及以下年龄段儿童""即将举行婚礼的新娘"，或是每年在同一时间参加毕业考试、校园招聘、成人礼等活动的人，这些活动的数量是基本固定的，我们都可以用"人生大事＋年龄"这种方式划分，例如"即将参加高考的 10 多岁的孩子"。

> **调查行动指南**

锁定目标年龄段的两种方法

√ 方法1：以性别和年龄来锁定目标。

　　一是具有购买潜力的理想客户群体。能够清晰识别具有潜力的性别和年龄特征，设定为潜在的目标客户群体。例如：20岁以上，开始步入社会并拥有收入的年轻群体；时尚和美容产品，若能赢得20至30岁女性的青睐，便能在整个年龄段中畅销；商务类书籍若能吸引女性读者，便有望实现畅销。

　　二是公司希望进行巩固的实际购买群体。例如：现有客户以40至50岁的男性居多，因此我们的主要目标客户是这一年龄段的男性；为了扩大APP的用户群体，需要增加10至20岁的免费会员，但能够带来销售收入的付费会员主要在30至40岁之间，因此也需要增加这一年龄段的付费会员。

√ 方法2：以人生阶段来锁定目标。

　　如果无法直接以年龄、年代划分，可以按照所处人生阶段进行划分，例如：新娘、孕妇、育儿年龄等。或者锁定每年在同一时间参加毕业考试、校园招聘、成人礼等活动的人，这些活动的数量是基本固定的，因此，对于这些人，可以用"人生大事+年龄"来进行划分。例如：最小的孩子是小学生及以下年龄段儿童的家庭；即将举行婚礼的新娘；即将参加高考的10多岁的孩子。

第二，根据属性思考如何粗略划分客户。

可以用于粗略划分客户属性的要素有以下几个：

- 居住地区。
- 行业、职业（普通职业或复合职业、兼职或全职、家庭主妇或学生、是否从事特定职业等）。
- 婚否、有无小孩、小孩年龄。
- 家庭结构（与祖父母同住、独居等）。
- 年收入（以超富裕阶层为目标等）。

假如我们的前提条件是"只在日本关西地区开展服务"，这时就可以针对居住地区进行划分，将目标锁定在关西地区。如果前提条件是"面向销售职位，产品是销售辅助工具"，那么就可以根据职业进行划分；如果前提条件是"以超富裕阶层为目标销售奢侈品"，则可以按照家庭年收入的多少进行划分。我想再次强调一下，附加条件越多，目标范围就越小。为了避免遗漏目标，最初设定的条件应该尽可能宽泛，只进行粗略划分。

在粗略划分客户的过程中，我们要从战略层面出发来区分主要目标和次要目标。次要目标有两种情况：一种是优先级位居第二的客户，另一种是现有客户。如果目标包含3个以上的片段，那么确定主要目标之后，其余的就是次要目标。在我们把具有强烈吸引力的产品提供给主要目标的同时，也必须坚守不能让次要目标"讨厌产品"这条底线。例如，主要目标是20多岁的女性，次要目标是30～49岁的男性和女性，那就必须避免"可爱的粉红色"之类的包装设计。但是，也没有必要刻意吸引次要目标。

第三，根据价值观和行为粗略划分客户。

每个人都有不同的资质和爱好。属性不同，但价值观和行为相同，那么我们就可以将这类人视为同一个群体，进而找到相应的卖点（见图5-2）。

如果将目标设定为职场女性、全职妈妈、"辣妹"等，根据属性和外貌划分为5～7个片段，那么就有可能遗漏潜在客户。但如果按照"持有相同想法、对同一类事物感兴趣（价值观）"，"拥有相同经历（行为）"等特征进行分类，就可以防止遗漏，而且还可以分析青睐同一事物的人的共同点（见图5-3和图5-4）。

会英语
喜欢美食
关注护肤
喜欢探店
喜欢旅行
关心社会问题
注重护发

20多岁的活泼女生　　　雷厉风行的职场女性

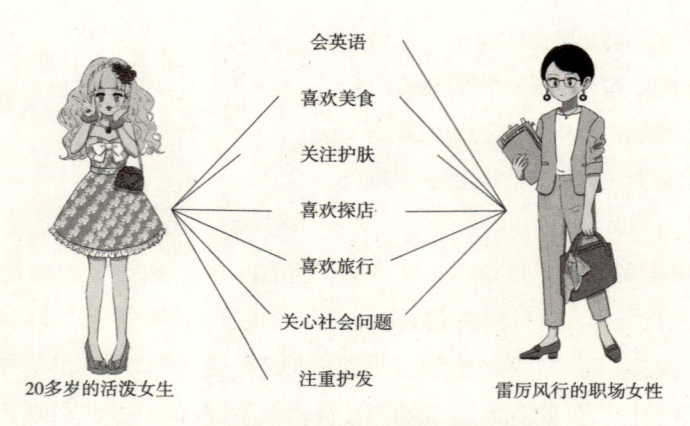

图 5-2　属性不同，但价值观和行为相同

资料来源：插画师 BENITAKE。

"辣妹"　　"御姐"　　朴素的上班族　　个性少女

时尚的全职妈妈　　自然休闲派女孩　　森系女孩

图 5-3　仅凭属性和外貌划分不同类型的女性

图 5-4　根据价值观、行为等特征划分不同类型的女性

在使用社交平台的过程中，对关键词"旅行"有反馈的群体和对"LIVE"有反馈的群体存在一定的交叉重叠。每个群体我们都可以进行划分。例如汽车用品公司想要生产面向女性的产品。

"既然是面向女性，我们先做成粉色的，再做些时髦的设计，应该会卖得很好"这种想法是错误的。我们不能仅凭目标属性而草率地做决策，而是要考虑"喜欢车"（价值观）和"每天都要用车"（行为）的女性对汽车用品有哪些需求。

即使是那些平时在化妆和打扮上追求时尚的女性，也未必在用车方面追求时尚，甚至反而会追求像优衣库那样不妨碍自身时尚感的朴素的汽车用品。根据价值观和行为，我们可以对目标群体进行粗略划分，例如展开"开车的女性对汽车用品有哪些需求"之类的分析，可以有效避免遗漏目标。

确定目标的价值观和行为之后，就可以对具有相同价值观和行为的人划分片段了。具体应该怎样做呢？方法之一就是贴标签。

如图5-5所示，贴标签实践起来非常简单，我们可以采取提问的方式。只要符合图中（1）～（3）项答案中的任意一项，就可以将其划分至某一价值观和行为的标签中。

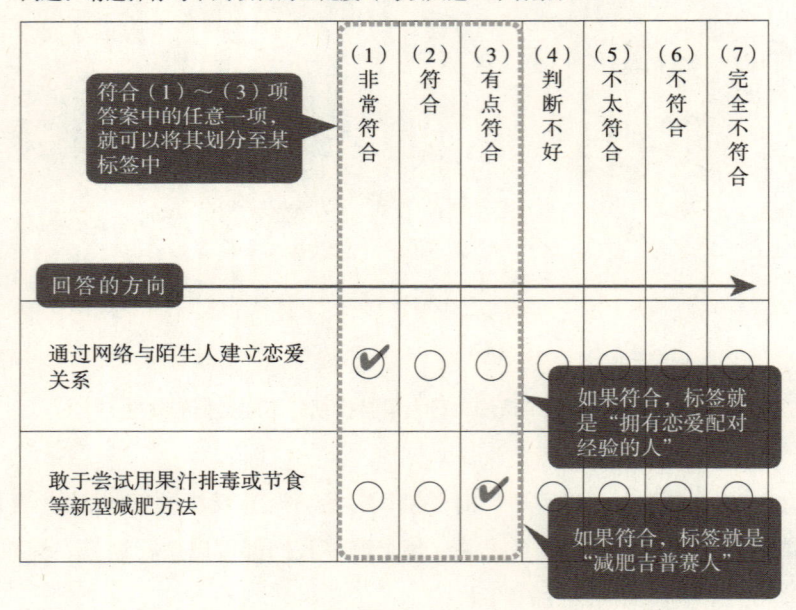

问题：请选择你与下列项目的匹配度（每项只选一个答案）

	（1）非常符合	（2）符合	（3）有点符合	（4）判断不好	（5）不太符合	（6）不符合	（7）完全不符合
通过网络与陌生人建立恋爱关系	✓	○	○				
敢于尝试用果汁排毒或节食等新型减肥方法	○	○	✓				

符合（1）～（3）项答案中的任意一项，就可以将其划分至某标签中

回答的方向 →

如果符合，标签就是"拥有恋爱配对经验的人"

如果符合，标签就是"减肥吉普赛人"

图5-5 用贴标签的方法对价值观、行为相同的人划分片段

我们还可以把那些在特定领域，掌握精深的专业知识、信息，以及对该领域充满热忱的人划分在一起，如图5-6所示。

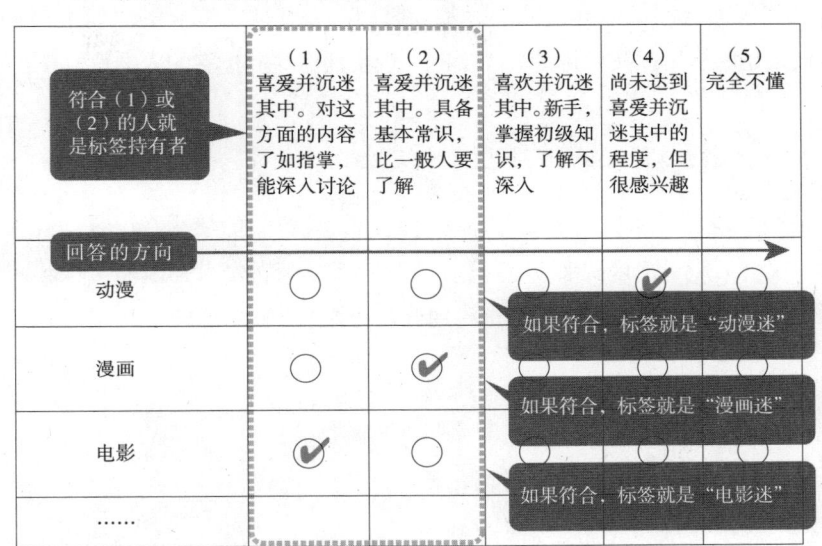

第 5 章　制定销售战略的"战略调查"第 2 步，客户分析

问题：请选择你对下列项目的喜爱程度。另外，对于你喜爱并沉迷其中的项目，你了解多少？请对每一个项目作答（每项只选一个答案）

	（1）喜爱并沉迷其中。对这方面的内容了如指掌，能深入讨论	（2）喜爱并沉迷其中。具备基本常识，比一般人要了解	（3）喜欢并沉迷其中。新手，掌握初级知识，了解不深入	（4）尚未达到喜爱并沉迷其中的程度，但很感兴趣	（5）完全不懂
动漫	○	○		✓	
漫画	○	✓			
电影	✓	○			
……					

符合（1）或（2）的人就是标签持有者

回答的方向 →

如果符合，标签就是"动漫迷"
如果符合，标签就是"漫画迷"
如果符合，标签就是"电影迷"

图 5-6　用贴标签的方法对在特定领域具有专业资质的人划分片段

我们也可以先询问"A 或 B"，然后贴上标签。这是一种操作十分简单的方法，很容易按照价值观和行为将客户划分片段。这种询问 A 或 B 的方法被称为 SD 法[1]。我们可以像如图 5-7 所示这样提问。

问题：请谈谈你对职场酒会的看法。A 或 B，你的回答更倾向于哪一个？（只能勾选一个答案）

	倾向A	基本倾向A	均可	基本倾向B	倾向B	
A：积极参加职场酒会		✓				B：尽量避免参加职场酒会
……						……

图 5-7　用 SD 法贴标签

---

[1] SD 法（Semantic Differential Method）又叫语义差别法，调查回答者使用词义相对的形容词，对提问者想要评价的对象（产品或服务等）做出回答，回答一般分为 5～7 个层级。

155

通过对这个问题的回答，我们可以给回答者分别贴上"职场饮酒积极派"标签和"职场饮酒敬而远之派"标签。我们可以在线上调查的时候使用标签，面对面采访时也可以按照标签分类提问，观察拥有共同标签的人的价值观。

切入点2：根据对产品的关注度进行划分

是否听说过产品，对产品有没有兴趣，以及产品的使用状况是正在使用、用过一次就不用了还是从来没有用过，根据这些内容的"营销漏斗"[①]能了解客户对产品的关注度，从而对他们进行划分。

营销漏斗的层级并不是固定不变的，比较典型的是"开发新客户漏斗"，层级是认知→感兴趣、关注→对比、考虑→购买（见图5-8）。

如果我们将从认知到购买的"开发新客户漏斗"与从第一次购买到成为忠实客户的"客户管理漏斗"叠加在一起，那么这种漏斗形式就被称为"双漏斗"（见图5-9）。

图5-8 开发新客户漏斗

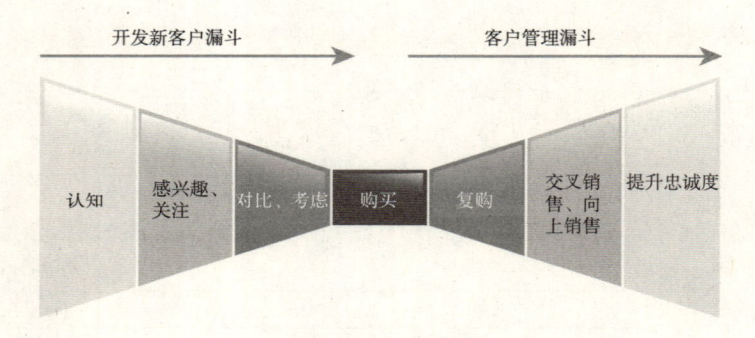

图5-9 双漏斗

注：可扫描书前测试题二维码下载电子版。

---

① 指常见的倒三角形漏斗，描述的是客户购买产品之前的意识变化过程。

不同行业对应的漏斗各阶段的内容和数据也不相同，我将在后文详细说明。

调查行动指南

根据对产品的关注度划分客户的两个视角

√ 视角1：按照营销漏斗各层级的有无进行分类。例如，有无认知、是否感兴趣、有无购买、购买一次后有无回购等。

√ 视角2：按照产品的使用情况进行分类。例如，本公司产品的使用情况（正在使用／使用过／从未使用）；该品类产品的使用情况，不限于本公司产品（正在使用／使用过／从未使用）。

从以上两个视角出发对客户进行粗略划分，在后续分析每个漏斗的目标体量（规模）时，就能更容易找到需要倾注精力的片段。

通过两个切入点粗略划分客户片段之后，我们就可以通过目标有哪些、数量有多少等目标体量来把握市场规模。

把握目标体量意味着把握可开发的客户数量，是一个非常重要的客户分析角度。例如，想要创造出占据较大市场份额的大品牌，可能就需要尽早吸引更多的客户，开发更大规模的目标。

当然，设定规模较大的目标也未必是唯一方法。我们可以采取另一种策略，即从规模小、较为小众的目标群体中获得核心客户，然后再慢慢扩展。面对不同规模的目标，战略和策略也会有所不同。关键在于，我们在思考瞄准哪些目标的同时，要能够把握目标体量，选择适当的战略。此外，如果能从结构上把握目标体量，那么不仅能够知道目标有哪些、数量有多少，还能了解销售产品或服务时可能遇到的瓶颈。

根据日本总务省统计局的数据推算目标体量

我们可以利用日本总务省统计局的人口统计数据，简单地计算出切入点 1 中根据性别、年龄、居住地粗略划分的目标，例如"全国 20～29 岁的女性"的体量。

在日本，有政府机关的两个统计数据可以帮助我们了解各年龄段人口情况，它们是总务省统计局的"人口统计"和"国势调查"。这两项数据的特征如下所示：

> 人口统计：计算日本每年、每月的人口情况。全国数据方面，每月下旬公布当月 1 日的估算数据，5 个月后公布准确数据。都道府县数据方面，数据截至每年 10 月 1 日，次年 4 月公布。如果当年实施国势调查，都道府县的数据则在次年 11 月左右公布。
>
> 国势调查：每 5 年实施一次，结果公布存在一定时滞。这是一项关于日本家庭结构、就业情况、配偶关系等情况的详细调查。

需要注意的是，不需要都道府县的数据时，建议使用当月下旬公布的每月 1 日的数据；需要都道府县人口统计的数据时，建议使用每年 4 月公布的截至上一年度 10 月 1 日的数据。如果想要了解"家里有小学生及以下年龄段儿童的、居住在港区的家庭数量"等家庭结构方面的详细数据，建议使用国势调查数据。

因为计算起来比较麻烦，我们制作了一个名为"人口 checker"的原创计算工具（见图 5-10），这一工具在本书首次亮相。该工具以日本每年 1 次、从 10 月 1 日开始的人口统计数据（次年 4 月公布）为基础不断更新数据。这个工具可以迅速给出统计结果，例如，全国 20 多岁的女性人口数量是 611.4 万人，东京的 20～29 岁女性人口数量是 89.9 万人。

我们根据性别、年龄、居住地统计出人口数量，再加上"持有相同价值观和行为的人口比例"（切入点 1），进而结合"对产品的关注度"（切入点 2）等数据，就可以推算出目标体量。

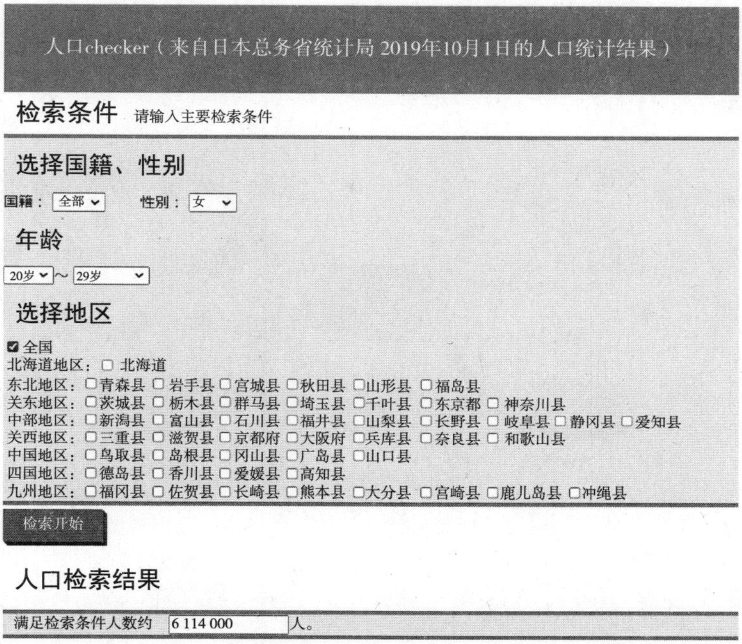

```
人口checker（来自日本总务省统计局2019年10月1日的人口统计结果）

检索条件  请输入主要检索条件

选择国籍、性别
国籍：全部▼    性别：女▼

年龄
20岁▼ ～ 29岁▼

选择地区
☑全国
北海道地区：□北海道
东北地区：□青森县 □岩手县 □宫城县 □秋田县 □山形县 □福岛县
关东地区：□茨城县 □栃木县 □群马县 □埼玉县 □千叶县 □东京都 □神奈川县
中部地区：□新潟县 □富山县 □石川县 □福井县 □山梨县 □长野县 □岐阜县 □静冈县 □爱知县
关西地区：□三重县 □滋贺县 □京都府 □大阪府 □兵库县 □奈良县 □和歌山县
中国地区：□鸟取县 □岛根县 □冈山县 □广岛县 □山口县
四国地区：□德岛县 □香川县 □爱媛县 □高知县
九州地区：□福冈县 □佐贺县 □长崎县 □熊本县 □大分县 □宫崎县 □鹿儿岛县 □冲绳县

检索开始

人口检索结果
满足检索条件人数约 | 6 114 000 | 人。
```

图 5-10　人口 checker 页面

注：可扫描书前测试题二维码下载电子版。

利用定量调查数据计算目标体量

利用人口统计数据，根据性别、年龄等条件对目标体量进行粗略划分，结合切入点 1 和切入点 2 所设定的标准，就能够推算出各个片段的目标体量。例如，全国约有 610 万名 20 多岁的女性，假设我们把其中 50% 不认识某款产品的女性作为目标，那么目标群体的体量约为 305 万人。

这一比例可以通过定量调查的方法获得。我们在利用定量调查数据估算目标体量的时候，经常会用到筛查的数据。筛查是在正式调查之前进行的筛选，目的是从总体中筛选出符合调查条件的人，也被称为事前调查。

我们要按照筛查（数千人至十万人左右）→正式调查（从筛选出来的、符合调查条件的人，约数百人）的顺序进行定量调查。正式调查只针对筛查后的对象。

例如，符合调查条件"女性，20～39岁，相机A的客户"的人出现的概率为2%（发生率）。如果要筛选出200名符合条件的人，就要对10 000人进行筛查（见图5-11）。

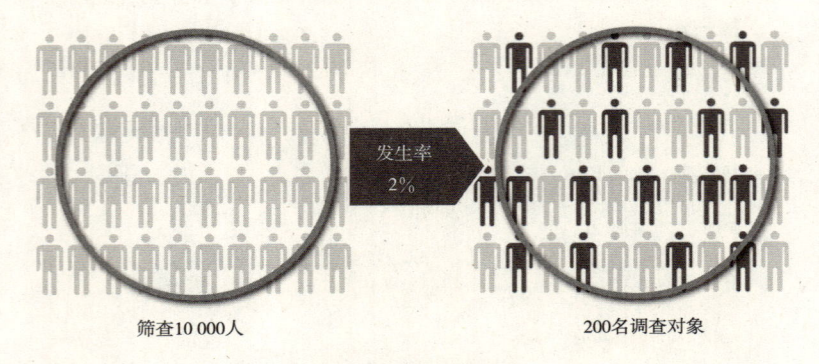

筛查10 000人　　　　　　　　　　　200名调查对象

图5-11　筛查示意

定量调查的分析依托的基本是数百人的正式调查数据，但如果想通过了解更多人的情况来确定市场规模，很多时候我们就可以利用数千人至数万人的筛查数据。不过需要注意的是，筛查只是为了找到符合正式调查所需条件的对象，这项调查并不能代表市场。

具体来说，在为正式调查筛选调查对象的时候，我们常常会过分关注一些难以召集在一起的年龄段，但这容易使数据因性别、年龄不均衡而造成偏差。因此在筛查之初，就应该按照年龄段设置一定的比例，避免数据失真。

但是这样一来，筛查的成本就会增加，而且可能会找不到足够多的符合正式调查条件的人。在这种情况下，我们经常会用到一种方法，即先正常进行筛查，然后参考国势调查公布的"实际性别与年龄分布"数据，结合性别与年龄构成比进行加权统计，从而修正各年龄段比例的数据。

顺便提一下，在第2章计算功能饮料A目标体量的调查中，使用的是数千人的筛查数据，而非数百人的正式调查数据。我们也可以使用正式调查的数据来计算市场规模，未必要用筛查数据，但请记住，筛查可以为我们提供样本量更大、可信度更高的数据。

把握目标体量的 5 种结构图

接下来，我将介绍如何利用人口统计数据和定量调查数据，具体分析粗略划分之后的目标体量。

在分析目标体量的时候，如果我们能够把握目标的结构，那么很容易就能发现"客户有哪些，数量有多少""销售产品或服务的瓶颈是什么"之类的问题。把握结构，就是在确定目标之后，分解、整理各个组成要素，使之一目了然。下面介绍 5 种目标结构图（见图 5-12）。

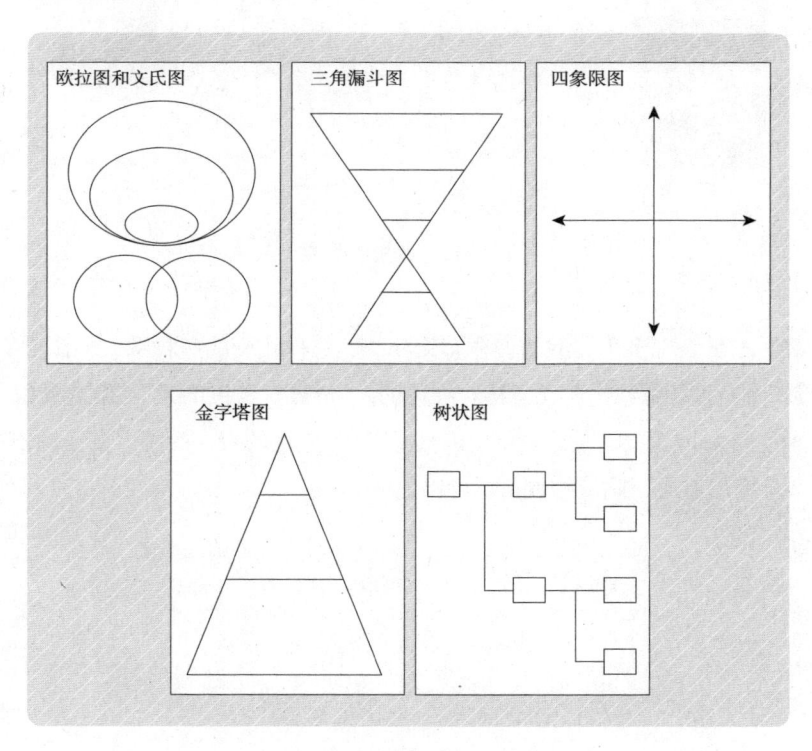

图 5-12　5 种目标结构图

其中，树状图已经在第 4 章推算 MIRAI SPEAKER Home 音箱目标体量的案例中介绍过了。因此，本章只介绍其他 4 种结构图。

利用欧拉图和文氏图分析目标结构

欧拉图是表现某一集合完全包含另一集合的一种图。例如,亚洲包含日本,日本包含九州,九州包含久留米市(福冈县)。在欧拉图中,集合没有共同元素,则圆形不会相交。如果包含于某个集合的2个集合拥有共同元素,那么圆形就会相交(见图5-13)。

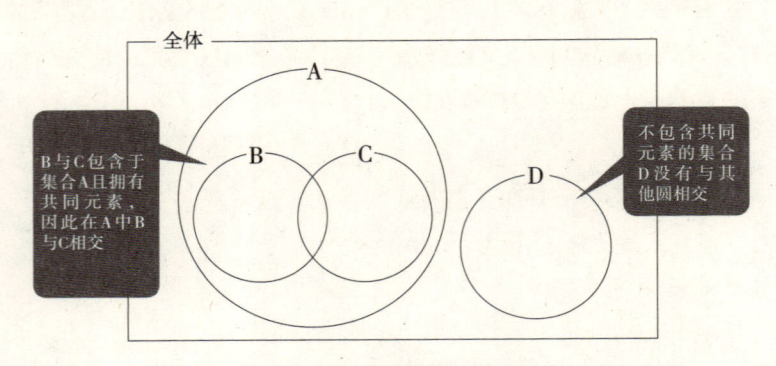

图 5-13 欧拉图示意

文氏图是表现多个类型的集合有无相交、怎样相交的一种图。如图5-14所示,图(a)就是视觉化表现"喜欢红色的人""喜欢蓝色的人""既喜欢红色也喜欢蓝色的人",以及"既不喜欢红色也不喜欢蓝色的人"的图。文氏图不一定只由2个圆形组成,圆形的数量也可以更多。

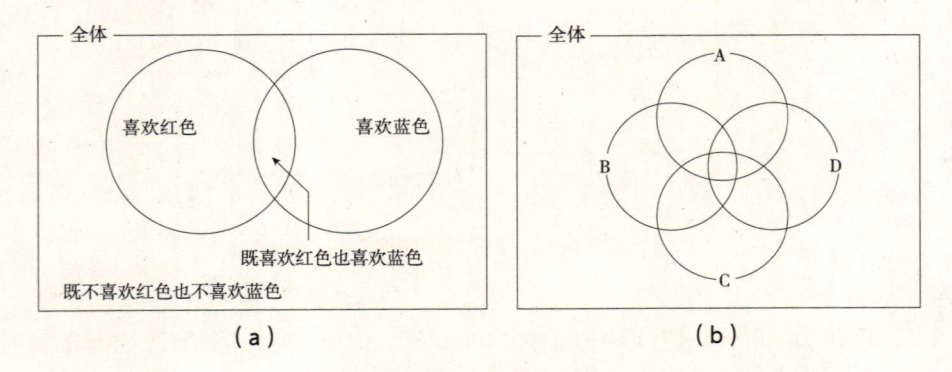

(a) (b)

图 5-14 文氏图示意

让我们重温一下第 2 章图 2-31 功能饮料 A 目标体量的欧拉图。该欧拉图与条状图是对应关系。我们需要通过定量调查来掌握这些数据。无论是筛查还是正式调查，在定量调查中必须问以下 3 个问题：

问题 1：你知道功能饮料 A 吗？

回答选项可以是"YES / NO"，也可以是"知道产品情况 / 知道名字 / 不知道"，后者中前两项是"知道"，最后一项是"不知道"。接着，仅提问回答"知道"功能饮料 A 的人。

问题 2：你知道功能饮料 A 富含维生素 C 吗？

回答选项为"YES / NO"。接着，仅提问回答"知道"功能饮料 A 含有维生素 C 的人。

问题 3：你饮用功能饮料 A 的频率是怎样的？

回答选项为"每天或每周 5 天（重度消费者）/ 每周 4 天以内（普通消费者）/ 以前喝过，现在不喝了（饮用过但目前不饮用）/ 一次也没有喝过（无饮用史）"。重度消费者和普通消费者的定义不是固定的，每种产品都要具体问题具体分析。

针对 1 000 名 10 ～ 29 岁的人进行问卷调查，结果如下：

- 问题 1，知道的人占 90%，不知道的人占 10%。
- 问题 2，知道的人占 89%，不知道的人占 11%。
- 问题 3，重度消费者占 5%，普通消费者占 10%，饮用过但目前不饮用的占 70%，无饮用史的占 15%。

如果将上面的结果填入图表，就会形成图 5-15。知道功能饮料 A，也知道其富含维生素 C，但并不饮用的人占 85%。我们利用这个调查结果继续计算具体的目标体量。根据总务省统计局人口统计的最新数据，计算出符合目标群体性别、年龄、居住地的人口数量，也就是"全国 10 ～ 29 岁的男性和女性"的人口数量为 23 799 000 人。

电通爆品讲义

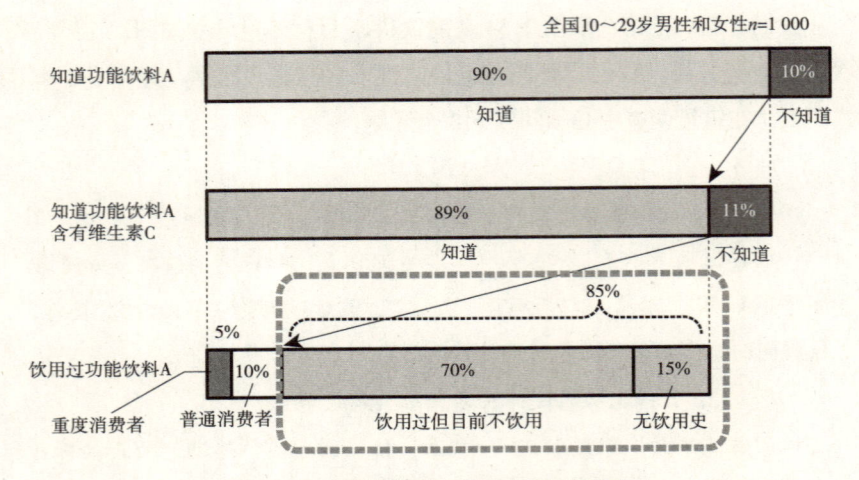

图 5-15　功能饮料 A 调查结果条形图

从问题 1 可知 "知道功能饮料 A 的人占 90%"；从问题 2 可知 "在知道功能饮料 A 的人当中，知道该饮料富含维生素 C 的人占 89%"；从问题 3 可知 "知道该饮料富含维生素 C 但不饮用的人占 85%"，"全体消费者（重度消费者＋普通消费者）占 15%，其中重度消费者占 5%"。结合这些数据，就可以估算出不同人群的体量（见图 5-16）。

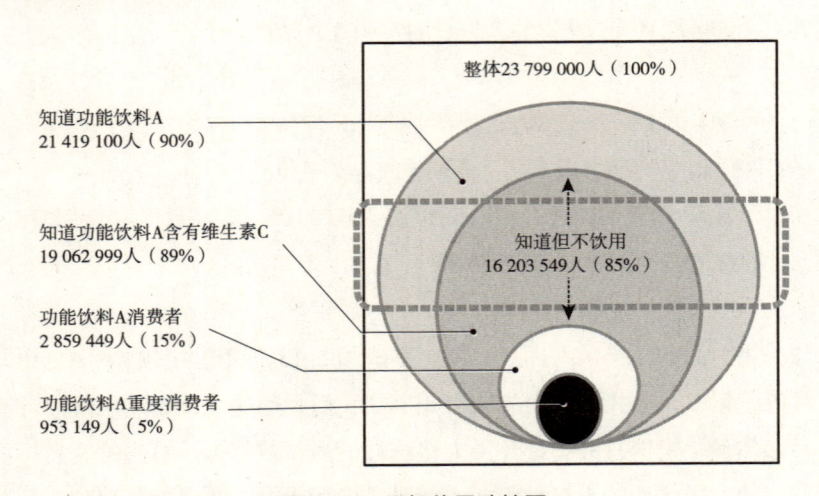

图 5-16　目标体量欧拉图

资料来源：2019 年 10 月日本总务省统计局统计全国 10～29 岁男性和女性人口数据。

功能饮料 A 是认知率为 90% 的主流产品。如果某品牌或产品达不到功能饮料 A 的认知率，那么就无须提问刚才有关产品功能的问题（如"你知道它富含维生素 C 吗？"）。

下面来看关于眼线笔 A 的具体案例。

假设你是面向 20 ～ 39 岁女性的眼线笔产品 A 的负责人，并且无须考虑那些完全不化眼妆的人。定量调查时要提出如下 3 个问题：

问题 1：你化眼妆吗？

回答选项为"YES / NO"，回答 YES 的是目标群体，回答 NO 的不是目标群体。或者选项为"几乎每天都化眼妆 / 偶尔化眼妆 / 完全不化眼妆"，其中前两项是目标，最后一项不是目标。接着，仅提问回答"化妆"的目标。

问题 2：你知道眼线笔 A 吗？

回答选项可以是"YES / NO"，也可以是"知道产品情况 / 知道名字 / 不知道"，后者中前两项为"知道"，最后一项为"不知道"。接着，仅提问回答"知道"眼线笔 A 的人。

问题 3：你使用眼线笔 A 的频率是怎样的？

回答选项为"每天或每周 5 天（重度消费者）/ 每周 4 天以内（普通消费者）/ 以前用过，现在不用了（使用过但目前不使用）/ 一次也没有用过（无使用史）"。重度消费者和普通消费者的定义不是固定的，每种产品都要具体问题具体分析。

对 1 000 名 20 ～ 39 岁的女性进行问卷调查，结果如下：

- 问题 1，符合目标的占 80%，不符合的占 20%。
- 问题 2，知道眼线笔 A 的人占 40%，不知道眼线笔 A 的人占 60%。
- 问题 3，重度消费者占 10%，普通消费者占 10%，使用过但目前不使用的占 10%，无使用史的占 70%。

将以上结果填入图表，再计算出人口数量，就会得到图 5-17。我们可以清晰地看到原本就不知道眼线笔 A 的目标体量，也能看出即使是在知道眼线笔 A 的群体中，真正使用的人也很少。

整体：13 142 000人（100%）
目标全体
10 513 600人（80%）

知道眼线笔A的人
4 205 440人（40%）

使用过眼线笔A的人
1 261 632人（30%）

不再使用的人
42 544人（10%）

正在使用眼线笔A的人
841 088人（20%）

眼线笔A重度消费者
42 544人（10%）

日本20～39岁女性 n=1 000

目标	80% 符合目标	20% 不符合目标
认知	40% 知道	60% 不知道
使用情况	70% 无使用史	

重度消费者 10%
普通消费者 10%
使用过但目前不使用 10%

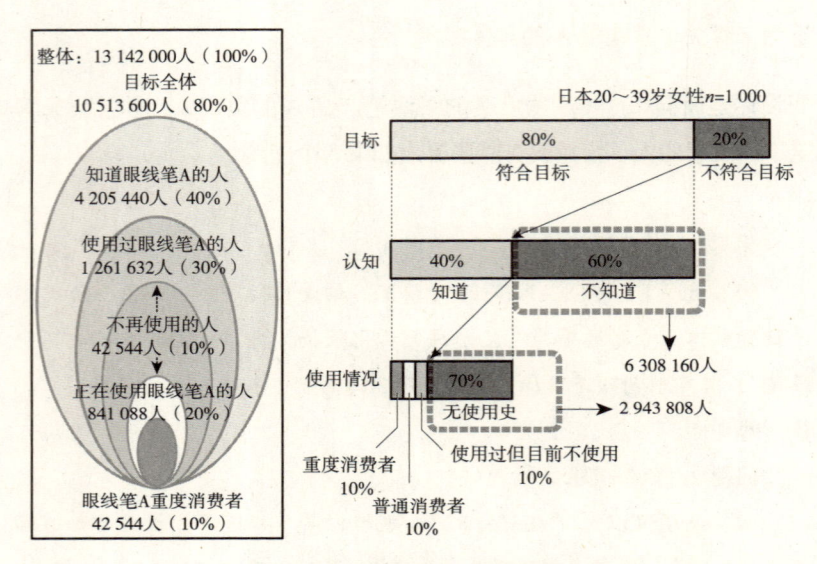

6 308 160人
2 943 808人

图 5-17　眼线笔 A 目标体量

资料来源：2019 年 10 月日本总务省统计局统计全国 20 ～ 39 岁女性人口数据。

除了产品或品牌，我们还可以分析产品品类的目标结构。举个例子，蔻吉的假睫毛品牌 DOLLY WINK 在制造新产品 10 秒嫁接假睫毛 EASY LASH 之前所做的目标结构分析如图 5-18 所示。

DOLLY WINK 项目团队分析的不是"DOLLY WINK"这个品牌的客户，而是假睫毛这一产品品类的客户。

当时，假睫毛的市场规模持续萎缩，DOLLY WINK 的销售额下降超过 50%。为了让以假睫毛为主力产品的蔻吉以及旗下品牌 DOLLY WINK 再次掀起热潮，项目团队没有只盯着当前市场上本公司品牌的客户，而是全面分析了假睫毛这一产品品类的客户。为了重构市场，团队将"假睫毛流失群体""从未使用过假睫毛的群体"等设定为目标。

重构市场，瞄准"流失群体"和"从未使用过假睫毛的群体"

偶尔使用假睫毛的人
10.5%（139万人）

使用过假睫毛的人

目标整体

定期使用假睫毛的人
6.8%（90万人）

目前使用假睫毛的人

核心目标
1 097万人

假睫毛现有用户
229万人

假睫毛流失群体
50.6%（671万人）

从未使用过假睫毛的人
32.1%（426万人）

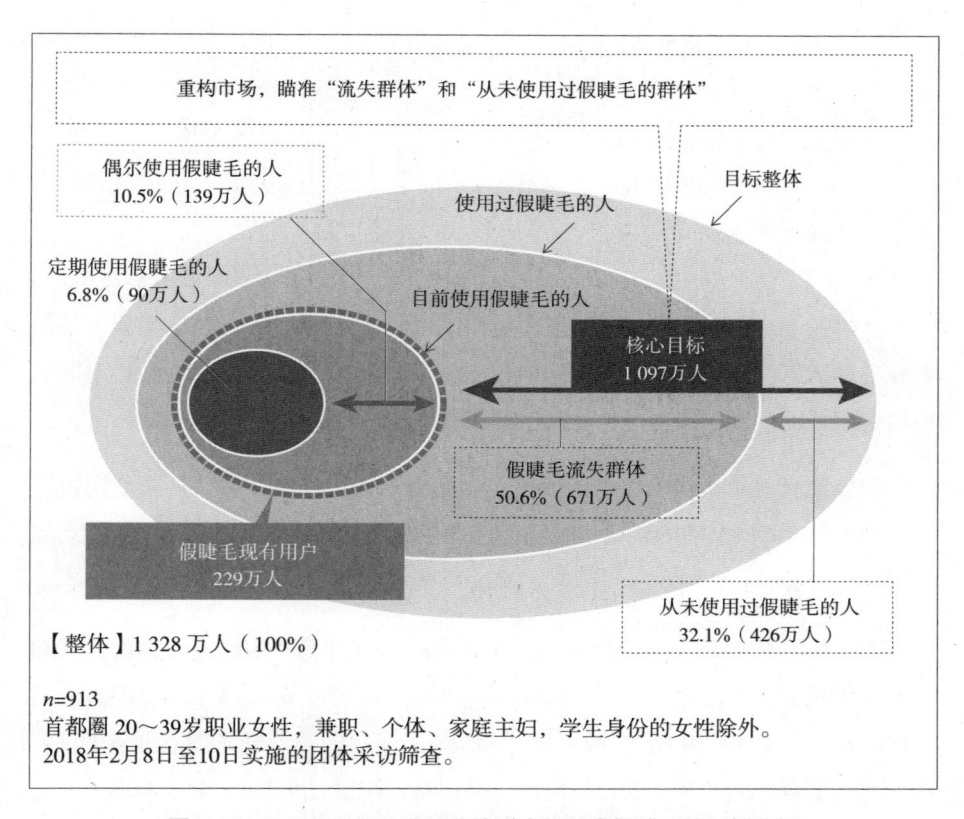

【整体】1 328万人（100%）

n=913
首都圈20～39岁职业女性，兼职、个体、家庭主妇，学生身份的女性除外。
2018年2月8日至10日实施的团体采访筛查。

图 5-18　DOLLY WINK 项目团队对产品品类假睫毛的目标分析

注：可扫描书前测试题二维码下载电子版。

资料来源：日本总务省统计局统计全国20～39岁女性人口数据。

这种方法也适用于分析认知率非常低的产品或品牌的目标群体。在前文案例中，产品的认知率达到了40%～90%，但如果某款产品的认知率仅有5%，购买率为1%，回购率为0.8%，那么我们很难针对这款产品或这个品牌开展分析，这时就可以针对该产品类别本身的目标结构进行分析。

为了制作一张分析假睫毛产品品类目标群体的欧拉图，我们要在定量调查中提出下面这个问题：

问题：你使用假睫毛的频率是怎样的？
A. 定期使用
B. 偶尔或特殊时间使用
C. 用过，但目前不用
D. 从未用过

通过这个问题，我们可以掌握"定期使用假睫毛的人""在特定情景下使用假睫毛的人""曾经使用但现在不再使用的流失群体""从未使用过假睫毛的人（无佩戴经历）"的占比情况，从而了解假睫毛这一产品目标群体的结构。

调查结果显示，80%以上的女性是"假睫毛流失群体"和"从未使用过假睫毛的人"。DOLLY WINK项目团队将这二者作为主要目标，以期重振持续萎缩的假睫毛市场。

卖点是从目标需求倒推出来的。正因为目标群体是"假睫毛流失群体"和"从未使用过假睫毛的人"，所以我们希望开发出一款产品，从根本上颠覆人们对假睫毛费时费事、花哨、"辣妹风"的印象。于是，我们最终创造出来了仅需10秒即可轻松佩戴，风格自然清新的爆品：10秒嫁接假睫毛 EASY LASH。

除了欧拉图，我们还可以利用文氏图分析目标结构（见图5-19）。再举一例，我们将付费视频服务A的目标群体粗略划分为以下几个目标：

- 目标1：使用视频服务A的人。
- 目标2：不想使用视频服务A，但使用奈飞、Hulu等竞争对手产品的人。
- 目标3：对视频服务不感兴趣，只使用YouTube的人。

目标1虽然数量少，但只要稍稍发力就能有所起色；目标2最近越来越多，但只要宣传视频服务A的独特价值，就有可能从竞争对手那里将更多客户争取过来；目标3只需要YouTube，刺激购买欲的门槛较高，但它是占比最大的"蛋糕"。通过上述分析，我们就可以分别找到相应的对策。

视频服务A的
潜在群体（目标2）

竞争对手用户，对视频服务A没有使用意向
28.2%
（2 538万人）

（目标2）竞争对手的所有用户
31.5%
（2 835万人）

（目标1）对视频服务A有使用意向

4.9%
（441万人）

视频服务A的
现有群体（目标1）

（目标3）对YouTube感兴趣的所有用户
73.3%
（6 597万人）

只对YouTube感兴趣
39.8%
（3 582万人）

视频服务A的
低关注度群体（目标3）

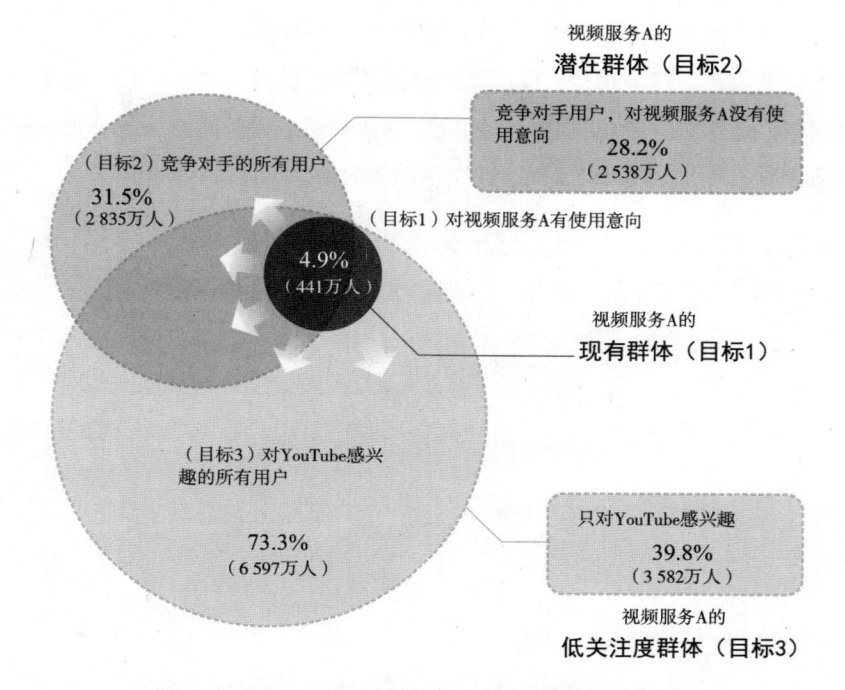

图 5-19　分析付费视频服务 A 目标群体结构的文氏图

注：数据采用电通 d-campx 的调查，括号内的人数以目标人口 9 000 万人推算。可扫描书前测试题二维码下载电子版。

利用三角漏斗图分析目标结构

营销漏斗是目标客户在购买产品之前意识变化过程的形象化。由此可见，利用欧拉图进行拆解分析后的"认知→使用经历"也是一种营销漏斗。

无论是欧拉图，还是三角漏斗图，都可以用来分析营销漏斗各层级的目标体量。欧拉图既可以用相交的图形表现购买者包含于认知者当中，又可以直观地表示出流失群体。如果我们想要通过分析各个漏斗的转换率来找到瓶颈，那么我建议使用能够更简单地呈现漏斗变化趋势的三角漏斗图。

所谓漏斗转换率，是指上一层漏斗转换为下一层漏斗的比例，也被称为不同层级之间的迁移率或良率。例如，从认知转换为感兴趣、关注的比例，从感兴趣、关注转换为对比、考虑的比例，或者从认知转换为最后一层购买的比例等。转换率越高，损失越少，就说明战略越优秀；转换率越低，损失越多，就说明战略的效率有问题。我们可以把经客户认知后的高产品购买率称为转换率高或良率高。向下一层级的转换率较差则被称为"瓶颈"。

在线上营销领域，转换率与转化率（CVR）、购买率、成交率是同义词；但在调查领域，转换率是漏斗中某一层级向另一层级的转换比例（见图5-20）。

漏斗：目标客户在购买产品之前形象化的意识变化过程。
漏斗转换率：上一层漏斗转换为下一层漏斗的比例。

根据漏斗转换率把握瓶颈

公司　　　　　　　　　　　竞争对手

认知　XX%　　　　　　　　认知　XX%
感兴趣、关注　XX%　转换率XX%　感兴趣、关注　XX%　转换率XX%
对比、考虑　XX%　转换率XX%　对比、考虑　XX%　转换率XX%
购买　XX%　转换率XX%　　购买　XX%　转换率XX%

VS

认知→感兴趣、关注的转换率计算公式：转换率（%）= $\frac{感兴趣、关注占比}{认知率} \times 100$

感兴趣、关注→对比、考虑的转换率计算公式：转换率（%）= $\frac{对比、考虑占比}{感兴趣、关注占比} \times 100$

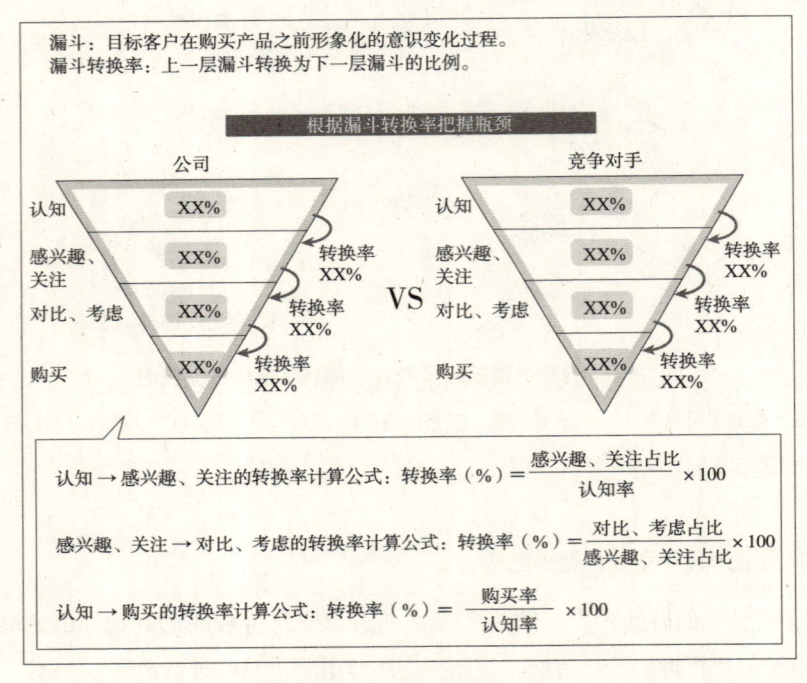

认知→购买的转换率计算公式：转换率（%）= $\frac{购买率}{认知率} \times 100$

图5-20　三角漏斗图模板

注：可扫描书前测试题二维码下载电子版。

例如，知道产品的人占比5%→曾购买过1次产品的人占比1%→回购者占比0.8%，那么，从认知到有使用经历的转换率为20%（使用经历1%/认知5%×100＝20%，即只有20%认知的人转换为实际使用者），从有使用经历到回购的转换率为80%（回购0.8%/使用经历1%×100＝80%，即80%使用过该

第 5 章　制定销售战略的"战略调查"第 2 步，客户分析

产品的人有回购行为）。在此，瓶颈就是从认知者到转换为实际购买者（转换率 20%）。而只要客户使用过一次，就有 80% 的可能性再次购买（见图 5-21）。

$$\frac{使用经历1\%}{认知5\%} \times 100 = 20\%（转换率）$$

$$\frac{回购0.8\%}{使用经历1\%} \times 100 = 80\%（转换率）$$

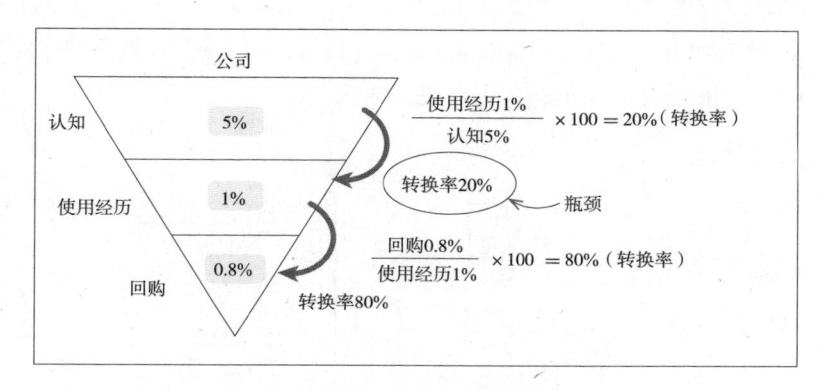

图 5-21　三角漏斗图分析

对转换率 20% 这一数据是好是坏之类的判断标准因产品而异。例如，瓶装饮料行业的认知→平均使用经历转换率是 40%，20% 是一个很低的水平；而露营装备的认知→平均使用经历转换率是 10%，20% 就是一个很高的水平。

"从认知到试购的转换率为 45%，无法判断这个数据是好是坏……"当我们遇到这种难以判断的情况，可以选择固定的比较维度。常用维度有以下 3 种：

- 按照品牌，对同行业、同类产品进行比较。我们可以针对本公司的其他品牌或者竞争对手的品牌提出同样的问题，然后进行数据比较。例如，消费者对本公司产品的满意度是 80%，而对竞争对手的产品满意度达到 90%，那么就可以判断本公司产品的满意度较低。
- 按照目标片段进行比较。除了年龄、性别等目标群体的基本属性，还可以将接触过（看过）本公司产品广告或活动的人与没有接触过（没看过）的人区分开，比较交叉统计数据，从而判断广告、活动是否打动了客户，以及漏斗转换率是好是坏，还是没有变化。
- 按照时间先后顺序对本公司产品的数据进行比较。例如，我们可以比较半年前和现在、一年前和现在的数据，从时间维度上做出判断。

选择哪种比较维度，由假说和想要明确的内容倒推决定。

利用四象限图分析目标结构

由一条横轴和一条纵轴垂直交叉形成四个区域（四个象限）的图被称为"四象限图"，也被称为"2×2 矩阵图"（见图 5-22）。

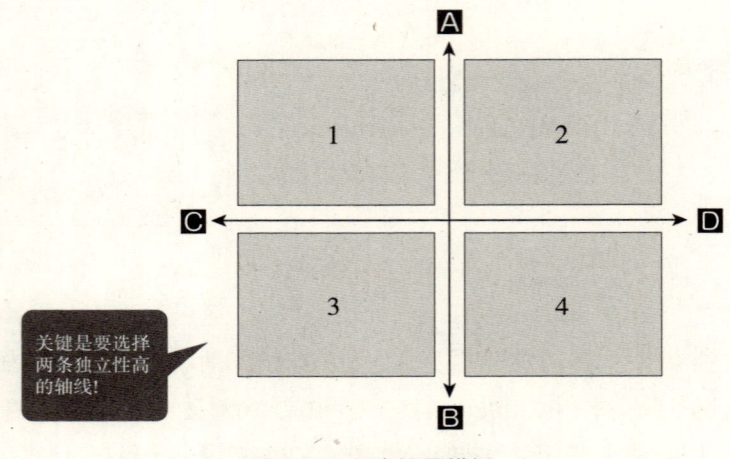

关键是要选择两条独立性高的轴线！

图 5-22　四象限图模板

注：可扫描书前测试题二维码下载电子版。

四象限图的优点在于分类简单，易于操作。利用两条轴线，可以轻松整理信息，开阔视野。这个工具不仅可以帮助我们分析目标结构，还可以帮助我们思考很多其他问题。

在制作四象限图的时候，两条轴线的选择非常重要，诀窍就是选择两条具有较高独立性的轴线。相反，如果选择的两条轴线关联性较高，那么分析就会变得毫无意义（见图 5-23）。例如，纵轴是"高价格区间化妆品客户"和"低价格区间化妆品客户"，横轴是"热衷在高档专柜购买"和"热衷在平价商店购买"。两条轴线均与化妆品的价位有关，关联性很高，难以划分四个象限。"高价格区间化妆品客户热衷在平价商店购买"和"低价格区间化妆品客户热衷在高档专柜购买"这两种情况也不符合现实。

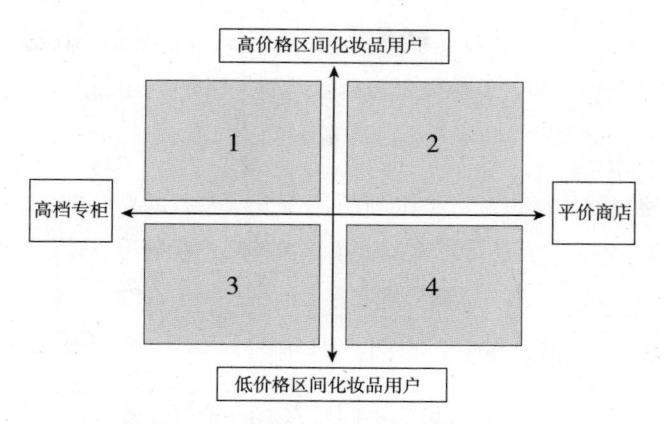

图 5-23　四象限图反例：横纵轴关联性较高

如图 5-24 所示，我们可以调整一下横纵轴：纵轴保持不变，仍然是"高价格区间化妆品客户"和"低价格区间化妆品客户"；横轴改为"喜欢经典款化妆品＝一直使用某一款喜欢的化妆品"和"喜欢新款化妆品＝不断购买新产品"。这样两条轴线各自独立，便于我们把握目标群体的结构。

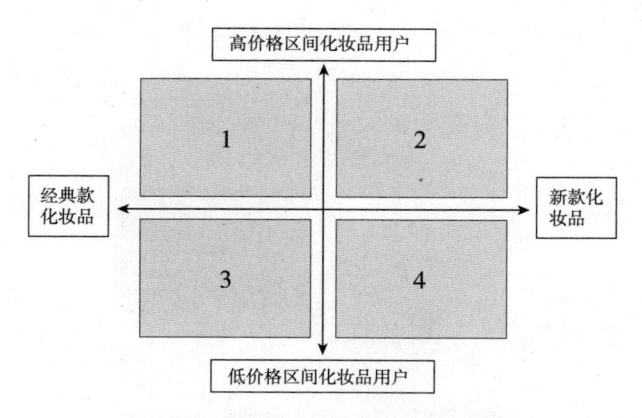

图 5-24　四象限图范例：横纵轴独立性较高

在完成了两条轴线的划分之后，我们就可以逐一研究四个象限，进而给象限命名。

假设你负责的是高价格区间化妆品。此前设定的目标是象限 1 或象限 2。与象限 1、2 的高价格区间化妆品客户相比，象限 3、4 的低价格区间化妆品客户的体量占有压倒性优势。若想要打造全新产品，你需要把此前公司产品无法吸引的、使用低价化妆品的消费者作为新的目标。

在低价格区间化妆品客户当中，我们似乎更容易打动喜欢新款化妆品的象限 4，但是象限 3 的客户真的可以就此被排除在外吗？我们可以这样分析：象限 3 和象限 4 哪一类客户更多？体量分别有多大？哪一类更有潜力？如果我们率先刺激象限 4 的购买欲，那么象限 3 有没有可能跟风购买新的经典款化妆品呢？

我们需要结合具体情况，选择不同切入点的两条轴线。如果我们能够创造出别具一格的轴线，那么就能勾勒出具有高度独立性的战略。

在熟练掌握四象限图之前，我建议大家先学会灵活运用现有的四象限图。我再向大家介绍一种用途广泛、上手容易的方法，它可以帮助大家利用现有的四象限图，找到对本公司而言优先级更高的目标。这种方法就是 LAND 分析法。

LAND 分析法是利用对产品或服务的使用经历和今后的使用意向而进行分析的方法。LAND 由四个英语单词的首字母组成，分别代表以下含义（见图 5-25）：

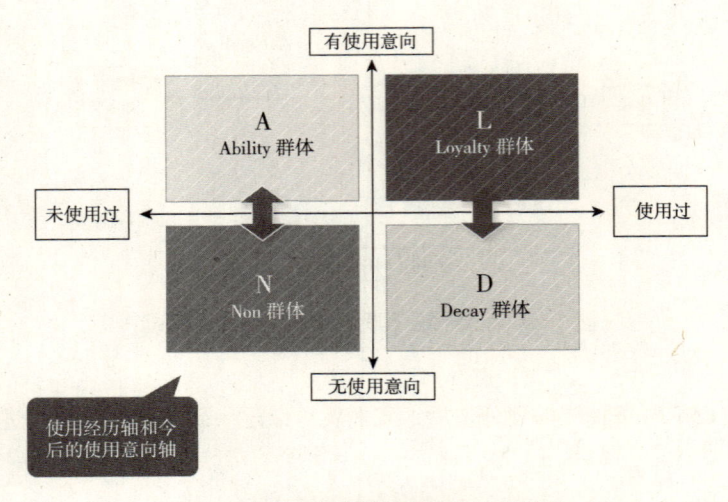

图 5-25　用四象限图表示 LAND 分析法

- Loyalty：有使用经历，今后还想继续使用的回头客。
- Ability：没有使用经历，今后想尝试使用的群体。有可能使用的新客户群体。
- Non：没有使用经历，今后也不会使用的存在偏见的群体。
- Decay：有使用经历，今后不想再使用的流失群体。

为了得到 LAND 分析数据，我们必须就产品或服务向目标群体提出两个问题，即使用经历和今后的使用意向。

下面继续使用前文眼线笔 A 的案例。假设你是一款面向 20～39 岁女性的眼线笔 A 的负责人，而且你可以把完全不化眼妆的人排除在目标群体之外。在定量调查中，你必须问 4 个问题，在此我们提供两种提问方式。

方式 1：适用于线上调查的提问。

前 3 个问题与定量调查必须问的问题一样，之后多出一个问题，用来提问在问题 2 "你知道眼线笔 A 吗" 中回答 "知道" 的人：

问题 4：你今后还想使用眼线笔 A 吗？

回答选项可以是 "YES / NO"，也可以分为 "非常想使用 / 比较想使用 / 不太想使用 / 完全不想使用" 4 个层级。后者中前两项是 "有使用意向"，后两项是 "无使用意向"。

对 1 000 名 20～39 岁的女性进行问卷调查，结果如下：

- 问题 1，符合目标的占 80%/ 不符合的占 20%。
- 问题 2，知道眼线笔 A 的人占 40%/ 不知道眼线笔 A 的人占 60%。
- 问题 3 和 4，Loyalty "有使用经历，有使用意向" =30%；Ability "无使用经历，有使用意向" =45%；Non "无使用经历，无使用意向" =20%；Decay "有使用经历，无使用意向" =5%。

如果是通过网络调查公司实施调查，那么很容易就能得到从问题 3 和问题 4 的问卷结果中统计得出 LAND 数据。如果是亲自进行问卷调查，不通过专业调查公司，在面对烦琐的统计一筹莫展时，你可以采用下面这种融合了问题 3 和问题 4 的提问方式，从而简化统计。

方式 2：适用于模拟调查等希望简化数据统计的提问。

问题 1、2 与方式 1 相同。之后仅提问在问题 1 中回答 "化眼妆" 且在问题 2 中回答 "知道眼线笔 A" 的人。融合问题 3 和问题 4 的提问：

问题：我想了解一下你关于眼线笔 A 的使用经历和今后的使用意向，下列哪一个选项最符合你的情况？

　　A. 用过眼线笔 A，今后也想用（Loyalty）
　　B. 没有用过眼线笔 A，但今后想用（Ability）
　　C. 没有用过眼线笔 A，今后也不会用（Non）
　　D. 用过眼线笔 A，但今后不想再用了（Decay）

如图 5-26 所示，这就是将 LAND 分析法的结果填入四象限图之后的效果。

全国 20～39 岁女性 n=1 000

	有使用意向	
A Ability 整体 **45%** 1 892 448 人		**L** Loyalty 群体 **30%** 1 261 632 人
无使用经历 ←		→ 有使用经历
N Non 群体 **20%** 841 088 人		**D** Decay 群体 **5%** 21 272 人
	无使用意向	

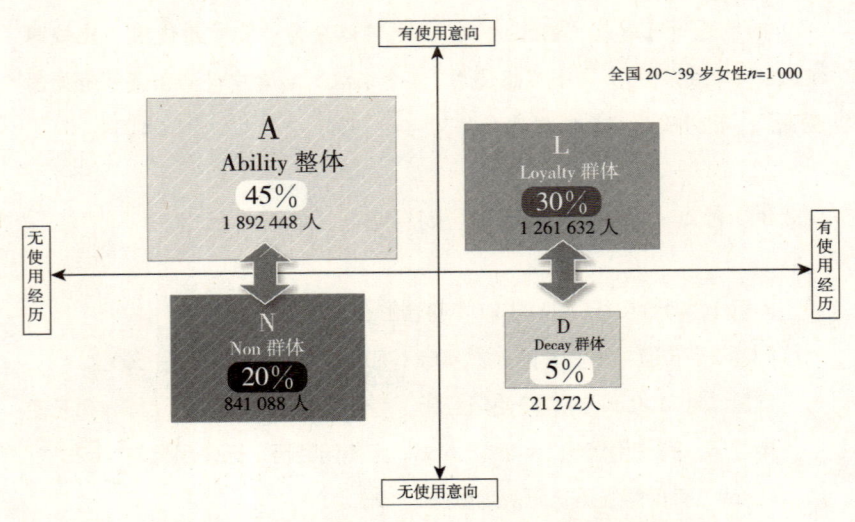

图 5-26　用 LAND 分析法表示眼线笔 A 的调查结果

由图可见，可能成为新客户的 Ability 群体占多数，有偏见的 Non 群体也不算少。鉴于 Decay 群体非常少，因此可以提出"让更多消费者试用产品，有可能增加 Loyalty 群体"的假说，并通过增加抽样调查的方式予以验证。

我们还可以通过对比竞争产品的 LAND 分析的方式获得种种发现。例如"原以为公司的 Loyalty 群体很少，但和竞争对手相比还是挺多的"，或者"与竞争对手相比，本公司的 Non 群体明显更多"，我们可以根据这些调查结果制定下一步对策。

利用金字塔图分析目标结构

金字塔结构分析法的方便之处在于，它能够清晰地展示出小众群体（金字塔的顶端）和大众群体（金字塔的底部）。

假设你是时尚品牌 A 的负责人，时尚品牌 A 是一个价格便宜、面向大众的品牌，以 20～49 岁的职业女性为目标群体。近年来，品牌的时尚形象下滑，在社交网络上出现了类似"穿品牌 A 的人很土气"的评论，这让你十分困扰。

鉴于这种情况，我们要分析 20～49 岁的职业女性的结构。按照时尚敏感度的高低分类以后，我们发现多数人的时尚敏感度较低，而品牌 A 的现有客户以一般群体为主，包括少量中等群体（见图 5-27）。

我们制定的新战略是瞄准以往不曾关注的高时尚敏感度群体，从而提升品牌 A 的时尚形象，同时防止现有客户，也就是普通群体的流失，提高他们的忠诚度（见图 5-28）。

图 5-27　按照时尚敏感度区分目标女性结构图

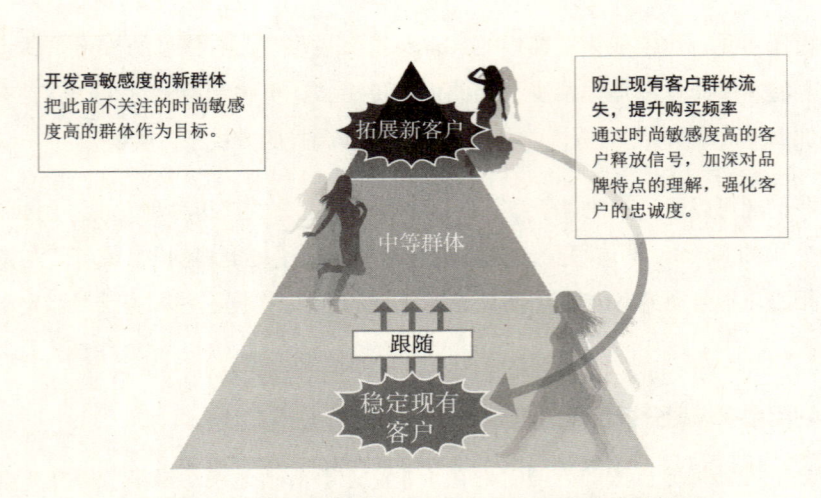

图 5-28　按照时尚敏感度区分目标女性的金字塔结构图

注：可扫描书前测试题二维码下载电子版。

如图 5-29 所示，金字塔结构还可以用于已经开发了高敏感度客户群体，正在考虑如何向大众群体推广的情况，分析如何将产品打造成畅销品。

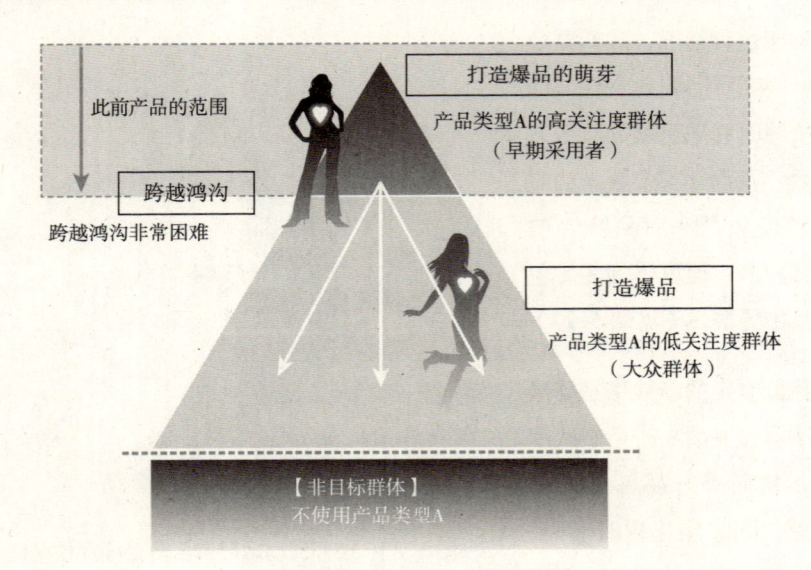

图 5-29　使用产品类型 A 的女性金字塔

注：可扫描书前测试题二维码下载电子版。

我们已经了解了欧拉图/文氏图、三角漏斗图、四象限图、金字塔图、树状图 5 种分析客户结构的图。掌握目标结构后，我们便能知道瞄准哪个目标。例如，某休闲设施在分析了客户结构之后发现，只有核心回头客（欧拉图、漏斗图中的重度消费者或 LAND 分析法中的 Loyalty 群体）在增长；以前经常来，后来不怎么来的群体（欧拉图、漏斗图中的流失群体或 LAND 分析法中的 Decay 群体）的体量在急剧增长。也就是说，必须尽快考虑如何打动那些不再光顾的群体。这 5 种结构图无须全用，任意一种都足以发挥作用。从步骤 1 的假说和想要明确的问题倒推回来，可以决定具体采用哪种分析方法。

通过画像与角色，提高目标解析度

截至目前，我们的所有讲解都是对客户的粗略划分，这些只不过是前提条件。接下来我将介绍细化目标的步骤（见图 5-30）。

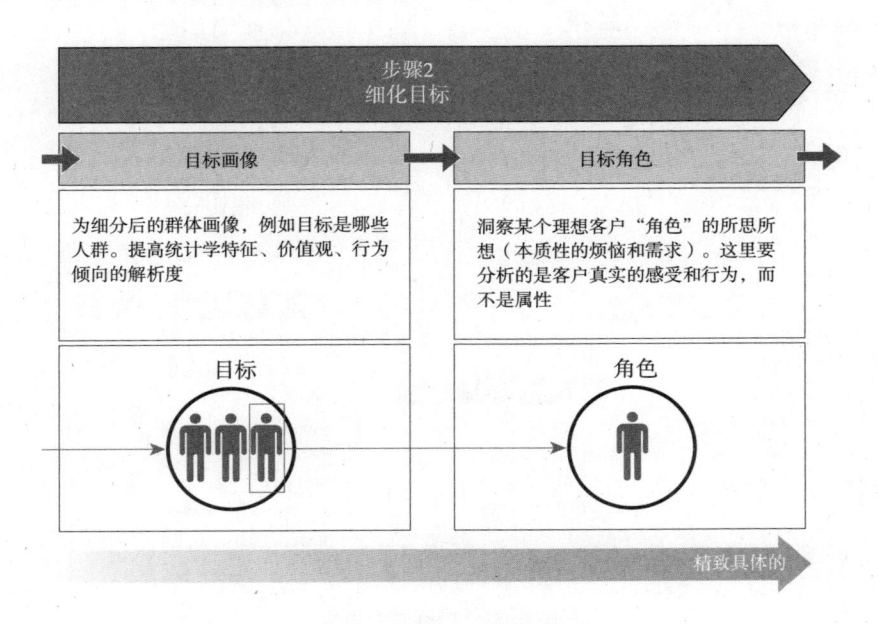

图 5-30　细化目标的步骤

"目标是 20 ~ 39 岁的职业女性","知道功能饮料 A 却不饮用的人",仅凭这些信息,我们很难采取行动激发目标的购买欲。我们还需要提高对目标的解析度,了解目标有哪些特征和倾向,通过目标画像建立目标角色。

什么是目标画像

市场营销中的"目标画像",是通过提高对目标群体的概况(性别、年龄、职业、年收入等属性)、价值观、行为特征等倾向性的解析度,找到接近目标的方法和适当的卖点,从而让目标购买产品的分析方法。该方法分析的是目标的群体特征(见图 5-31)。

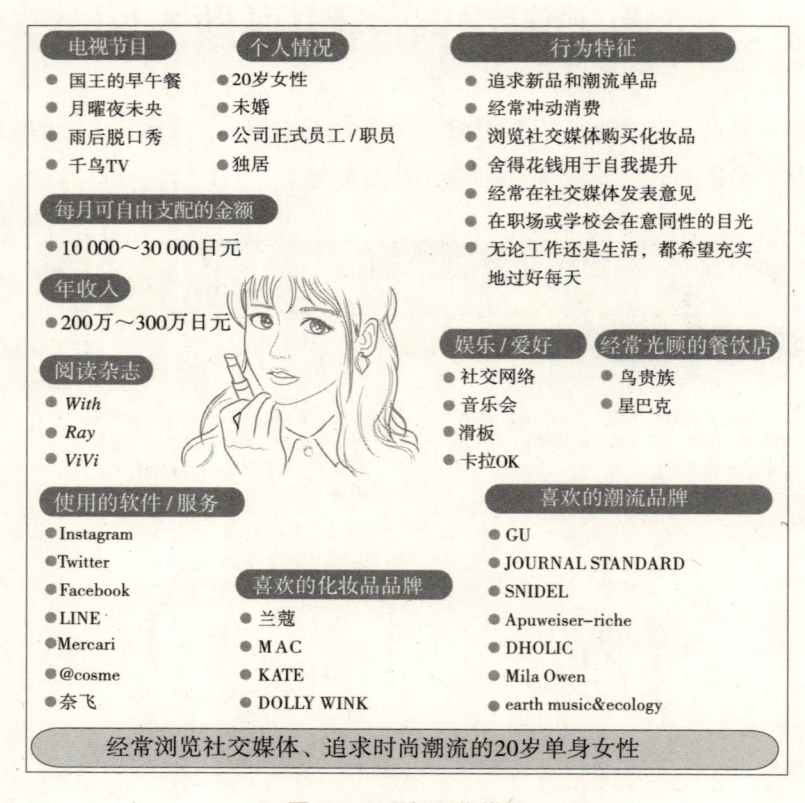

```
电视节目                个人情况                行为特征
● 国王的早午餐          ● 20岁女性              ● 追求新品和潮流单品
● 月曜夜未央            ● 未婚                  ● 经常冲动消费
● 雨后脱口秀            ● 公司正式员工/职员     ● 浏览社交媒体购买化妆品
● 千鸟TV                ● 独居                  ● 舍得花钱用于自我提升
                                                ● 经常在社交媒体发表意见
每月可自由支配的金额                            ● 在职场或学校会在意同性的目光
● 10 000~30 000日元                             ● 无论工作还是生活,都希望充实
                                                  地过好每天
年收入
● 200万~300万日元
                                娱乐/爱好           经常光顾的餐饮店
阅读杂志                        ● 社交网络          ● 鸟贵族
● With                          ● 音乐会            ● 星巴克
● Ray                           ● 滑板
● ViVi                          ● 卡拉OK

使用的软件/服务                                  喜欢的潮流品牌
● Instagram                                     ● GU
● Twitter          喜欢的化妆品品牌              ● JOURNAL STANDARD
● Facebook                                      ● SNIDEL
● LINE             ● 兰蔻                       ● Apuweiser-riche
● Mercari          ● MAC                        ● DHOLIC
● @cosme           ● KATE                       ● Mila Owen
● 奈飞             ● DOLLY WINK                 ● earth music&ecology

      经常浏览社交媒体、追求时尚潮流的20岁单身女性
```

图 5-31 目标画像模板

注:可扫描书前测试题二维码下载电子版。

基于调查结果和团队成员的看法，目标画像应该把握以下 3 项。注意，目标的价值观、意识、行为特征对制订计划的帮助尤其大。

第一项：概况。

性别、年龄、婚姻情况、家庭结构、有无孩子、年收入、每月零花钱金额、职业、居住形态、有无驾照。

第二项：价值观、意识、行为特征。具体表现为如下几点：

- 媒体价值观。例如，对口碑的接触度、可信度略高，对电视广告的接触度、可信度略低。
- 消费价值观。例如，"只要自己喜欢，就不会在意品牌和评价"，"觉得好的东西会情不自禁地推荐给别人"，"想拥有和周围的人不一样的东西"等的倾向性较强。
- 个性价值观。例如，"对流行和趋势比较敏感"的倾向性较强，"相比沉稳的颜色我喜欢明亮的颜色"的倾向性较弱。
- 购买行为价值观。例如，"查询积分期限，在可以使用的时间内兑换产品或优惠"的倾向性较强，"喜欢很多人一起外出游玩"的倾向性较弱。

第三项：兴趣、关注点、休闲方式。具体表现为如下几点：

- 经常看的电视节目、杂志，经常使用的网站，喜欢的艺人、角色等。
- 喜欢的时尚品牌、美容品牌、汽车品牌、其他品牌。
- 经常去的地方、想去旅游的地方、常去的车站、经常去购物的商店。
- 已订阅的服务。
- 拥有的家电。
- 喜欢的食物、饮料。

我们可以通过填写这些项目对目标进行画像，也可以添加其他放大目标形象的画像。由此我们可以清晰地看出目标群体的特点，了解与目标的接触点[①]，从而更容易针对目标制定对策，研究卖点。

运用集群分析

集群分析同样是一种在对目标进行粗略划分之后，可以对目标画像有效进行高度解析的方法。其具体方法多种多样，但分析过程非常复杂，除非委托调查公司，否则根本无从下手，此外费用也比较高，通常没有实施的必要。在这里我只介绍一下它的大致内容。

集群指的是"集合""群体"，将调查对象分为几个相似集合的分析方法就是集群分析。集群分析涉及许多计算方法。因为要考虑相似性的问题，所以计算方式是多元的，正确答案不止一个。因为需要尝试各种分组（分类），寻找最优方式，所以工作量很大。

集群分析的计算需要依托专业的统计软件。由于需要多次进行复杂运算，因此仅凭 Excel 的基础功能无法达到计算要求。统计软件只能进行分组，而各个集群的特征、特性等都需要由人来分析并给出"画像"（见图 5-32）。

如果是"全国 10～59 岁人群的集群分析"和"对 20～39 岁女性进行集群分析"等对象范围过于广泛的集群分析，就会对分析效果造成影响。范围越广，结果就越抽象，对目标的解析度就越低，最终难以获得新发现，只能得到一些平平无奇的分类结果。我也曾在以女性为目标的调查中建立过涵盖所有女性的集群，结果以失败告终。

集群分析成功的诀窍在于锁定对象，设定特定的主题。例如分析"10～29 岁喜爱游戏的男性和女性"这一片段中的集群时，我们可以把他们划分为"角色扮演游戏狂热群体""益智游戏狂热群体""冒险游戏狂热群体""新游戏'吉卜赛人'群体"……这样就能凸显目标的具体特征，实现高解析度的分类。

[①] 接触点指与目标的互动点。接触点包括产品本身、媒体、网络、广告、店面、员工、售后服务等各个方面。

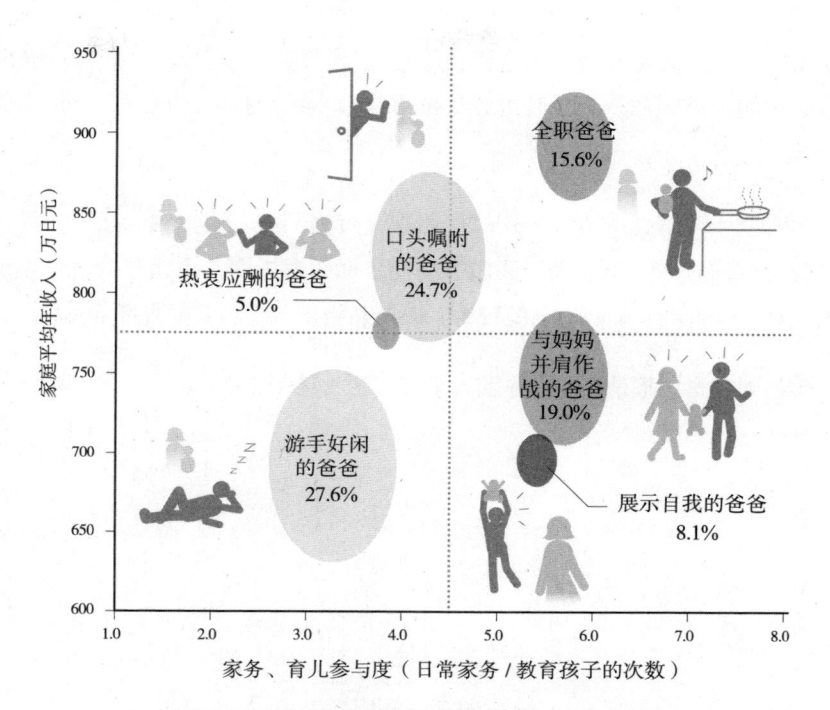

图 5-32　集群分析案例：爸爸集群（2016 年）

如果我们只是粗略地根据 10～79 岁的男性和女性与游戏的关系，将他们划分为不同的集群，那么只能得到"喜欢电子游戏的群体""喜欢游戏厅的群体""对游戏不感兴趣的群体"等粗糙而抽象的分类。因此在使用集群分析进行分类之前，我们有必要先粗略地划分片段。在分段（分组）之后，再通过集群分析进一步细化分类。

对于"关于 20～39 岁男性和女性的工作价值观集群"的情况，我们可以设定具体的主题，从而顺利进行集群分析。

粗略划分片段并设定具体的主题之后，集群分析在市场营销中将会变得更加简便，也能够发挥更大的作用。

目标画像中最重要的部分是分析目标的价值观。因为掌握了价值观，就能掌握与之相关的目标的意识特性和行为动机，从而更容易洞察目标本质性的烦恼和需求。价值观是原因，与之相关的行动是结果。我们可以从正向、逆向两个方向把握价值观和行为，既可以从价值观出发锁定行为，也可以从行为倒推价值观。

为了便于理解，本书多采用"价值观与行为"的表述方式。除了行为，由价值观产生的意识同样有助于我们提高对目标的解析度，例如极简主义生活的价值观会产生善用家里的物品的行为，以及购物要控制在最低限度的意识。

价值观和意识都是浮现在人脑海中的思想（见图 5-33）。

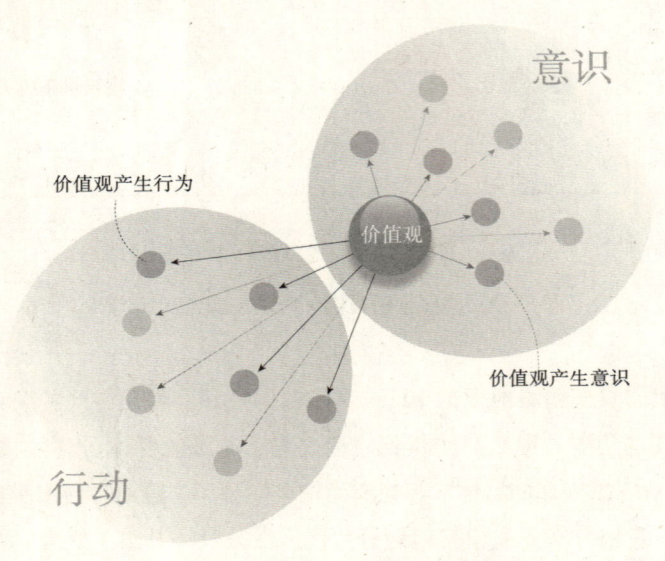

图 5-33　价值观与行为、意识的关系

有些价值观会变，有些价值观则不会。例如 Instagram，满足的是人们随时随地收集照片，留下美好的回忆并与他人分享的需求。这在 20 世纪 90 年代相当于当时流行的可随身携带的胶片相机和贴着大头贴的相册。

可以看出，"照片是一种交流工具"这一重要的价值观以及与人分享照片的行为并没有改变（见图 5-34）。也就是说，我们既要重视那些永恒不变的价值观，也不可忽视产生变化的新价值观和与之相关的行为。

第 5 章　制定销售战略的"战略调查"第 2 步，客户分析

有些价值观从本质上而言是永恒不变的

Instagram
随时随地收集照片，留下美好的回忆并与他人分享

20世纪90年代的时尚

胶片相机

大头贴
（随身携带大头贴相册）

"照片是一种交流工具"这一重要的价值观并未改变。

图 5-34　价值观本质

商机 Portfolio 象限图

当我们想要从目标的新意识和新行为倒推新的价值观，从中找寻商机的时候，也可以使用分析客户结构时用到的四象限图。如果时代发生剧变，我们就可以利用下面这张四象限图进行分析（见图 5-35）。

被抑制的传统消费
↓
在复兴中找寻商机

复活的意识/行为

今后将增多或提升

受消费者青睐或为消费者带来便捷的新生消费
↓
在放大中找寻商机

稳定的意识/行为

对比新冠疫情前减少或降低

对比新冠疫情前增多或提升

失去意义的传统消费
↓
在优化和替代中找寻商机

消失的意识/行为

暂时的意识/行为

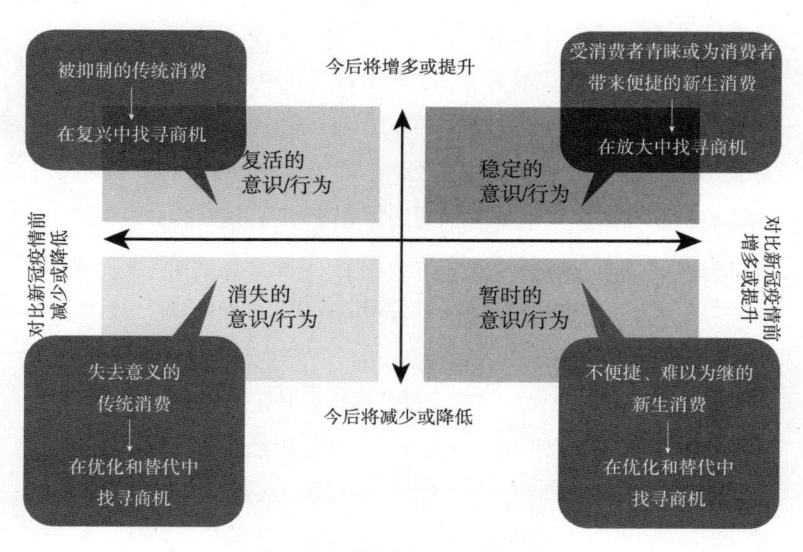

不便捷、难以为继的新生消费
↓
在优化和替代中找寻商机

今后将减少或降低

图 5-35　商机 Portfolio 象限图

资料来源：电通第 2 综合对策局新冠课题洞察小组《电通新常态调查》商机 Portfolio 分析。

遇到大规模自然灾害、传染病流行、金融危机等历史性重大事件的时候，客户的价值观以及与此相关的意识、行为都会发生巨大变化。我们在捕捉这些变化时，可以使用电通独创的商机 Portfolio 象限图。接下来，我将介绍 2020 年新冠疫情暴发之初的真实案例。

新冠疫情给我们的生活方式和价值观带来了巨大冲击。伴随客户的意识、行为的新变化，消费也发生了变化。而成功的企业，正是从这些变化中寻找到了商机。

消费的变化包括新生的消费和消失的消费。新生消费包括以新冠疫情为契机稳定下来的消费和有复活希望的消费。相反，消失的消费包括因为暂时没有需求而逐渐消失的消费，以及人们意识到不再需要而逐渐消失的消费。

> **调查行动指南**
>
> ### 寻找商机的 4 个视角
>
> √ 稳定的意识 / 行为：对于以新冠疫情为契机稳定下来的消费，例如提高免疫力等对抗病毒的新生需求，可以牢牢把握并放大，从中寻找商机。
>
> √ 复活的意识 / 行为：对于那些因为新冠疫情而减少，但有望复活的消费，一些反弹的需求中蕴含着商机。可以配合新的生活方式，例如餐饮店实施完备的预防措施等，全力支持消费复苏，从中寻找商机。
>
> √ 暂时的意识 / 行为：一些依托暂时的需求而出现的消费将会慢慢减少，包括一些难以为继的新生需求，例如在家里吃饭的次数越来越多，让人感到做饭负担很重。针对这种情况，我们可以在优化消费体验，用其他产品和服务予以替代等方面寻找商机。
>
> √ 消失的意识 / 行为：大家都意识到不再需要并因此逐渐消失的消费。人们从传统习惯中解放了出来，例如让人如坐针毡的应酬聚餐。对此，我们同样可以在优化消费体验，用其他产品和服务予以替代等方面寻找商机。

我们可以利用商机 Portfolio 象限图，大致把握客户的价值观、意识、行为的变化，以及在新冠疫情期间仍在不断变化的消费潮流。我们还可以利用该图细化并整理饮食、美容、生活、理财等各个领域的情况，让分析更加简便，解析度更高。

提取新价值观和行为的调查

电通的女性营销专业团队 GIRL'S GOOD LAB 为了把握女性的新消费形势，对新冠疫情后女性在意识、行为、消费、生活方式等方面发生的变化进行了分类分析，发现了 8 个显著的价值观变化趋势。

在公布资料的同时，我还将向大家介绍在发生像传染病流行这样的历史性大事件的时候，能够迅速发现新生价值观的调查技巧。

现在要告诉大家的方法是众多方法中的一种，是我认为最简单、最容易上手的方法。你可以选择的最方便的方法包括团体采访、线上调查、与消费者聊天进行采访等。

直接采访消费者固然有效，但如果你身边有专家或是掌握所调查领域大量信息的人，那么收集他们的观点可以加快你的分析速度。如果不能尽早锁定目标和卖点，就会错失商机，所以速度对调查而言至关重要。没有专家也无妨，你也可以调查身边的同事和同行业者，毕竟他们平时也接触了大量该领域的信息。

GIRL'S GOOD LAB 为了提炼女性的新价值观，首先找到了电通尤为擅长女性营销的 12 名规划师，对女性从意识、行为、消费、生活方式的维度收集信息。在线白板 Miro 可供多人同时工作，而且能够提供便笺等工具，便于头脑风暴和信息整理，进而划分不同的集合并做出分析。

最终，从各个领域的价值观趋势中，我们精选了 8 个变化特别显著的价值观趋势，并逐一收集了与之相关的行为（见图 5-36）。

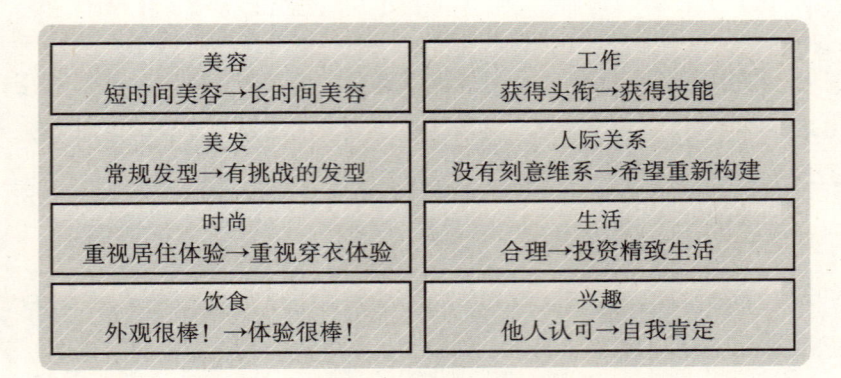

美容 短时间美容→长时间美容	工作 获得头衔→获得技能
美发 常规发型→有挑战的发型	人际关系 没有刻意维系→希望重新构建
时尚 重视居住体验→重视穿衣体验	生活 合理→投资精致生活
饮食 外观很棒！→体验很棒！	兴趣 他人认可→自我肯定

图 5-36　疫情后 8 个变化特别显著的价值观趋势

我们主要来看其中 3 种变化。因为数据收集截至 2020 年 11 月，所以可能与现下情况存在少许出入。

变化 1：美容领域，从短时间美容转变为长时间美容。

到目前为止，我们一直在关注哪些产品能够帮助忙碌的女性，随着悠闲的居家时光越来越多，人们开始追求时间更长的美容。与极简妆容相反，人们追求自然美和健康的趋势愈发明显，更注重根本性的保养而非做表面文章。

具体来说，"居家美容"这个关键词如今备受关注，在线瑜伽教室和全程线上指导减肥的服务大受欢迎。也有人利用疫情期间需要佩戴口罩的"方便"，度过了拔智齿或整容的恢复期。

从未来的可能性来看，比起短时间的产品，需要花费更多时间和精力改善外观的项目将更受关注，其中包括需要长期投入的美容项目。越来越多的人可能会积极选择耗时耗力的祛斑、毛孔修复、睫毛滋养、牙齿矫正等项目。

规划师的声音板块记录了"与人见面的机会减少，渐渐淡化了对服装、化妆等潮流的追求"等内容。资料还收录了一些具体的热门服务案例（见图 5-37）。

第5章 制定销售战略的"战略调查"第2步，客户分析

美容
短时间美容→长时间美容

到目前为止，我们一直关注哪些产品能够帮助忙碌的女性，但随着悠闲的居家时光越来越多，人们开始追求时间更长的美容。与极简妆容相反，人们追求自然美和健康的趋势愈发明显，更注重根本性的保养而非做表面文章

具体案例

★居家美容
个性化护发MEDULLA
个性化护肤HOTARU PERSONALIZED

"居家美容"这个关键词备受关注，广告语表达的基本意思是"既然不能到店，那就在家里尽享头发和皮肤护理吧"！

★用口罩遮住脸！
度过美容整形的恢复期

汤田眼科美容院

★家庭瑜伽

瑜伽教室、在线瑜伽网站，名人、运动员等发布在家里就能做的瑜伽课程视频。越来越多的人在家里做瑜伽

★减肥在线指导服务

Tabegram是一种全程线上减肥指导服务，用户数量在稳步增长。它省去了登录个人信息等烦琐步骤，只需在LINE上注册成为好友即可开始服务，因其便利性大受欢迎

规划师的声音

· 消费者很高兴能够享受到精致悠闲的护肤服务
· 比起打扮外表，现在更重视包括健康、体能、免疫力在内的内在美
· 与人见面的机会减少，渐渐淡化了对服装、化妆等潮流的追求

未来的可能性：
比起短时间的产品，需要花费更多时间和精力改善外观的项目将更受关注，其中包括需要长期投入的美容项目。
越来越多的人可能会积极选择耗时耗力的祛斑、毛孔修复、睫毛滋养、牙齿矫正等项目。

图 5-37 价值观趋势收集

注：可扫描书前测试题二维码下载电子版。

变化 2：美发领域，从常规发型到有挑战的发型。

随着在美容上花费的时间越来越多，人们也开始重新思考是否还要做同往常一样的常规发型，是否还要去美发店之类的问题。即使发型失败也不会被旁人看到的踏实感，也助推了人们在家亲手美发的跃跃欲试的冲动。具体来说，在家就能进行的个性化染发服务和美容仪租赁服务都很受欢迎。YouTube 博主的化妆视频登上热门，自己剪刘海的行为也日趋常见。

经过大量的实验，从未来的可能性来看，美发形式可能会变得更加多样。人们发现自己在家也可以享受到以前在店里才能享受的服务，因此支持自己动手的专业级美发产品势必会越来越多。规划师的声音记录了"帮助消费者居家体验到此前在店里才能享受到的专业服务，此类服务销售势头强劲"等内容。资料还收录了一些 YouTube 视频、热门产品等案例（见图 5-38）。

变化 3：生活领域，从合理到投资精致生活。

正因为在家里的时间变长了，所以人们想要打造更好居住空间的意识也提高了。尽管当前的经济环境不太理想，人们希望尽量减少消费、节约开支，但也不能忽视人们在居住环境上愿意投资金钱，投入时间和精力的趋势。具体来说，用于居家办公的站立式办公桌和椅子的订单激增，出现了一件难求的状况。此前大多数人不会在网络通信方面下什么功夫，都是用 WiFi 路由器和手机热点，但是现在越来越多的人愿意花费时间和精力安装光纤，确保通信环境稳定。鲜花、点心、咖啡、绘画等虽然不是生活必需的，但这类能点缀生活的订阅服务大受欢迎，也有更多人开始在家中享受野营乐趣。

自 2008 年金融危机以来，"不出门消费"逐渐普及，每当有天灾人祸发生，这种现象就更加备受关注。新冠疫情暴发以后，人们大部分时间都待在家里，这种生活方式可能将持续一段时间。当前存在"在外面进行的消费转换到家里的替代需求"，其中消费金额最大的仍是居家办公家具等全新需求。规划师的声音记录了"此前只有一部分人重视的精致生活，现在已经成为大众需求，例如自己做饭，用鲜花点缀房间"等内容。资料还收录了一些具体的热门产品案例（见图 5-39）。

第 5 章　制定销售战略的"战略调查"第 2 步，客户分析

美发
常规发型→有挑战的发型

随着在美容上花费的时间越来越多，人们也开始重新思考是否还要做像往常一样的常规发型，是否还要去美发店之类的问题。即使发型失败也不会被旁人看到的踏实感，也助推了在家亲手美发的跃跃欲试的心情

具体案例

★ COLORIS

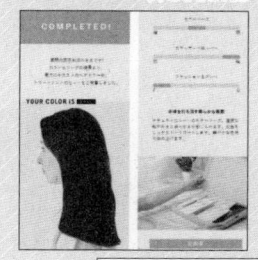

在家就能进行的个性化染发服务COLORIS备受关注，销售额大幅增长

★ 芬理希梦美容仪租赁网站 BEAUTY PROJECT

★ YouTuber博主化妆术视频

某博主上传的一段教授石原里美化妆方法的YouTube视频登上热门，截至2021年7月14日，点击量达到544万次

★ YouTuber博主剪刘海视频

某博主上传的剪刘海视频登上热搜，截至2021年7月14日，点击量达到242万次

规划师的声音
- 帮助消费者居家体验到此前在店里才能享受到的专业服务，此类服务销售势头强劲
- 在漫长的居家时光里，越来越多的人敢于挑战平时不做的、从未尝试过的发型。

未来的可能性：
经过大量的实验，美发方式可能会变得更加多样。
人们发现自己在家也可以享受以前在店里才能享受到的服务，因此支持自己动手的专业级美发商品势必会越来越多

图 5-38　美发领域价值观趋势收集

电通爆品讲义

生活
合理→投资精致生活

正因为在家里度过的时间变长了，所以人们想要打造更好的居住空间的意识也提高了。尽管当前的经济环境不太理想，人们希望尽量减少消费，节约开支，但也不能忽视人们在居住环境上愿意投资金钱，投入时间和精力的趋势

具体案例

★家具电商市场发展势头良好

★550日元起即可试用鲜花订阅服务bloomee

Assistia董事长小林菜穗美表示，北欧90%的企业采购升降式办公桌。这种办公桌不仅能减轻肩酸腰痛，也有助于提高专注度。
用于整理居家工作环境的站立式办公桌和椅子的订单激增，一件难求

★绘画订阅服务Casie

鲜花、点心、绘画、咖啡等不是生活必需品，但这些能点缀生活的商品订阅服务大受欢迎

★光纤安装订单激增

★人气野营

此前大多数人不会在网络通信方面下什么功夫，都是用WiFi路由器和手机热点，但是现在越来越多的人愿意花费时间和精力安装光纤，确保通信环境稳定

在家中也能满足五感的产品或服务备受欢迎。在线服务和简单的外卖服务已经无法提供足够的刺激，人们需要更加丰富的居住环境来满足五感。例如音质更好的家庭影院系统、带香味的浴粉、高级餐厅的外带菜、植物培育、居家烧烤和帐篷等露营用品都很畅销

规划师的声音
- 此前只有一部分人重视的精致生活，现在已经成为大众需求，例如自己做饭，用鲜花点缀房间
- 积极投资，提升生活质量
- 愿意在家庭娱乐方面投资

未来的可能性：
自从2008年金融危机以来，"不出门消费"逐渐普及，每当有天灾人祸发生，这种现象就颇受关注。新冠疫情暴发以后，人们大部分时间都待在家里，这种生活方式可能将长期持续下去。当前存在"在外面进行的消费转换到家里的替代需求"，其中消费金额最大的仍是居家办公家具等全新需求

图 5-39　生活领域价值观趋势收集

第 5 章 制定销售战略的"战略调查"第 2 步，客户分析

像这样，通过提炼价值观及其引发的行为，我们可以提升对目标价值观和行为的解析度。例如在美容方面，有些人产生了"在家里享受以前在店里才能享受的服务"的价值观；在时尚方面，有些人不再关心着装的"TPO 原则"（Time，place，Occasion），开始选择自己喜爱的设计和舒适性高的衣服；在饮食方面，一些人以新冠疫情为契机开始研究做饭。

前文是规划师收集并分析的全体女性的价值观趋势。为了便于大家提炼所在行业、不同类型、所涉产品的目标群体的价值观，我总结了一些方法。你可以咨询身边有分析产品习惯的人，或是擅长收集信息的人。向他们展示上面的 3 张模板图并提出："我想制作食品行业的分析图，希望你能给我讲讲发生了变化的价值观。"只要收集到 10 个人左右的回答就足够了。具体方法如下。

步骤 1：发邮件咨询规划师。编写邮件时请参考以下内容：

> 现在正值××（如新冠疫情），我正在总结出现在女性消费者当中明显的消费趋势。
>
> 我想征集以女性为目标从事规划业务的规划师的意见，恳请你回答以下问题，还请你不吝赐教。
>
> 截止时间是 × 月 × 日（星期 ×）17：30，期待你的回复！
>
> 问题是：经历××（如新冠疫情）之后，女性的意识、行为、消费、生活方式发生了怎样的变化呢？请根据以下 3 点，阐述你的想法。可以是一句话，无须全部作答。
>
> （1）意识和行为的变化。
> （2）消费的变化。
> （3）生活方式的变化。

期限一般是 3 天到 1 周，请尽快收集信息。你可以借助本书提供的"价值观趋势收集模板"，这将有助于对方理解问题的含义，从而令你更容易获取信息。

我们所找的信息收集对象未必是真正的专业人士或行业泰斗，可以是身边

对某个主题感兴趣的爱好者，也可以是对流行趋势敏感度很高的人。以我的团队为例，我们常常会把问卷发给同属战略规划部门的 100 名同事，然后根据其中回复的十几份反馈意见进行分析。

步骤 2：通过分组、分析，锁定价值观。

无须把分组想得太复杂，这里我推荐使用贴便签等方法。我个人很喜欢用前文提到的 Miro 线上服务，因为它操作十分简捷。分组的方法并没有特别的规定，还可以借鉴 KJ 法[①]。

步骤 3：对当前存在的现象和事例进行文献调查。

根据分组后的价值观，收集与该价值观相关的具体现象（人们的行为、爆品案例）。不要随意收集信息，建议先确定框架再收集。希望你可以灵活利用本书提供的"价值观趋势收集模板"。

调查行动指南

新价值观和行为调查的 3 个步骤

√ 步骤 1：发邮件咨询规划师。可以借助本书的模板，这将有助于对方理解问题的含义，从而令你更容易获取信息。

√ 步骤 2：通过分组、分析，锁定价值观，可以借鉴 KJ 法。无须想得太复杂，推荐使用贴便签和 Miro 线上服务。

√ 步骤 3：当前存在的现象和事例文献调查。建议先确定框架，再收集信息。

什么是目标角色

在进行目标画像之后，我们要根据目标集群创造一个角色。角色是指将产品或服务的客户形象具象为一个理想的、活生生的人物。

---

① 一种将收集到的信息逐一写在卡片或便签上，对相似的信息进行分组整理和分析的方法。

角色与画像有所不同，画像是将客户分组后的群体，而角色是从目标画像中提炼出来的，尽可能逼真地模拟真人的人物形象。我们在建立目标画像的时候，刻画的是目标分段后的集群；而在建立目标角色的时候，刻画的是一个人物（见图5-40）。

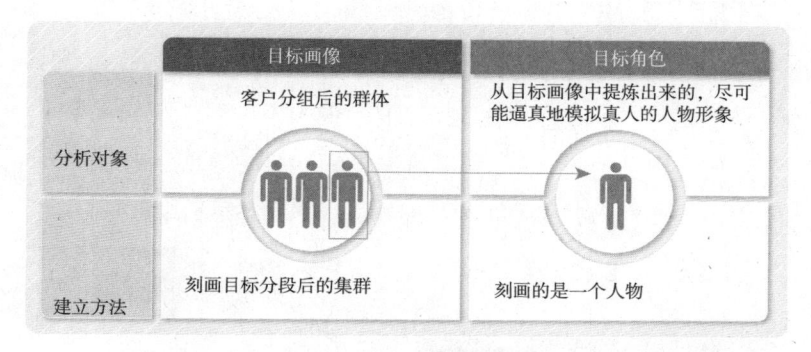

图 5-40　角色与画像的区别

例如，通过对目标的粗略分段和画像，我们在"有车的20～49岁的女性"中，提炼出了"追求时尚，却对汽车时尚毫不在意"的价值观。我们希望将符合这一要求的所有群体都作为目标。为了明确解答"应该怎样设计产品""用什么广告语""在哪些地方打哪些广告"等细节问题，我们需要进一步细化目标（见图5-41）。

图 5-41　细化目标

在推敲细节的时候，构思一个人物至关重要，因为我们需要据此做出"A 对这个没兴趣，她不会用这种东西""A 应该更喜欢这个""A 应该想要这个""这样做能让 A 满意""A 无法使用这个东西"之类的判断（见图 5-42）。

图中文字：
- 有车的20~49岁的女性，追求时尚，却对汽车时尚毫不在意
- A对这个没兴趣，她不会用这种东西
- A应该更喜欢这个
- A应该想要这个
- 这样做能让A满意
- A无法使用这个东西
- 做出判断
- 在推敲细节的时候，构思一个人物至关重要

图 5-42 推敲细节

对于已经设定的角色，比起属性，我们更应该关注的是分析那个人会怎么想，会有什么样的行为，从而深入挖掘以下 4 个方面。

> **调查行动指南**
>
> **角色分析时需要深入挖掘的 4 个方面**
>
> √ 目标有什么烦恼/需求？
> √ 目标的行为。
> √ 目标意识、情绪的变化。
> √ 与目标的接触点。

目标客户在烦恼什么、有什么样的需求（烦恼/需求）？目标是以什么样的

标准，选择了什么产品（行为、意识）？与我们有哪些互动（接触点）？了解了这些细节，我们自然就知道应该为目标提供什么解决方案，推出哪些卖点。这些信息都有助于我们做出打造爆品的正确决策。

一般来说，角色大多是虚构的人物形象，但在本书介绍的调查中，要把真实存在的人物设定为角色，这样便于我们思考。

实际上，虚构人物没那么简单。因为是虚构的，所以人物形象很容易受到制作者或卖方视角的影响。如果一个角色主要反映的是公司（企业方）而非客户的想法，那么就很难洞察到客户本质性的烦恼和需求。为了避免这种情况，规划之初就将现实中存在的人物设定为角色会降低我们的分析难度。

当然，在精准锁定目标和卖点之后，我们可以在说明资料中使用一个便于讲解的虚拟角色。但是，在做规划的时候，一定要有意识地设定一个清晰的、真实存在的角色。

我所在的电通 B 团队有一种独创的、很受欢迎的创意策划方法——Prototype for One。这是一种为某个重要人物策划创意的方法。

如果我们的某项创意帮助家人、亲戚、恋人、朋友、宠物、客人解决了困难，那么这项创意便会大受欢迎。生活中这样的例子比比皆是，例如全球闻名的 KUMON 数学项目，其发端就是一位身为高中数学老师的父亲为儿子编写数学教材；本田的 Super Cub 系列摩托车是创始人本田宗一郎在第二次世界大战结束后，为了方便妻子拉货上坡，在自行车上安装发动机而发明出来的交通工具。

对 Prototype for One 而言，目标人物是真实存在的，而且就在我们身边，这会赋予我们制作原型的动力，帮助我们很快观察到目标的行为和习惯，发现目标潜在的需求和一直困扰他的问题，以便我们随时随地对他进行调查，不断改进产品和服务（见图 5-43）。

"因为他有这样的困难，所以我们要这样帮助他。"以这种方式推导出的解决方案，自然能够做到急人所需、解人所难。

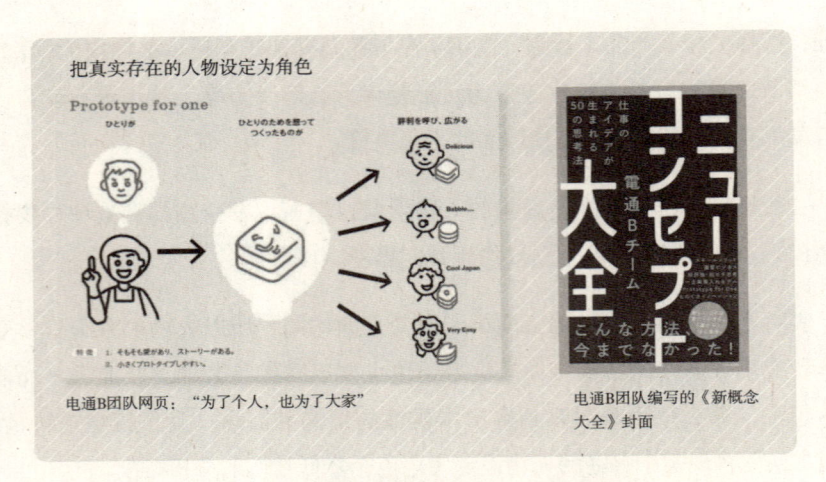

图 5-43　电通 B 团队的 Prototype for one

资料来源：*Forbes JAPAN* 2015 年 11 月号。

如何选择角色

角色可以不只有一个，如朋友 A 和同事 B，但是要尽量选择认识的人。我在写本书的时候，设想了 3 个角色，分别是：作为婚礼策划师，想要重振销量的大学时代的好友 A；在出版行业不景气的背景下，苦苦思索如何提高图书销量的编辑 N；因公司产品的价值难以阐释，不知道如何推广产品而烦恼的风险企业经营者 S。

角色数量过多会增加思维难度，所以请将条件相同的目标人数控制在 2～3 人。如果仅靠身边的人难以创造角色，还可以通过团体调查等定性调查的方式，从采访对象中选择角色。虽然这样做的难度相对较大，但毕竟是实际见过面、交谈过的人，塑造起角色形象来会比较容易。

收集信息，完善角色

如果还想获得更为详细的参考信息，我们可以在社交网络上寻找与角色相似的人物并观察其行为。将与角色相近的人物所发表的照片和评论收集起来，作为日后分析客户时所需的信息。

为了了解角色理想的生活方式、倾向性、关注点，我建议你把目标群体明确的时尚杂志作为资料。

> **调查行动指南**
>
> 创造角色的要点
>
> √ 把真实存在的人设定为角色，思考那个人会怎么想，会采取什么样的行动。
> √ 角色可以不只有一个。将条件相同的目标人数控制在 2～3 人。
> √ 如果仅靠身边的人难以创造角色，还可以通过定性调查的方式，从采访对象中选择角色。虽然难度相对较大，但是依靠实际见过面、交谈过的人，塑造角色形象会比较容易。
> √ 如果还想获得更详细、更广泛的参考信息，可以在社交网络上寻找、观察与角色相似的人物。
> √ 为了了解角色理想的生活方式和倾向性，可以利用目标群体明确的时尚杂志。

锁定多个角色，细化目标角色

如果团队成员在角色上出现分歧，或者某个片段的目标中出现了 4 种以上的角色，这时我建议尝试一下角色细化工作。这是一种融合团队多个目标角色，并以此为基础细化目标画像的方法，流程如图 5-44 所示。

下面将以高纯度制氧机制造商 VIGO MEDICAL 为例，介绍开展这项工作的具体流程和实践方法。VIGO MEDICAL 公司的创立理念是"生产没生病时任何人也能用到的高纯度氧气"。所谓高纯度氧气，是指比空气中 21% 的浓度更高的氧气。自然界中不存在高纯度的氧气，因此必须人工制造。

吸入高纯度氧气除了能够促进血液循环，还具有提高体温、提升免疫力、美肤、减肥（促进脂肪燃烧）、提高记忆力和专注度、消除疲劳、防止和消除宿醉、预防疾病、预防痴呆症、促进深度睡眠等各种各样的功效。

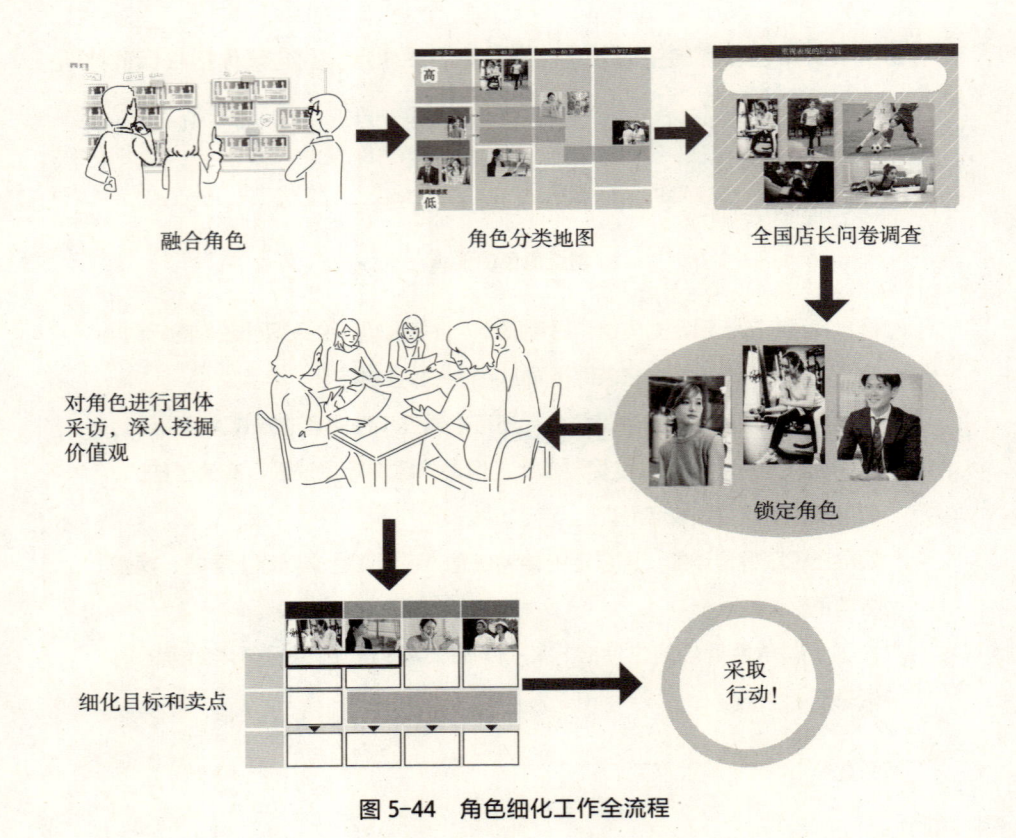

融合角色　　　角色分类地图　　　全国店长问卷调查

对角色进行团体采访，深入挖掘价值观

锁定角色

细化目标和卖点　　　采取行动！

图 5-44　角色细化工作全流程

高纯度氧气的常见用法有 3 种，分别是人工呼吸机、氧气瓶、氧气舱。人工呼吸机只允许在治疗疾病的时候使用；每个氧气瓶供氧时长只有 2 分钟，仅限于登山等特殊场景使用；而运动员和骨科医院配备的氧气舱则价格不菲，一台高达几百万日元。

高纯度氧气已在医疗和体育界应用数十年，其对人体的良好效果早已得到证实。但是要想让其走进千家万户，难度还很大。于是 VIGO MEDICAL 制造了世界上最小、最轻量级（A4 大小）、普通家庭也能使用的高纯度制氧机。普通人每天可以用它吸氧 20 分钟。

现在，VIGO MEDICAL 要开发新产品，我们来召开一个确定新产品目标的会议。

第 5 章　制定销售战略的"战略调查"第 2 步，客户分析

　　VIGO MEDICAL 高纯度制氧机应该围绕哪些人（角色）培养品牌呢？针对哪些人（角色）不断投放新产品，才能顺利推广目前还不为人知的高纯度氧本身的价值呢？为了回答这些问题，要把团队全体成员塑造的目标角色融合在一起。这时可以借助如图 5-45 所示的模板。

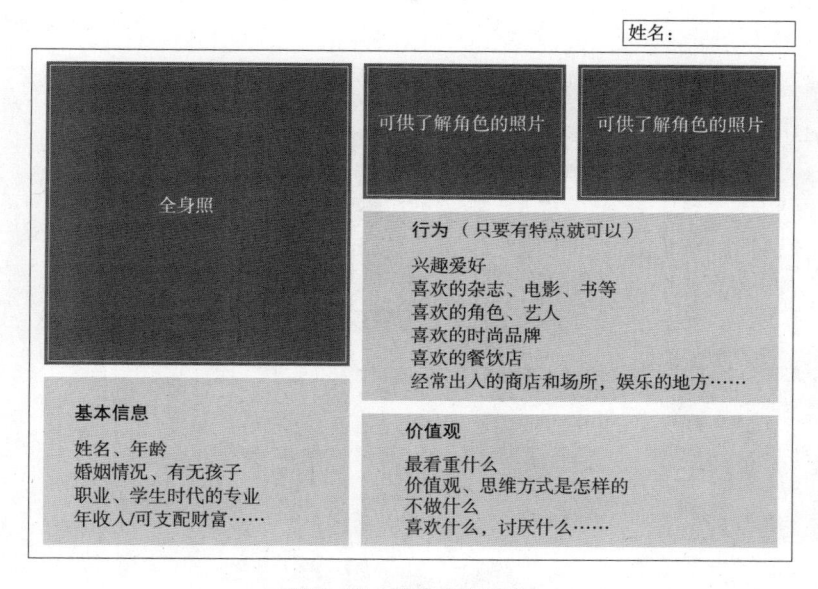

```
                                                    姓名：

┌─────────────────────────┬──────────────────────────────┐
│                         │  可供了解角色的照片  可供了解角色的照片│
│                         │                              │
│         全身照          ├──────────────────────────────┤
│                         │  行为（只要有特点就可以）      │
│                         │                              │
│                         │  兴趣爱好                     │
│                         │  喜欢的杂志、电影、书等         │
│                         │  喜欢的角色、艺人              │
│                         │  喜欢的时尚品牌                │
│                         │  喜欢的餐饮店                  │
│                         │  经常出入的商店和场所，娱乐的地方……│
├─────────────────────────┼──────────────────────────────┤
│  基本信息               │  价值观                       │
│                         │                              │
│  姓名、年龄             │  最看重什么                   │
│  婚姻情况、有无孩子     │  价值观、思维方式是怎样的     │
│  职业、学生时代的专业   │  不做什么                     │
│  年收入/可支配财富……   │  喜欢什么，讨厌什么……         │
└─────────────────────────┴──────────────────────────────┘
```

图 5-45　融合角色模板

注：可扫描书前测试题二维码下载电子版。

使用这个模板，融合以下两个方面：

- VIGO MEDICAL 现在的客户。
- 希望今后增加的客户（希望这类人可以购买）。

在填写模板的同时，还可以从以下角度刻画目标的形象：

- 他/她是怎样的一个人？
- 他/她被什么样的价值观吸引？

201

- 他/她购买了或没有购买 VIGO MEDICAL 的哪些产品？

让角色形象更加丰富、立体的诀窍在于，填写模板的时候我们不能虚构人物，而要结合自己身边真实存在的人物进行塑造。收集到的角色信息如图 5-46 所示。

行为	· 兴趣是采摘薰衣草和制作薰衣草香薰棒 · 热衷在院子里种花 · 栽培香草等可以食用的植物 · 大多开车出行，担心运动量不足 · 喜欢在永旺购物 · 喜欢在SHOP CHANEL寻找新商品 · 始终在减肥
基本信息	
典子，60多岁 居住在埼玉县 家庭主妇 有两个孩子，因为孩子已经独立生活，所以可支配财富增加了	
价值观	· 喜欢聚会聊天 · 想要永远保持好心情、年轻的心态、活力 · 注重保持健康 · 想要看起来更显年轻，尤为重视女儿的时尚和美容信息 · 在居家化妆品和美容护理上长期投入金钱和精力 · 买东西精挑细选，使用时很爱惜，能用很多年

图 5-46　角色信息收集样例

10 个人的团队，每个人提交 5 张，这样的表格总共会收集到大约 50 张。然后将这些表格分类整理，汇总之后就能得到如图 5-47 所示的角色分类地图和如图 5-48 所示的角色说明图。

第 5 章　制定销售战略的"战略调查"第 2 步，客户分析

	20 多岁	30～40 岁	50～60 岁	70 岁以上
健康敏感度 高		重视表现的运动员		
	喜欢化妆和打扮的美容爱好者	为自我塑造投资的美容爱好者		
		重视表现，为工作全力以赴的专业人士		
	为工作全力以赴的年轻人		重视身心健康、充满活力的老年人	
健康敏感度 低				

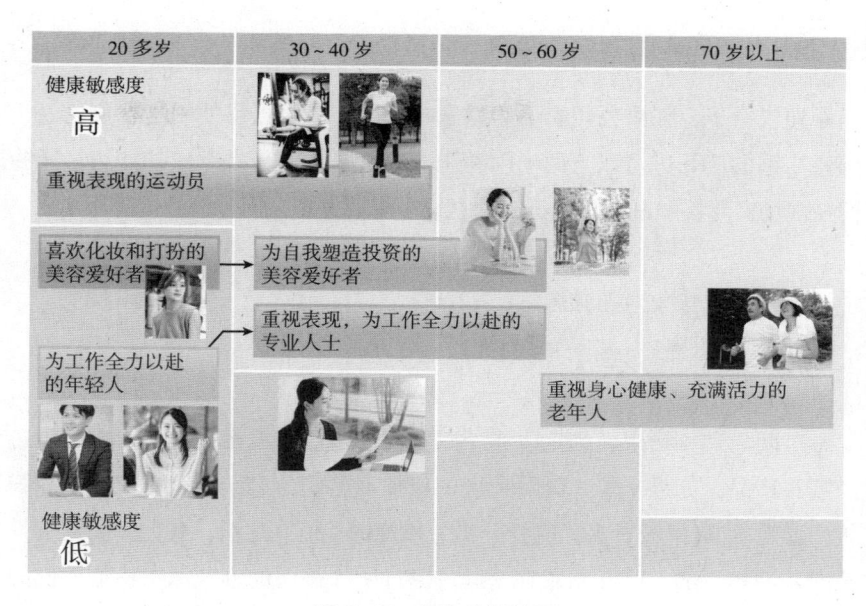

图 5-47　角色分类地图

重视表现的运动员

注重保持最佳状态
希望在赛后尽快恢复精力，塑造不易疲劳的身体
希望提高比赛期间的专注度和判断力

图 5-48　角色说明图

注：可扫描书前测试题二维码下载电子版。

203

通过公司内部问卷调查锁定角色

顺便说一下,如果公司旗下店铺遍布全国,那么可以使用这个角色表,对全国各店铺的店长进行以下两项问卷调查。这是一种行之有效的方法,能够让我们在现场实际接触过客户的员工的意见中有所发现。问卷调查如下所示:

- 哪个人更贴近实际来店的客户形象?
- 哪个人对提升销售额最为重要?

参考问卷调查结果,锁定应当予以重视的角色,关注这类人现在是否还会前来购买产品。如果来了,就要考虑如何提高他们的忠诚度(对产品、品牌的信赖和喜爱);如果没有来,就要分析怎样挽回他们。之后,我们还要把与设定角色的条件相近的人实际聚集在一起,通过团体采访的方式深入挖掘他们的价值观,进一步细化角色(见图 5-49、图 5-50)。

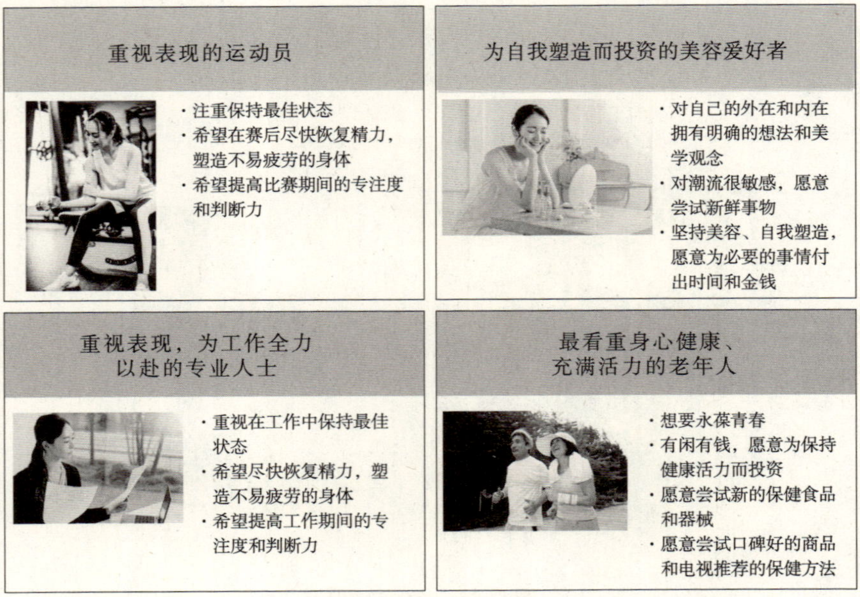

重视表现的运动员	为自我塑造而投资的美容爱好者
・注重保持最佳状态 ・希望在赛后尽快恢复精力,塑造不易疲劳的身体 ・希望提高比赛期间的专注度和判断力	・对自己的外在和内在拥有明确的想法和美学观念 ・对潮流很敏感,愿意尝试新鲜事物 ・坚持美容、自我塑造,愿意为必要的事情付出时间和金钱
重视表现,为工作全力以赴的专业人士	最看重身心健康、充满活力的老年人
・重视在工作中保持最佳状态 ・希望尽快恢复精力,塑造不易疲劳的身体 ・希望提高工作期间的专注度和判断力	・想要永葆青春 ・有闲有钱,愿意为保持健康活力而投资 ・愿意尝试新的保健食品和器械 ・愿意尝试口碑好的商品和电视推荐的保健方法

图 5-49　锁定角色表

第 5 章　制定销售战略的"战略调查"第 2 步，客户分析

重视表现，为工作全力以赴的专业人士

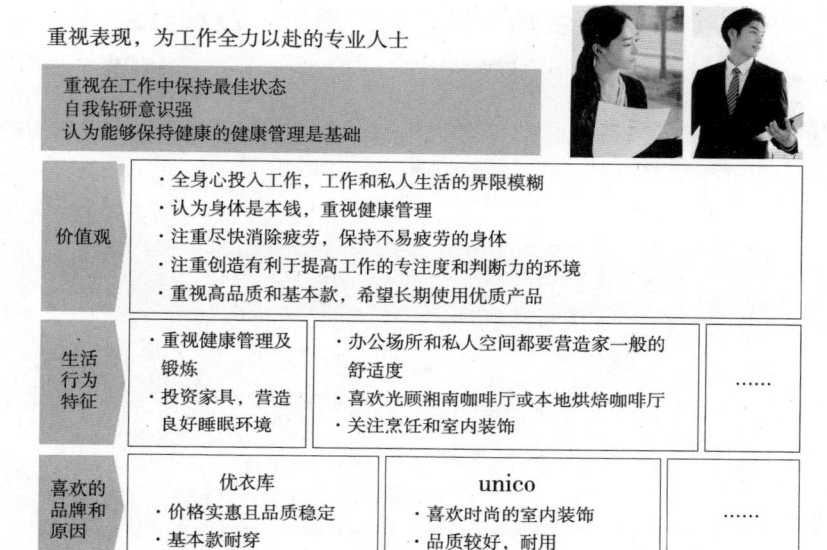

重视在工作中保持最佳状态
自我钻研意识强
认为能够保持健康的健康管理是基础

价值观	・全身心投入工作，工作和私人生活的界限模糊 ・认为身体是本钱，重视健康管理 ・注重尽快消除疲劳，保持不易疲劳的身体 ・注重创造有利于提高工作的专注度和判断力的环境 ・重视高品质和基本款，希望长期使用优质产品	
生活行为特征	・重视健康管理及锻炼 ・投资家具，营造良好睡眠环境	・办公场所和私人空间都要营造家一般的舒适度 ・喜欢光顾湘南咖啡厅或本地烘焙咖啡厅 ・关注烹饪和室内装饰
喜欢的品牌和原因	优衣库 ・价格实惠且品质稳定 ・基本款耐穿	unico ・喜欢时尚的室内装饰 ・品质较好，耐用

图 5-50　细化角色表

当你想要打造与以往的爆品不同的新产品，或者想要重塑产品或品牌等内容，希望一举扩大目标群体的时候，请一定要尝试针对各个目标群体提出卖点方案的方法，因为这种方法非常简便（见图 5-51）。

	重视表现的运动员	重视表现，为工作全力以赴的专业人士	为自我塑造而投资的美容爱好者	看重身心健康，充满活力的老年人
高纯度氧气的价值卖点	在体育运动中消除疲劳，提高专注度	保持最佳状态 在工作中消除疲劳，提高专注度	美肤效果 自我修复	保持身心健康，充满活力
影响高纯度氧气购买欲的因素	不了解 除此以外没有特别原因（很多人正在使用）	高纯度氧气的功效让人眼花缭乱		
怎样刺激高纯度氧气购买欲	扩大宣传，提升在运动员中的口碑	专门用于提升工作表现的新方法	专门用于美容的新方法	专门用于预防阿尔茨海默病和养生保健的新方法

图 5-51　角色对应卖点表

通过"洞察目标"和"客户旅程"发现卖点

在第 5 章的最后,我们将介绍如何利用在步骤 2 创造的角色(细化后的目标)来实践步骤 3——发现卖点(见图 5-52)。

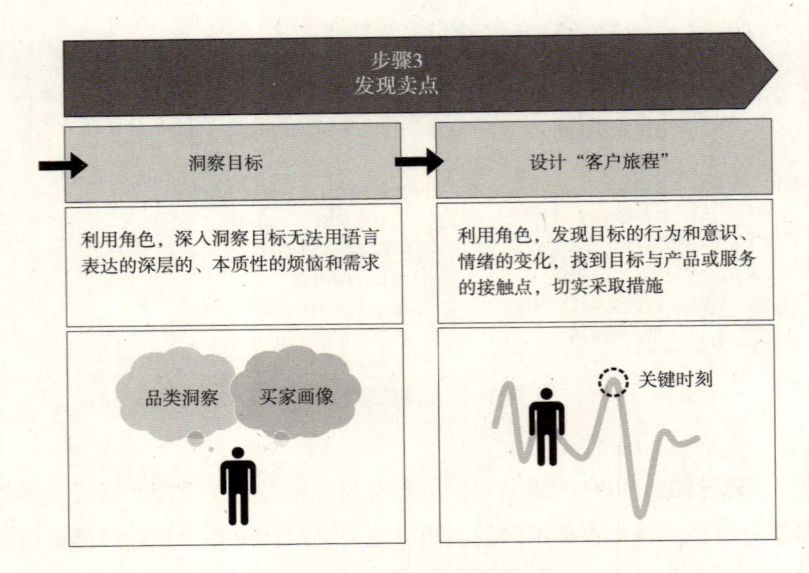

图 5-52 发现卖点

首先,我们要洞察客户深层的、本质性的烦恼和需求,然后通过客户旅程落实能够打动客户的措施。无论是洞察目标,还是客户旅程,都需要使用角色来进行分析。通过洞察目标和客户旅程,可以找到以下需要深入挖掘的 4 个方面的答案:

- 目标有什么烦恼/需求(洞察)。
- 目标的行为(客户旅程)。
- 目标意识、情绪的变化(客户旅程)。
- 与目标的接触点(客户旅程)。

什么是洞察目标

据调查显示,在客户的所有行为当中,有意识进行的行为只占5%,剩下的95%都是在无意识中做出的。而所谓洞察目标,就是深入客户自身无法用语言表达的领域(无意识),洞察其本质。想要打动客户,就要深入他们的内心,了解他们真实的想法和动机,洞察他们内心最深层的细微之处(如图5-53所示)。

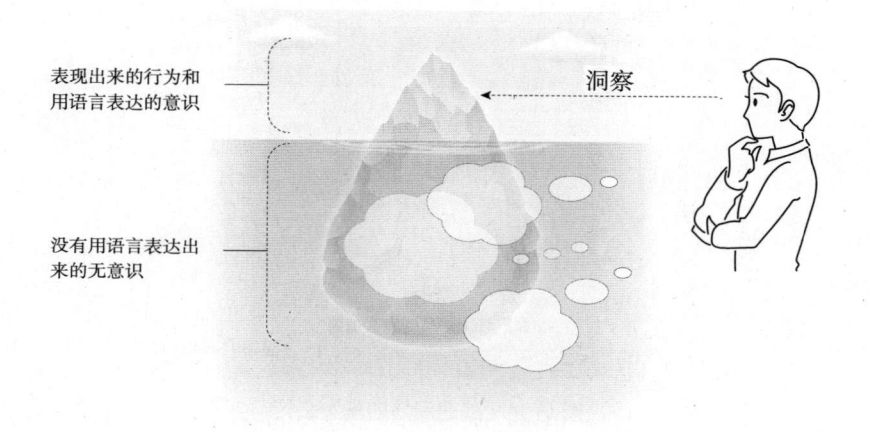

图 5-53 关注 95% 无意识行为

洞察目标的案例:电梯迟迟不来

为什么需要洞察目标?如果没有洞察目标,就会做出错误的决策,下面我们通过具体案例来了解一下。

假设你是一栋写字楼的所有者,租户抱怨说"电梯太慢,等待时间太长"。你征集到的解决方案是更换电梯、更换强有力的电机、升级电梯算法等。但是,电梯已经没有继续升级的余地了。

其实解决的方法非常简单,那就是在电梯旁边安装一面镜子。这个方法极为有效地减少了人们的抱怨。因为人一旦对某种东西着迷,就很容易忘记时间的流逝(在这个案例中是对自己着迷)。

战略规划的基本结构和以洞察为起点的规划

在洞察目标时，我们将用到"战略规划的基本结构"（见图 5-54）。在已经显现出来的不利状态（本质性的烦恼/需求没有得到满足的状态）下，我们要从问题现状出发，设定想要实现的目标，并为此制定战略和战术。

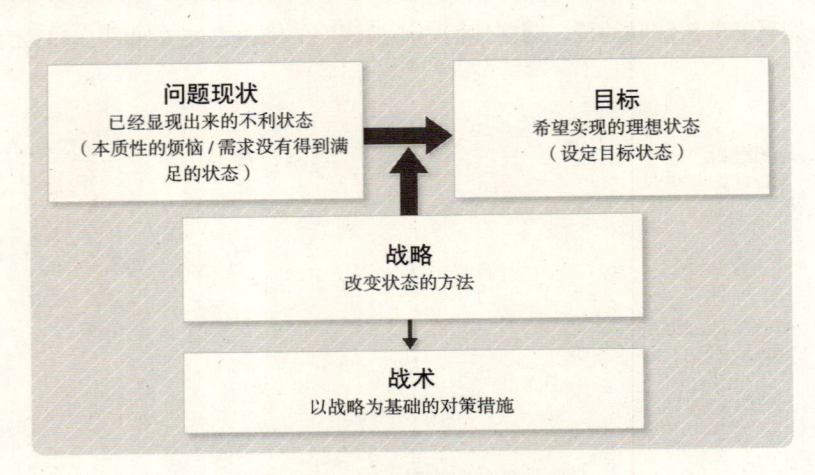

图 5-54　战略规划的基本结构

注：可扫描书前测试题二维码下载电子版。

在电梯这个案例中，我们要从问题现状"电梯太慢，迟迟不来，让人烦躁"出发设定目标，而理想状态应该是"缩短人们等待电梯的时间，减轻压力"。这样一来，相应的对策就变成了"提高电梯运行速度"，因此我们要"开发速度更快的电梯"（如图 5-55 所示）。

但是，即使提高电梯的速度，令电梯可以在极短的时间内到达楼层，也很有可能无法实现目标，无法从根本上解决问题。这便要求我们深入洞察目标。这样我们就会发现，目标深层的、本质性的烦恼和需求其实是因白白浪费时间等待电梯而感到焦虑，与电梯速度无关。据此设定目标，理想状态就是"让等电梯的时间转瞬即逝"。而对策就是"设置让人感受不到等电梯时间的装置"，为此可以考虑"在电梯旁边安装一面镜子"（如图 5-56 所示）。

第 5 章　制定销售战略的"战略调查"第 2 步，客户分析

最初的设想可以是"电梯太慢"这种显现出来的烦恼（浅层次分析），但这种设定很可能无法打动客户。

问题现状
电梯太慢，迟迟不来，让人烦躁

目标
缩短人们等待电梯的时间，减轻压力

战略
提高电梯运行速度

但电梯速度已经达到极限

战术
开发速度更快的电梯

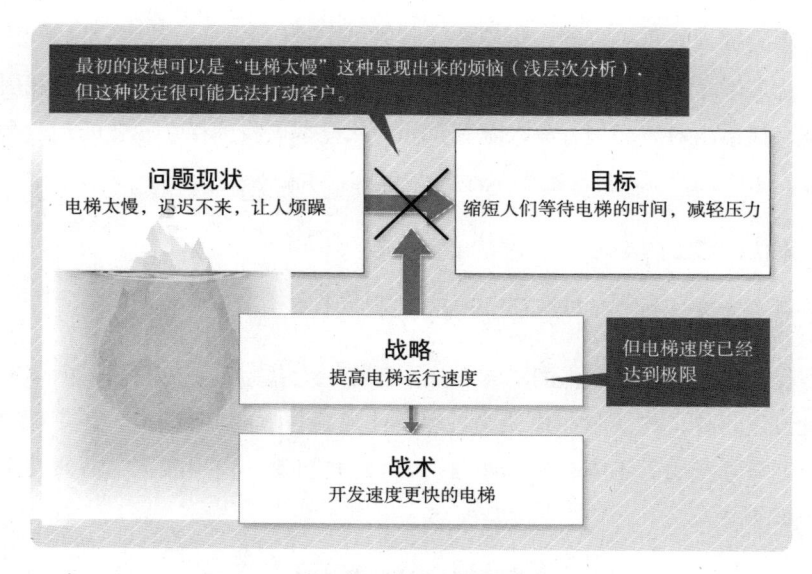

图 5-55　电梯案例的战略规划

问题现状
电梯太慢，迟迟不来，让人烦躁

洞察目标
因白白浪费时间等待电梯而感到焦虑

目标
让等电梯的时间转瞬即逝

以洞察目标为起点，设定问题现状、目标、战略和战术

战略
设置让人感受不到等电梯时间的装置

战术
在电梯旁边安装一面镜子

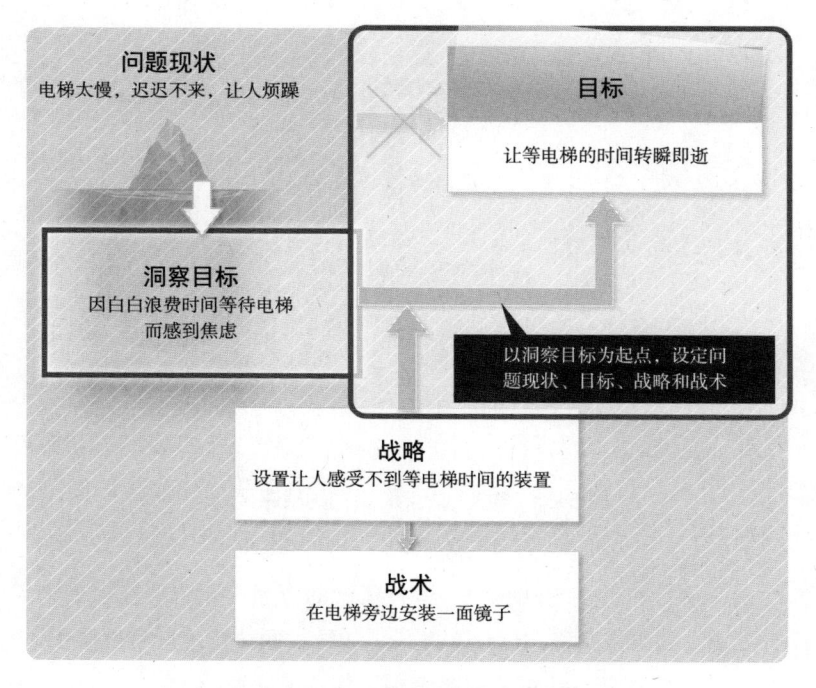

图 5-56　以洞察目标为起点的规划

209

因为深入分析不可能一蹴而就，所以最初我们可以设想一些类似"电梯太慢，让人烦躁"这样显现出来的烦恼（浅层次分析）。但是，切勿仅凭浅层次分析就直接给出对策。只有深入洞察目标，从根本上找到存在问题的现状和理想状态，才能找到实现目标的根本性解决方案（对策）。

案例：DOLLY WINK 的 10 秒嫁接假睫毛

再次分析一下蔻吉 DOLLY WINK 的假睫毛案例。

我们从已经显现出来的"客户认为假睫毛太花哨，不够自然"的不利状态出发设定目标，理想状态应该是"客户使用更自然的假睫毛"。这样对策就变成了"消除花哨、不够自然的印象"，为此我们要开发不太花哨的假睫毛（如图 5-57 所示）。

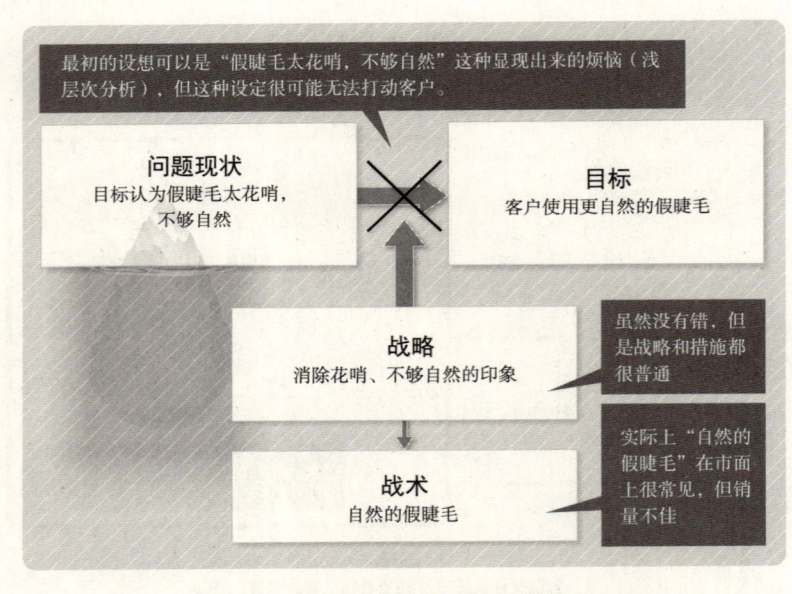

图 5-57　DOLLY WINK 案例的战略规划

实际上，主打"自然的假睫毛"这种概念的产品早就出现在市面上了，但是并没有大卖。如果像这样，仅仅在进行了浅层次的分析之后就直接付诸行动，虽然没有错，但是所采取的对策过于平庸，往往无法取得成功。因此，我们要

第 5 章　制定销售战略的"战略调查"第 2 步，客户分析

深入进行目标洞察。

深入洞察目标后，我们会发现客户深层的、本质性的烦恼和需求其实是睫毛膏和睫毛嫁接都很麻烦，想用一种更方便的东西。

据此设定目标，那么理想状态就是让目标转变看法，认识到现在的假睫毛已经十分先进，比睫毛膏和睫毛嫁接更加方便。而对策就是让客户认识到假睫毛就像睫毛嫁接一样自然，而且便宜又好用，为此开发新产品"10 秒嫁接假睫毛"（如图 5-58 所示）。

问题现状
目标认为假睫毛太花哨，不够自然

目标
让目标转变看法，认识到现在的假睫毛已经十分先进，比睫毛膏和睫毛嫁接更加方便

洞察目标
睫毛膏和睫毛嫁接都很麻烦，想用一种更方便的东西

以洞察目标为起点，设定问题现状、目标、战略和战术

战略
让客户认识到假睫毛像睫毛嫁接一样自然，而且便宜又好用

战术
开发新产品"10 秒嫁接假睫毛"

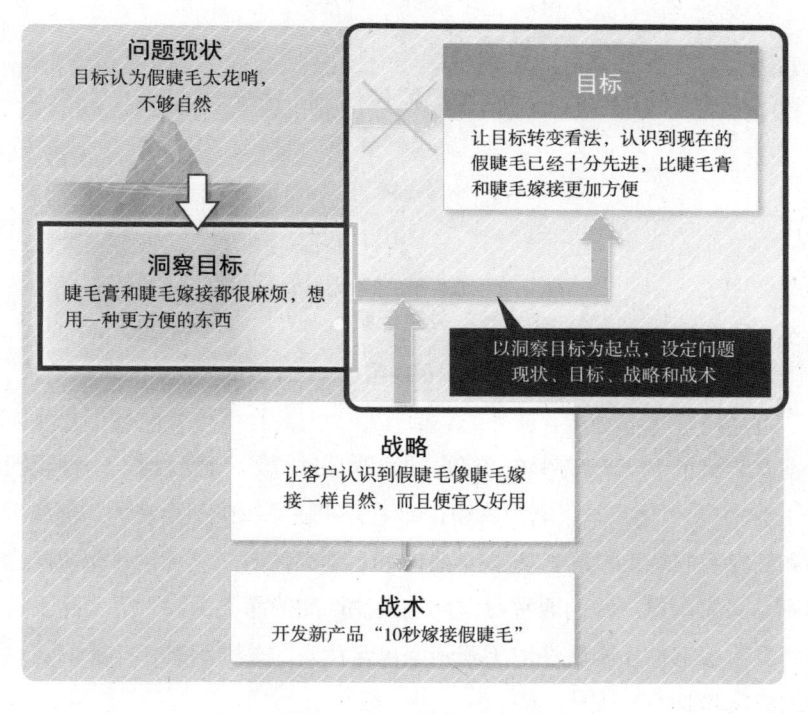

图 5-58　以洞察为起点的规划

只有从深入洞察目标中诞生出来的创意，才能打造出爆品。通过洞察设定目标至关重要，否则我们就弄不清或找不到本质性的问题。那么应该如何深入洞察目标呢？下面我们就来了解具体方法。

211

均衡分析品类洞察和买家画像，找到关键洞察

如图 5-59 所示，关键洞察不能偏重品类洞察或买家画像的任何一方。需要提醒的是，偏向于生产方、销售方，或是因长期负责同一种产品而不知不觉偏向于产品类别等情况时有发生。

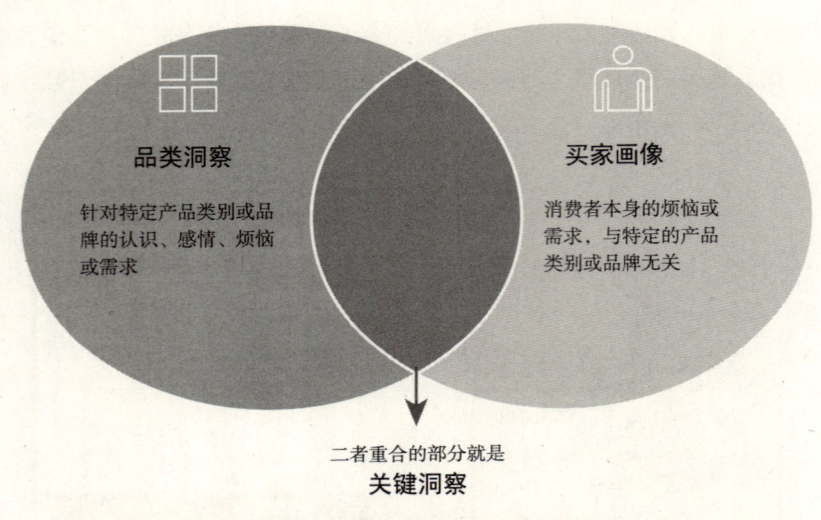

图 5-59　兼顾品类洞察和买家画像

前文提到的 DOLLY WINK 案例，"假睫毛过时了，而且给人一种很费时的印象"等认知，"化妆本来就很麻烦，睫毛膏和睫毛嫁接都很麻烦"都属于对化妆品和假睫毛的品类洞察。"想要节省时间、提高效率"，"希望价格更实惠"等需求则是买家画像。我们通常习惯性地关注产品的品类洞察，但实际上，只有找到将具有普遍性、本质性的买家画像包含在内的关键洞察，才能制定出打动客户的战略和战术（见图 5-60）。

有助于分析买家画像的人类基本欲望和行为经济学

在寻找买家画像的时候，如果能够把握人类内在的普遍性、本质性的事物，就能找到强有力的关键洞察。

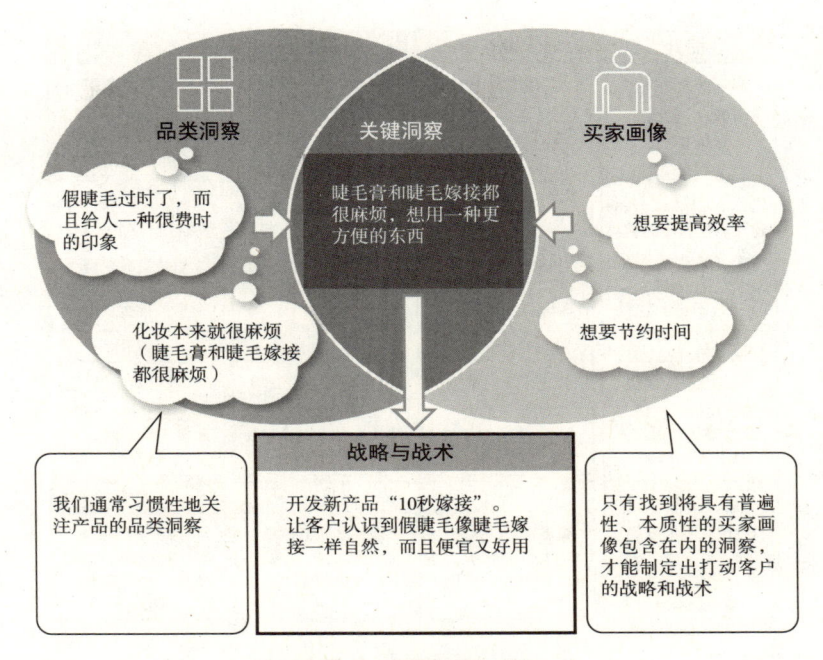

图 5-60 提取关键洞察

品类洞察
- 假睫毛过时了，而且给人一种很费时的印象
- 化妆本来就很麻烦（睫毛膏和睫毛嫁接都很麻烦）

我们通常习惯性地关注产品的品类洞察

关键洞察
睫毛膏和睫毛嫁接都很麻烦，想用一种更方便的东西

买家画像
- 想要提高效率
- 想要节约时间

只有找到将具有普遍性、本质性的买家画像包含在内的洞察，才能制定出打动客户的战略和战术

战略与战术
开发新产品"10秒嫁接"。让客户认识到假睫毛像睫毛嫁接一样自然，而且便宜又好用

注：可扫描书前测试题二维码下载电子版。

对于分析买家画像，我建议从人类的基本欲望中寻找线索。有关人类基本欲望比较著名的论断包括马斯洛的 5 个需求层次、德鲁·埃里克·惠特曼的八大生命原力等。在此，我把自己经常引用的史蒂文·赖斯提出的人类的 16 种基本欲望总结如下（见图 5-61）。

另外，我认为行为经济学也有助于提取关键洞察。《促使人行动的行为经济学之 26 个切入点》一书精练地总结了行为经济学的代表性理论和市场营销切入点。

洞察没有止境。我们要在各式各样的内容当中锁定能够打动目标的关键洞察，这其中往往存在着有别于社会常识、历史数据或其他事物的"违和感"。锁定的诀窍便在于，要以这些"违和感"作为出发点（见图 5-62）。

权力	独立	好奇	接纳
影响他人的欲望（影响力、领导力、控制力等）	独立自主的欲望（独立性、自主性、走自己的路）	获取知识的欲望（求知欲、探索欲、兴趣、自我启发）	被认可的欲望（对他人的拒绝和批评很敏感，缺乏自信、自尊心强）
有序	收集	荣誉	理想
建立事物秩序的欲望（行为有规律、守纪律、有计划、一丝不苟）	收藏的欲望（节俭精神、吝啬、收藏家、占有欲、物欲、储蓄）	获得品格的欲望（想要遵循传统的道德观念、忠诚、归属意识等）	寻求社会公正的欲望（想让世界变得更美好，正义感、使命感、社会贡献）
社交	家庭	地位	反击
与人接触的欲望（想要娱乐，友情、伙伴意识、社交性、外向型）	养育子女的欲望（对孩子的爱、顾家）	对社会身份的欲望（希望被关注，追求出人头地、社会地位和品牌）	竞争的欲望（想要获胜，想要报复、竞争意识、执着）
浪漫	食欲	运动	安宁
对性和美的欲望（恋爱、性欲、色欲、艺术、音乐、审美意识）	满足口腹的欲望（食欲、胃口大、美食、肥胖、减肥热）	锻炼体魄的欲望（喜欢运动，运动带来的快乐）	情绪平静的欲望（不想感到不安和恐惧，害怕压力、胆小）

图 5-61　人类的 16 种基本欲望

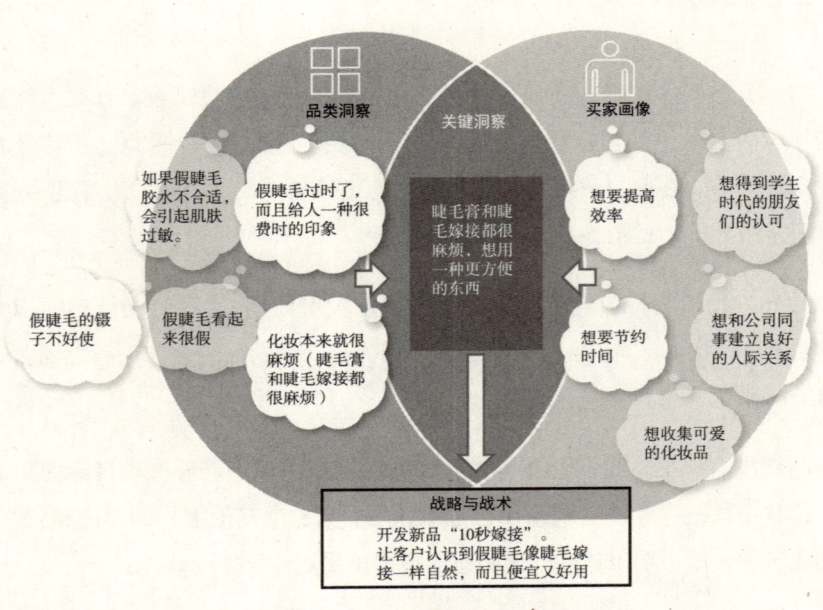

图 5-62　锁定能够打动目标的关键洞察

下面介绍一个有助于洞察目标的框架。这个框架由电通的女性营销团队 GIRL'S GOOD LAB 和以职业女性为读者群体的 City Living 报社联合开发（见图 5-63）。

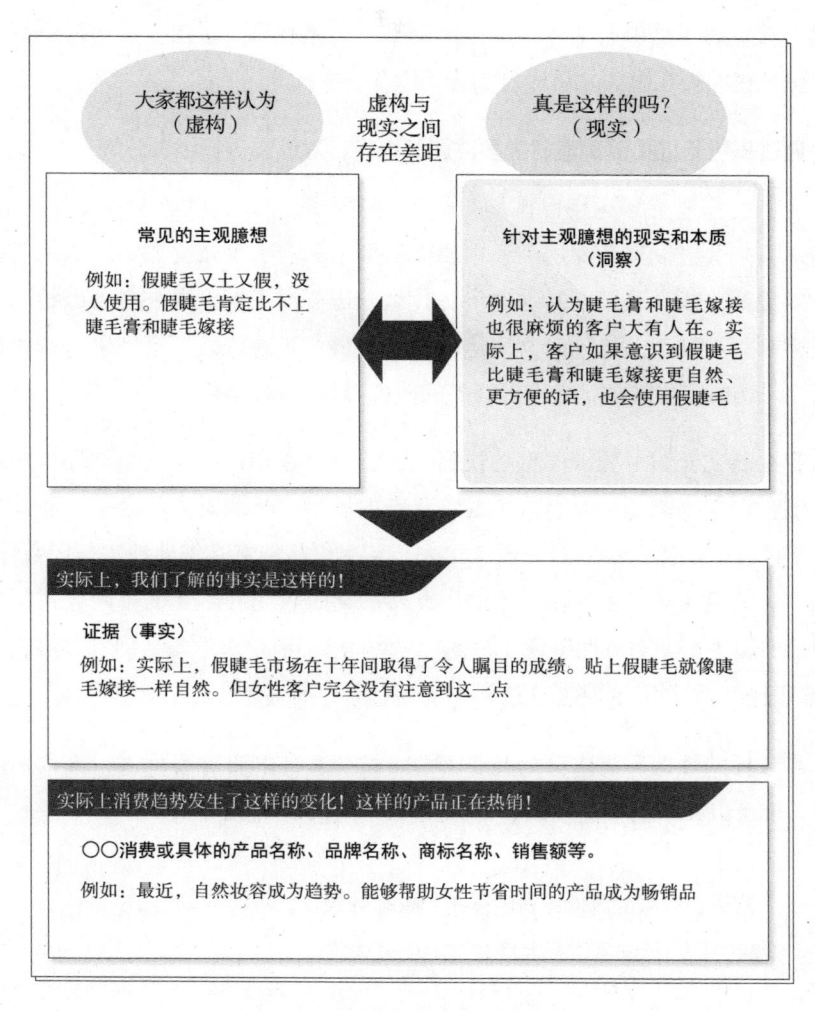

```
┌─────────────────────────────────────────────────────────────┐
│    ╭──────────────╮      虚构与       ╭──────────────╮      │
│    │  大家都这样认为 │      现实之间     │  真是这样的吗？│      │
│    │    （虚构）   │      存在差距     │    （现实）   │      │
│    ╰──────────────╯                  ╰──────────────╯      │
│   ┌──────────────────┐            ┌──────────────────────┐  │
│   │   常见的主观臆想   │            │ 针对主观臆想的现实和本质 │  │
│   │                  │            │       （洞察）        │  │
│   │ 例如：假睫毛又土又假，│   ⟷       │ 例如：认为睫毛膏和睫毛嫁│  │
│   │ 没人使用。假睫毛肯定 │            │ 接也很麻烦的客户大有人在。│  │
│   │ 比不上睫毛膏和睫毛嫁 │            │ 实际上，客户如果意识到假 │  │
│   │ 接                │            │ 睫毛比睫毛膏和睫毛嫁接更 │  │
│   │                  │            │ 自然、更方便的话，也会使 │  │
│   │                  │            │ 用假睫毛              │  │
│   └──────────────────┘            └──────────────────────┘  │
│                              ▼                               │
│ ■ 实际上，我们了解的事实是这样的！                              │
│   证据（事实）                                                │
│   例如：实际上，假睫毛市场在十年间取得了令人瞩目的成绩。贴上假睫 │
│   毛就像睫毛嫁接一样自然。但女性客户完全没有注意到这一点          │
│                                                             │
│ ■ 实际上消费趋势发生了这样的变化！这样的产品正在热销！            │
│   ○○消费或具体的产品名称、品牌名称、商标名称、销售额等。         │
│   例如：最近，自然妆容成为趋势。能够帮助女性节省时间的产品成为畅销品│
└─────────────────────────────────────────────────────────────┘
```

图 5-63　调查目标框架

注：可扫描书前测试题二维码下载电子版。

我们利用这个框架洞察目标，推导出女性消费的关键，"虚构"是冰山浮在水面上方的部分，我们填入常见的主观臆想、常识和现象。与此相对应，我们再把"真是这样的吗"等想法填入"现实"。以"违和感"为出发点，如果我们发现了与大家心目中的常识，也就是"虚构"，存在着巨大差距的"现实"，那么就是提取出了能够打造爆品的关键洞察。具体有哪些证据，又有哪些消费正在流行，我们要在思考之后通过调查予以验证。

通过采访验证关键洞察时需要注意的地方：对假说进行因数分解

我们首先要灵活运用以洞察目标为出发点的规划表以及现实和虚构框架，粗略地找出关键洞察（深层的、本质性的烦恼和需求）建立假说。然后通过调查予以验证，或者通过不断地提出为什么来进一步挖掘，最终打磨出精准度高的关键洞察。对于无法用语言表达的关键洞察，我建议使用定性采访调查进行分析。采访时需要注意，必须对洞察的假说进行因数分解。

我在前文介绍了验证原型的诀窍。我们可以在采访最后的总结环节向对方展示融合众多要素于一身，近乎最终状态的原型，听取对方的意见。而其他原型则不要在采访刚开始的时候就拿出来，要尽可能地将其细致地进行因数分解。例如"假睫毛花哨又不好用，你会因此不想化眼妆吗"之类的提问方式就是大错特错。因为即使对方回答说"是的"，我们也不清楚对方是在回答"假睫毛花哨""假睫毛不好用"，还是在表示对睫毛化妆没有需求。

将目标的烦恼和需求分为几个部分，按照验证的难易程度进行细致地因数分解，就可以在采访中深入洞察目标。可以参考以下假说：

- 假说：目标的烦恼是睫毛膏用起来太麻烦。
- 假说：目标的需求是简便快捷地化眼妆。

当然我们也可以直接观察目标的行为，但是这种漫无目的的观察方法往往是徒劳的，我并不推荐。请运用上文介绍的方法，锁定值得关注的关键洞察建立假说，然后进行假说验证。具体的采访技巧请参考第 3 章。

什么是客户旅程

一旦发现了目标群体深层的、本质性的烦恼和需求（洞察），就可以通过客户旅程落实能够打动客户的具体措施。

客户旅程是指目标购买产品或服务的过程。将客户在购买过程中的行为、心理变化，以及客户与产品或服务的接触点按照时间顺序排列，形成像旅行路线一样的可视化的工具，就是客户旅程图。在客户旅程中，我们会预设一个角色，然后描述角色会出现哪些行为（见图5-64）。使用客户旅程的意义在于在客户的购买过程多样化的背景下，精心设计客户体验（价值），从而打动客户。

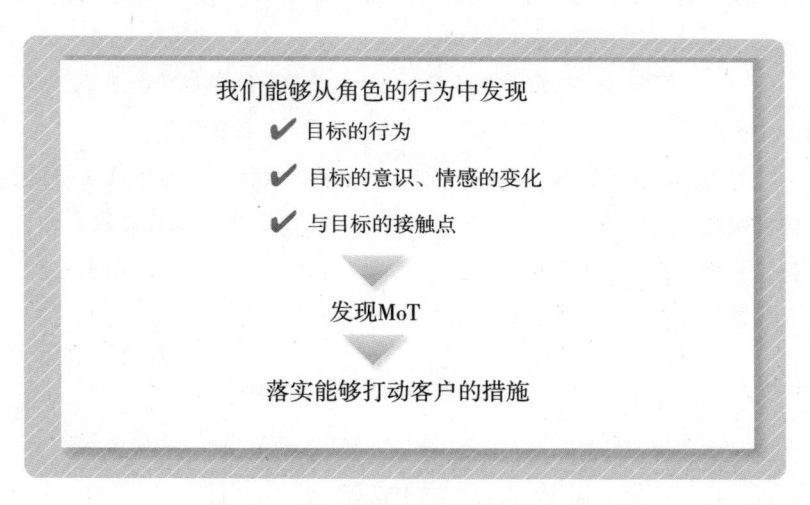

我们能够从角色的行为中发现
- ✔ 目标的行为
- ✔ 目标的意识、情感的变化
- ✔ 与目标的接触点

▼

发现MoT

▼

落实能够打动客户的措施

图 5-64　使用客户旅程的意义

什么是 MoT

所谓 MoT，是指目标与特定产品或服务发生接触，使目标形成或改变印象的重要时刻。它原本是斗牛用语，由北欧航空公司（SAS）前首席执行官詹·卡尔森在1990年发表的著作《关键时刻——SAS服务战略为何成功》中提出，后来成为一个广为人知的营销用语。卡尔森指出，北欧航空公司的工作人员与客户接触的时间平均为15秒，而这短短的15秒是最重要的时刻，也就是决定客户满意度的 MoT。

> **调查放大镜**
>
> ### MoT 的衍生版：FMoT、SMoT、ZMoT
>
> 2004年，宝洁公司提出第一次关键时刻（First Moment of Truth，FMoT）和第二次关键时刻（Second Moment of Truth，SMoT）；2011年，谷歌提出零关键时刻（Zero Moment of Truth，ZMoT）。
>
> FMoT是指客户在店里决定购买某款产品的时刻。宝洁公司通过调查发现，客户在看到摆在店里的产品后，会在3～7秒内决定购买某款产品。这3～7秒就是关键时刻。
>
> SMoT是指客户在购买产品后，实际使用产品，判断产品好坏，并决定是否继续购买（复购）的时刻。这是继FMoT之后的第二个决策时刻。
>
> ZMoT是客户在来店之前就已经决定了要买什么。随着互联网这种信息收集方式的普及，越来越多的人在去店铺之前都会通过搜索、评论、社交网络等的推荐来决定是否购买产品。也就是说，ZMoT发生在客户来店之前，即"First"之前的"Zero"阶段。

描绘客户旅程的步骤

接下来，我将介绍绘制客户旅程图的过程。某饮料厂商的负责人以在东京汐留工作的27岁女性规划师为角色，用客户旅程来描述该角色与本公司的产品——零卡牛奶可可的接触点（见图5-65）。这款产品的定位是日常饮品，因此我决定将角色一天之内的日常行为用客户旅程图记录下来。这个客户旅程图也会作为模板分享给大家：

步骤1：在写好一天时间线的模板上，尽可能详细地记录角色可能发生的行为（动作）。

步骤2：根据记录的行为（动作），画出角色产生的情绪、意识，以及表示情绪起伏的曲线。

步骤3：写出由角色行为（动作）和情绪联想到的和公司产品或品牌的接触点。

步骤4：找到角色想要购买产品或者不想购买产品的 MoT，然后针对 MoT 思考具体措施。

我们可以像这个例子一样记录一天的流程，但如果是购买频率较低或是需要花费较多时间考虑是否购买的产品，我们也可以把时间线的长度设定为一个月或一年。例如考生从开始选择补习班或补习学校到做出上补习班的决定，平均需要 1～2 个月的时间，这时我们就可以把时间线设定为两个月。此外，也可以不考虑时间线，而是根据购买特定产品的过程绘制客户旅程。例如我们可以将客户旅程的前提设定为从去餐厅到回家的一系列行为，或是从出门到机场再到目的地的一系列行为，等等。这次，我将担任一家注重设计感的家具店的负责人，绘制在汐留工作的 27 岁女性规划师从发现漂亮家具到购买的客户旅程（如图 5-66 所示）：

步骤1：首先，尽可能详细地写出从能够激发角色考虑购买产品到最终决定购买之间所有能想到的行为。然后，将角色的行为进行分组，划分为不同的步骤，并写下大致的时间。

步骤2～4：与图 5-65 的客户旅程图相同。

通过设定角色，描绘客户旅程，我们还可以发现产品或服务新的需要重点关注的使用场景。例如密保诺（Ziploc）宣传其密封袋不仅可以用于保存食品，还可以用于旅行；WONDA 咖啡广告 Morning Shot 打出了"早晨专用咖啡"的口号。即使我们采用不同的角色来描绘客户旅程，很多时候也会得到几乎相同的 MoT。因为即便人各有别，MoT 也不会有太大的区别。总之，行之有效的方法就是设想某个具体的人，然后写出大量有关这个人的生动而真实的行为。

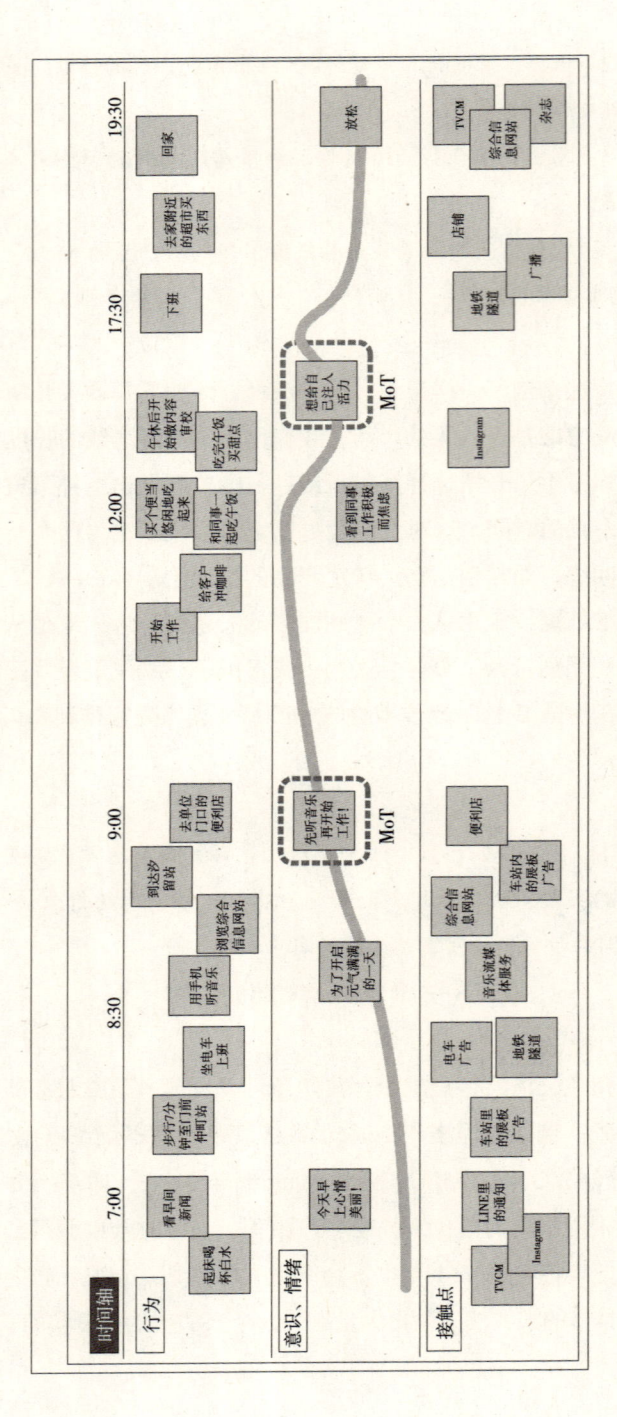

图 5-65 某饮料厂商负责人绘制的客户旅程图

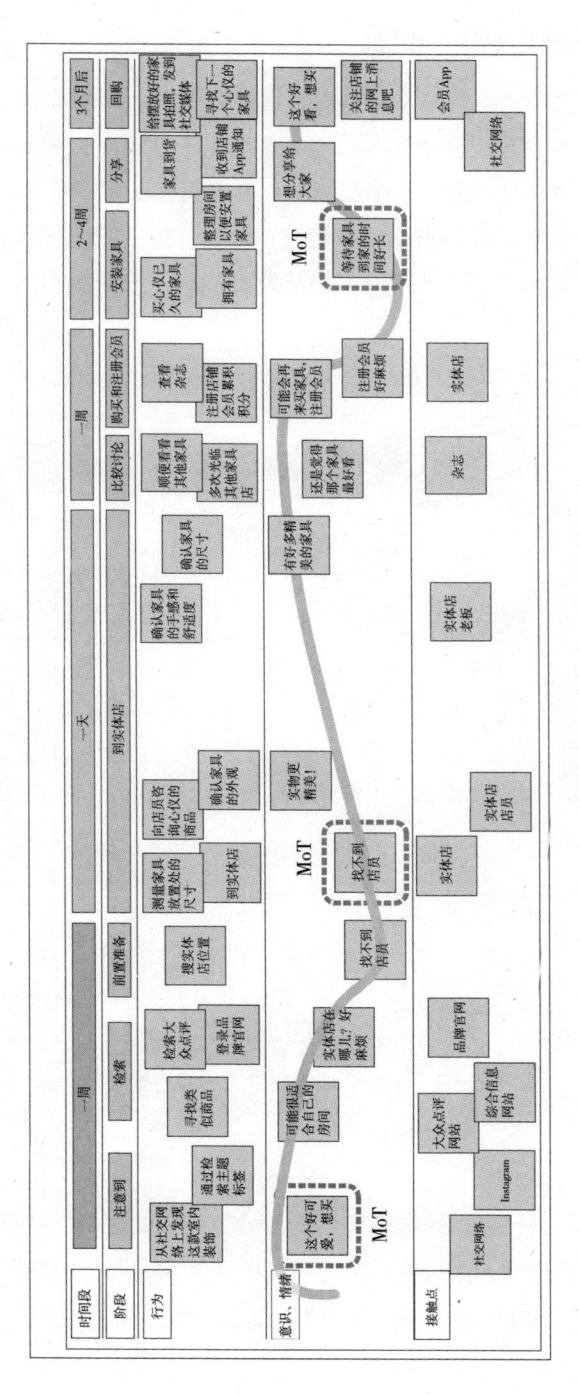

第 5 章　制定销售战略的"战略调查"第 2 步，客户分析

图 5-66　某家具店负责人绘制的客户旅程图

落实到战略战术上的客户旅程

在找到角色的行为、情绪变化，以及重要的接触点 MoT 之后，最终我们要按照以下方法进行整理，并落实到战略和战术上。在这里，我们需要把握前文漏斗式的变化，思考处于漏斗两个层级的人群之间存在哪些差异。如图 5-67 所示，绘制客户旅程图同样要遵循以下流程：洞察，设定问题现状，设定理想状态下的目标，反复思考能够实现改变的战略和战术。客户旅程图并没有固定的模式，简单好用即可。

产品"功能饮料A"
目标：在汐留工作的27岁女性规划师

层级	认知	感兴趣/关注	比较/考虑	购买
现状	不了解/没印象	×××	×××	×××
战略/应该做什么	焕发活力/注入元气，获取独特品牌形象	×××	×××	×××
卖点	口感清爽、富含维生素的微气泡饮料，帮你焕发活力，注入元气	×××	×××	×××
目标	新产品品牌形象可帮助消费者焕发活力，注入元气	×××	×××	×××
战术/措施方向性	建立标志性品牌形象，措施能全方位体现产品理念	×××	×××	×××
接触点	●电视广告 ●网页短视频广告	×××	×××	×××

图 5-67　落实到战略战术上的客户旅程

注：可扫描书前测试题二维码下载电子版。

营销漏斗中最具代表性的层级是"认知→感兴趣/关注→比较/考虑→购买"，但未必一定要划分为这 4 个层级。我们可以把认知和感兴趣放在同一个层级中，把它们看作同时发生的事情，也可以去掉比较/考虑，直接使用"了解"（如图

5-68 所示）。归纳整理时的标准依然是好用、便于理解。

```
代表漏斗层级 → 认知 → 感兴趣/关注 → 比较/考虑 → 购买

调整 → 认知/感兴趣 → 了解 → 购买
```

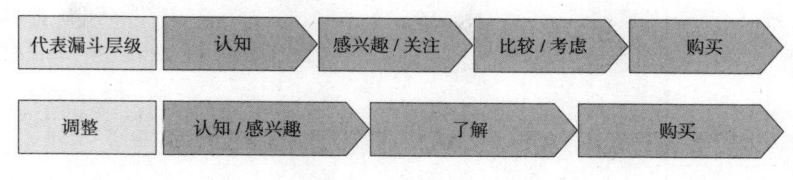

图 5-68　漏斗层级

此外，行业不同，漏斗的内容也有所差别（如图 5-69 所示）。例如房地产、汽车等高档产品的"比较/考虑"时间就会比较长，需要拆解为"比较（检索）""内部参观（试驾）、商谈"等。而家电之类的产品在"比较/考虑"阶段，除了要在网上搜索，还要去店里实地比较。像饮料、点心等可以在便利店随性购买的产品，就不需要"考虑"阶段。

有些行业还需要认真考虑"购买"之后的阶段。购买之后就是所谓的 CRM（客户关系管理）漏斗，代表形式是"购买→复购→向上销售/交叉销售（提高客户单价）→成为忠诚客户"。例如化妆品，在"购买"之后的"复购"是很重要的；对教育培训来说，在就读之后"持续"购买教材和参加讲座等"提高客户单价"，以及通过"口碑宣传"塑造良好口碑同样十分重要。

目的是拓展新客户的漏斗（购买之前），与目的是管理现有客户的漏斗（购买之后），这两项营销活动并称为"双漏斗营销"。漏斗各个步骤的决定因素也并非只在于行业，在分析的时候一定要参考自己所属行业的实际情况。

最后再提醒大家一下。在思考客户旅程的时候，不要一上来就是"在漏斗的认知步骤……"。我们对 MoT 的判断首先要基于角色的行为，而是否需要从"认知"入手，则要具体问题具体分析。让我们善用客户旅程，发挥角色作用，落实打动目标、打造爆品的措施吧。

想必大家已经对分析 3C 当中的客户，锁定目标和卖点有了大致的印象。在第 6 章和第 7 章，我们将继续从竞争对手和公司的视角进行分析。

电通爆品讲义

为了获得新客户的漏斗 → ← 为了管理现有客户的漏斗

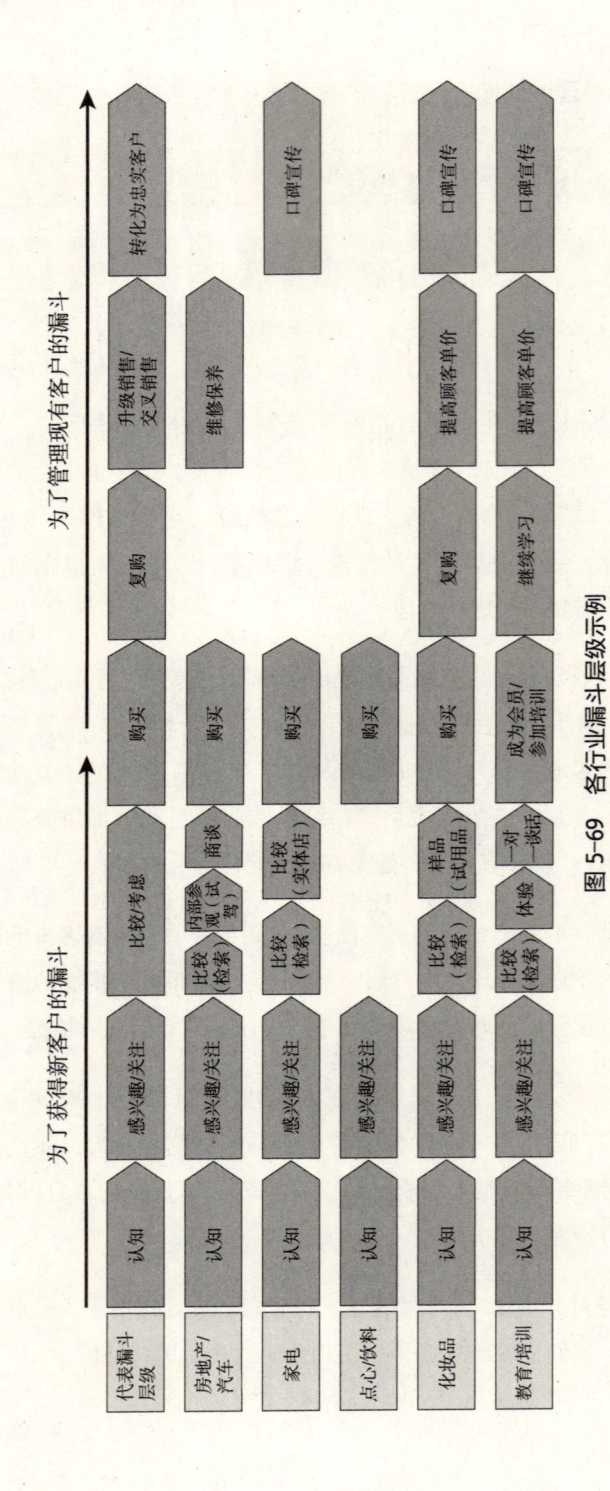

代表漏斗层级						
房地产/汽车	认知	感兴趣/关注	比较(检索)	比较考虑内部参观(试驾)	购买	复购	升级销售/交叉销售	转化为忠实客户
	认知	感兴趣/关注	比较(检索)	比较考虑商谈			维修保养	
家电	认知	感兴趣/关注	比较(检索)	比较(实体店)	购买			口碑宣传
点心/饮料	认知	感兴趣/关注			购买			
化妆品	认知	感兴趣/关注	比较(检索)	样品(试用品)	购买	复购	提高顾客单价	口碑宣传
教育/培训	认知	感兴趣/关注	比较(检索)	一对一谈话/体验	成为会员/参加培训	继续学习	提高顾客单价	口碑宣传

图 5-69 各行业漏斗层级示例

注：向电通负责各个行业的战略规划师征询意见后制作而成，仅供参考。

> **调查放大镜**

为什么年轻人会用主题标签进行检索

用主题标签检索的原因

主题标签是指在社交平台上所发布的内容中,作为标签使用的,带有半角井号"#"的关键词。现在,年轻人开始使用主题标签来检索信息,原因是他们不想看到多余的信息。

举个具体的例子,在日本年轻女性中很受欢迎的相机和旅行的生活方式杂志 GENIC 所创造的标签,最初有"#genic_mag"(mag 指 Magazine)、"#genic_travel"。只要搜索标签"#genic_",就会找到许多前缀一致的热门地名标签,例如"#genic_hawaii""#genic_kyoto"等,检索出来的内容会显示各地的时尚照片。女性们表示,检索"#hawaii"根本找不到夏威夷的美照,但是检索"#genic_hawaii"就能找到心仪的照片。

截至 2021 年 7 月,Instagram 上"#genic_mag"的帖子数有 156 万,"#genic_travel"的帖子数有 69 万。把"#genic_"作为主题标签前缀的方法可谓一枝独秀,GENIC 的主编藤井利佳认为:"如果像'#hawai_genic''#travel_genic'这样颠倒过来,那么就不可能让大家养成今天这种检索习惯。"

各种各样的主题标签

带有即将举行婚礼的"#pre 新娘"主题标签的照片帖子数有 720 万条,超过了"#迪士尼乐园"的 652 万条。其他的标签还有礼成之后新娘上传的"#毕业新娘"(183 万条)、周年纪念"#纪念日新娘"(10 万条),以及在特定的婚礼场地举行婚礼的人们使用的主题标签,如 11 月 5 日同一天举行婚礼的人们使用的"#team1105"等,方便与需要相同信息的人们共享信息。

在十几岁的学生之间,"#studygram"(1293 万条)、"#学习账号"

（225万条）等将学习的样子上传到社交网络的主题标签在世界范围内流行。学生们一方面是想看到可爱的文具，另一方面是为了保持自己学习的动力，借鉴做笔记的方法、参考书的用法等，来了解行之有效的学习方法。

在居家消费日益活跃的今天，自己在家里花一些时间制作像咖啡馆那样精致的饮品并发布在社交网络上的做法，在高中生和大学生当中十分流行。"#家庭咖啡馆"的帖子已超过627万条。

读书、系列电影鉴赏等享受通读书籍、完成观影等成就感的兴趣爱好也颇受欢迎。Instagram上的"#读书笔记"（17万条）和读书笔记账号都很活跃。在离家一英里（约1.6千米）的范围内可以自由出门活动的休闲穿搭，例如"#一英里服饰"（3万条）和"#一英里穿搭"（3万条）也备受关注。未来将是使用只有自己才会用的标签进行检索的时代。

直接询问10～29岁的年轻人"最近流行哪些主题标签"也不失为一件趣事。我们还可以询问他们最近喜欢的人，关注他们所发布帖子的主题标签，从而找到其他有趣的主题标签。那里或许就潜藏着打造爆品的机遇。

掌握消费关键的领域创新者

> 何为领域创新者

领域创新者是指在某一领域掌握深厚的知识和丰富的信息，对自己的能力充满自信，并且这种能力也得到他人认可的人。

根据GIRL'S GOOD LAB的调查，在关东居住的1 151名12～39岁女性中，81.8%[①]在某个领域具有"#领域创新者气质"标签。平均每个人有5.1个主题标签，大多数人在多个领域都呈现出近乎痴迷的状态。

不过，在某领域掌握的信息量和喜爱程度等近乎痴迷的状态也是因人而异的（见图5-70）。

---

① 数据来自负责电通 d-campX 调查的 GIRL'S GOOD LAB "第二次女性标签调查2017"。调查对象为在关东居住的12～39岁女性，共1 151人。调查方法是专用平板电脑租借的电子问卷调查。调查实施时间为2017年6月2日—18日。

第 5 章　制定销售战略的"战略调查"第 2 步，客户分析

图 5-70　领域创新者的知识丰富程度

资料来源：插画师 BENITAKE。

谁是社交平台时代消费者中的领域创新者

在现代社会，人们以社交平台为中心展现自我的场所越来越多，消费者在各个领域展现出来的个性也越来越明显。

很多人在社交平台上收集信息，很清楚到底哪些人才是各个领域的行家里手，哪些人拥有最可信的信息。换言之，领域创新者掌握着驱动该领域市场的钥匙（见图 5-71）。

图 5-71　驱动市场的领域创新者

网红和领域创新者的区别

企业在进入市场的时候，为了更有效地推动市场消费，会借助影响力较大的"网红"的力量。网红和领域创新者的区别在于，网红影响力的评判标准是关注者的数量，而领域创新者的评判标准则是信息及知识的丰富程度和深度。

按照 Twitter 上的粉丝数，可以将网红划分为不同层级，从粉丝数在 100 万以上的"明星网红"到粉丝数为 1 000 至 1 万的"纳米网红"不等（见图 5-72）。

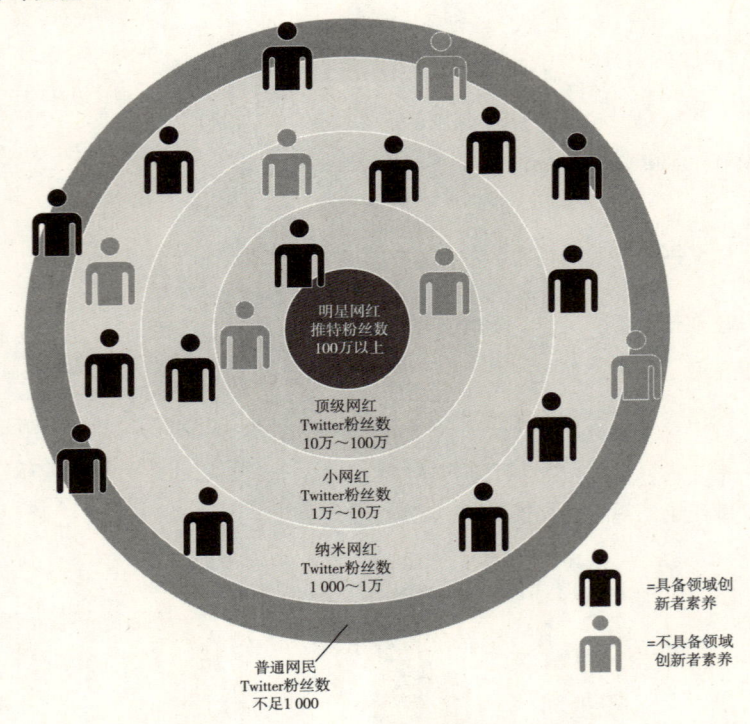

图 5-72 网红和领域创新者的关系

无论是粉丝数多、影响范围广的网红，还是粉丝数少的普通网民，哪个层级都存在一定数量的领域创新者。因此，不能单纯从粉丝数量去衡量所发布内容的浏览数量（播放次数）和购买产品的概率（转化率）。

例如，发布高尔夫用品信息时，相比拥有 100 万粉丝的名人粉丝，启用只有 1 万粉丝，但是在高尔夫领域有更大比例的粉丝且会给予积极反馈（关注度）的领域创新者来介绍产品，销量会更好，也会更有力地激发人们的购买欲。

> 领域创新者兼网红的实例

下面介绍几位既是领域创新者，同时也是网红的人。

第一位是与 *GENIC* 杂志一同介绍旅行场景的专业旅行者 AOI。她原本主要活跃在 Instagram 上，后来成为专业旅行者，与 *GENIC* 合作宣传各个旅游景点，在爱好摄影、旅行的领域受到极大关注。

第二位是《以自己的名字扩展工作范围：普通人的 SNS 使用教科书》的作者德力基彦。他从日本的博客方兴未艾时就开始活跃在社交网络上，作为社交网络领域的企业沟通专家，具有一定的影响力。

第三位是 Elies Book Consulting 咨询公司的土井英司。土井协助近藤麻理惠[1] 等商业书作家的出版工作，并且发行了商业书评电子杂志 *Business Book Marathon*，是商务图书领域具有影响力的领域创新者。该杂志所介绍的商务类图书，销量都在日本亚马逊排行榜上名列前茅。

像这样认真挑选领域创新者兼网红并列出清单，是很重要的一项工作。

---

[1] 因著作《怦然心动的人生整理魔法》而被人熟知，该书已在全球销售 1 200 万册。

第6章

制定销售战略的"战略调查"第3步，竞争对手分析

電通現役戦略プランナーのヒットをつくる
「調べ方」の教科書

第 6 章　制定销售战略的"战略调查"第 3 步，竞争对手分析

为了找到产品的目标和卖点，分析竞争对手是必不可少的。我们要通过分析自家产品与竞品的差异，找到自身优势。如果既能满足客户的需求，又能在内容、质量、成本等方面领先于竞争对手，那就一定能够打造出爆品。

如何与竞争对手拉开差距？我们首先需要熟悉对手。

调查行动指南

分析竞争对手的 4 件事

√ 制作竞争对手清单。
√ 掌握竞争对手动向。
√ 了解竞争对手所获得的评价。
√ 明确公司和竞争对手的定位。

在分析竞争对手的时候，首先要列出竞争对手清单。那么，我们应该将谁当作竞争对手？先来看一下制作清单的标准。

制作竞争对手清单

我们需要从同类别和不同类别两方面寻找竞争对手。所谓类别，就是任何

人都能将其明确划分为同一种产品的分类。同类竞争是一种显性竞争，因此很容易找到竞争对手，例如自家产品是假睫毛，那么其他公司的假睫毛就是同类竞品。

类别可以详细划分，也可以粗略归纳。例如柴犬和吉娃娃都属于狗类别，暹罗和美短都属于猫类别，而粗略分类的话，猫和狗又都属于宠物类别。很多时候，类别都有层次结构（见图6-1）。

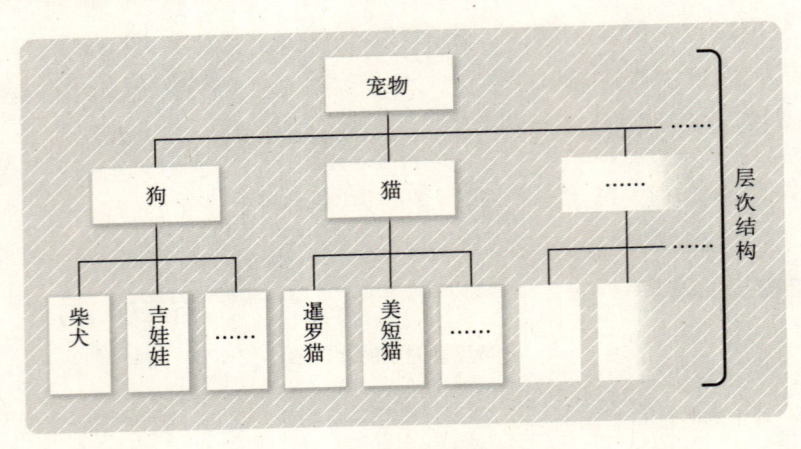

图6-1 类别层次结构

以假睫毛为例。如果从假睫毛这一低层级类别来看，就会发现有A公司的假睫毛、B公司的假睫毛、C公司的假睫毛这样的竞争关系；从比假睫毛更高一些的层级来看，那么整个眼妆市场的产品都是竞争对手。除了假睫毛，属于眼妆类别的睫毛膏、睫毛液、眼影、眼线笔等也加入了竞争。而从整个化妆品市场这个更高的层级来看，属于化妆品类别的口红、粉底液、化妆水等也有可能和假睫毛存在竞争（见图6-2）。

不同类别之间存在着潜在的竞争。为了找到潜在的竞争对手，我们要将视野扩大到同类产品之外，也就是去锁定乍一看完全没有关联的类别。

例如，我们把假睫毛定位为一种摆件，用以满足客户愉快挑选、装点房间的需求，那么我们不只要参与化妆品市场的竞争，还要参与日用百货等生活用品市场的竞争；如果把假睫毛定位为一种像首饰那样带给客户更换配饰的乐趣的产品，那么就要参与服饰市场的竞争。从面向女性消费者的企业这一层级来看，主打家用清洁用具和美容的家电行业的企业也可能会成为竞争对手，尽管两者似乎是八竿子打不着的两个行业。

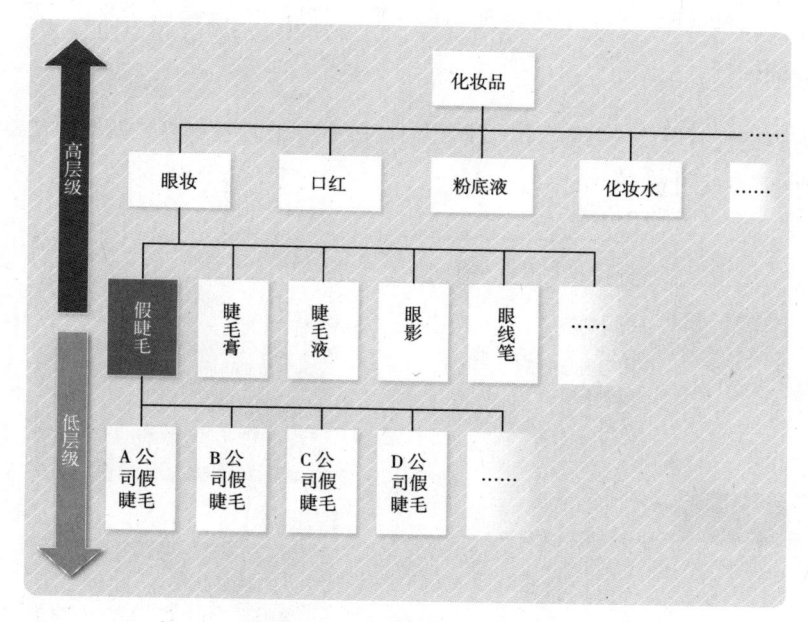

图 6-2　化妆品类别层次结构

如上所述，我们首先要从同类别和不同类别两个方面找出可能存在的竞争对手，拟制清单，避免遗漏。不过，我们没有必要不遗余力地分析所列出的每个对象。我们可以设置标杆，从分析对象中锁定竞争对手，提高分析效率。

用"类似"和"理想"确定标杆

标杆原本是一个技术用语，指的是测量土地时的基准点，但现在其引申含义的使用范围更加广泛。在经营和市场营销的领域，标杆是指分析、评价本公司时的比较对象，以及可以学习、借鉴其优秀之处的优秀案例。对标杆的分析被称为标杆管理。

我们可以从"类似"和"理想"两个视角来筛选标杆。与本公司产品的特征、价格等规格、定位相似的产品，可以作为本公司的比较对象或已经形成直接竞争的产品，就是从"类似"视角出发选择的标杆；"我想做那样的产品""想要像那样受欢迎"等值得本公司学习和借鉴的优秀案例，或者一旦与本公司产品站上同一舞台，二者便会形成竞争关系，这就是从"理想"视角出发选择的标杆。

有些标杆只符合"类似"和"理想"中的一种，也有些标杆同时兼具"类似"和"理想"（见图6-3）。

发现竞争对手的两个视角	决定标杆的两个视角
现有竞争 "同类别" ◆同类别的例子 　假睫毛市场 　眼妆市场	"类似" ✓与本公司产品的特征、价格等规格、定位相似 ✓可以作为本公司的比较对象 ✓已经形成直接竞争的产品
潜在竞争 "不同类别" ◆不同类别的例子 　服饰市场 　日用百货市场	"理想" ✓值得本公司学习和借鉴的优秀案例 ✓一旦与本公司产品站上同一舞台，二者便会形成竞争关系

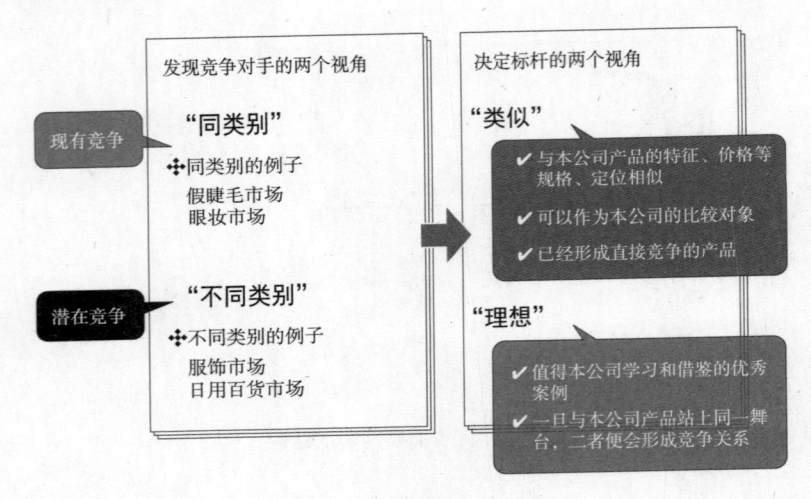

图6-3 寻找竞争对手的视角

同类竞争的标杆

因为范围是明确的，所以制作同类竞争对手的清单和筛选标杆十分简单。

首先，你要把日常工作时浮现在脑海中的竞争对手写下来。你也可以和你的团队共同完成这项工作，这样效率更高。这个步骤不需要花费太多时间，10分钟左右就可以梳理出来。

其次，你要查找汇集业界信息的书籍和资料，参考同行业内的竞争公司和品牌的列表，或者在网上搜索，一边对照自己拟制的清单，一边补充竞争对手。

你还可以向业内人士，如从事该行业工作或者出于兴趣等原因对该行业产品比较了解的人征询意见，补充、完善清单。制作同类竞争对手清单的关键在于速度要快，不要浪费太多时间。

调查行动指南

制作同类竞争对手清单的步骤

√ 用 10 分钟左右的时间把浮现在脑海中的竞争对手写下来。
√ 参考同行业内的竞争公司和品牌的列表，补充竞争对手。
√ 利用"眼线笔 品牌""化妆水 品牌"等关键词搜索，补充竞争对手。
√ 向熟悉该行业的人展示制作的清单，询问不足之处。

接下来就是锁定标杆。行业和项目内容不同，最佳标杆数量自然也不一样，而高层级类别和低层级类别的标杆数量也不相同。例如对假睫毛来说，从相应的高层级类别"整个眼妆市场""整个化妆品市场"当中，每个样式选出一个符合"类似"或"理想"的标杆就足够了。

样式是一种比类别更加主观、更加含糊的分类方法。例如在眼妆市场中，我们可以从"可能与假睫毛存在竞争的非假睫毛项目（类似或理想）"中选出一个标杆；或者从"把可以像换衣服那样变换眼妆造型作为卖点的品牌、产品（类似）"中选出一个标杆；又或者在整个化妆品市场，我们可以从"目前风头正盛的化妆品品牌（理想）"中选出一个标杆。总之，这是一种主观层面的分类。在较高的层级类别中，不需要考虑"类似"和"理想"的数量是否均衡，总计找出 3～5 个竞争对手就足够了。而在低层级类别中，如假睫毛，"类似"的标准数量为 1～3 个（最多 5 个），"理想"的标准数量为 1～2 个，总计找出 2～7 个竞争对手就足以开展分析（见图 6-4）。

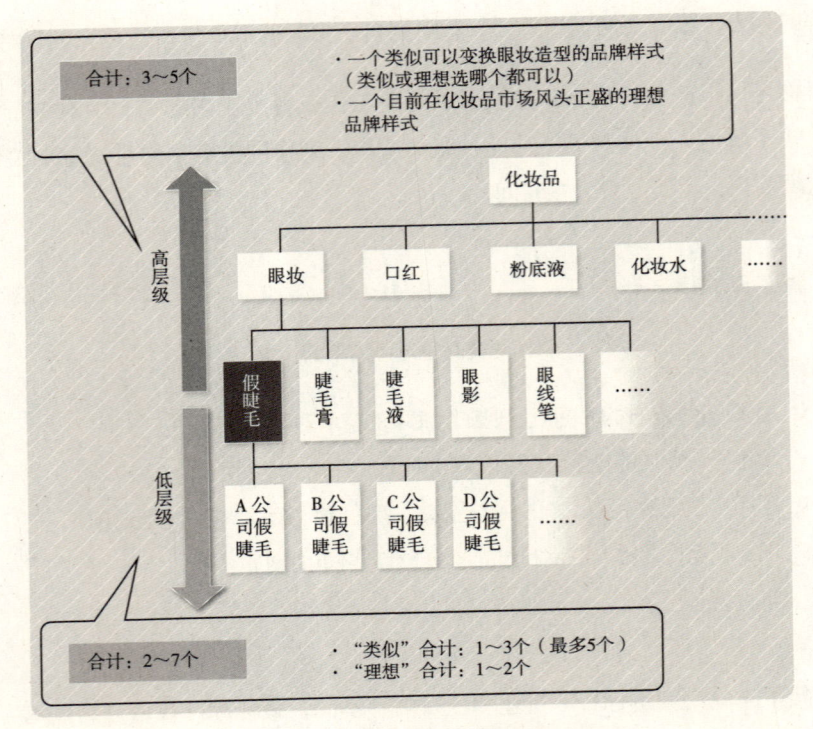

图 6-4 同类竞争对手的最佳标杆数量

在低层级类别当中，我们可以参考行业占有率排名来决定标杆对象。

若本公司产品的市场占有率在行业排名第 3，那么"类似"标杆是与本公司排名相近、定位相似的第 4 位、第 5 位的产品，"理想"标杆是凌驾于本公司之上的行业排名第 1 和第 2 的产品。如果与第 1、第 2 位的产品差距很小，那么第 1、第 2 位的产品可以同时成为"类似"和"理想"的标杆。若本公司产品的市场占有率位居行业头名，那么第 2 位和第 3 位的产品就是"类似"标杆，"理想"标杆则不是同一类别。

若本公司产品的市场占有率在行业排名第 15，那么"类似"标杆可以是与本公司排名相近、定位相似的第 13、第 14 或 16 位的产品。因为与行业前三差距过大，广告费等硬实力完全不是一个量级，所以"理想"标杆可以设定在第 10、第 11 位左右的产品。

我们要做的就是像这样参考行业占有率，在考量业态、定位、规格等相似点、不同点的同时，把"类似"和"理想"标杆的数量控制在易于分析的范围之内。

不同类竞争的标杆

实际上，人们在观察竞争对手的时候，往往只关注同一类别的类似标杆或理想标杆。这当然也是必要且重要的，但是很多时候，关注不同类别的类似标杆或理想标杆，才是打造爆品的关键。

这是因为我们常常能够从不同类别的爆品中找到令人惊讶的新发现，或者是行之有效的新观点。关注不同类别的竞争对手，还可以拓宽我们的视野，因为同类竞争对手早已处于所有人的关注之中，没有发展的余地。

我之所以会注意到这一点，是因为广告行业的营销负责人需要同时负责多个行业，曾经有一家汽车公司就为化妆品公司打造爆品提供了灵感。

> 调查放大镜
>
> ### 丰田汽车用品品牌 myCoCo
>
> 下面要讲的这个具体案例，是丰田的女性汽车用品品牌 myCoCo 不为人知的诞生经历。
>
> 丰田通过粗略划分客户，将目标人群锁定为 20 ~ 49 岁喜爱时尚的女性以及电子商务网站客户。在对竞争对手进行标杆管理时，丰田没有只看同类，也就是汽车用品行业，而是把目光转向其他行业，这其中就包括服装行业。丰田将目光停在了优衣库深受时尚女性喜爱的基础款服饰。
>
> 丰田发现，在汽车用品领域，还没有出现过优衣库这样的品牌。在"优衣库的基础单品为何受女性欢迎"的启发下，丰田得出了"女性虽

然对时尚、潮流十分敏感，但是还不至于对汽车用品也追求潮流设计"的结论。由此，丰田洞察到女性对汽车用品的真正需求并非时尚、个性的设计，而是简单、雅致，可以自然地与自己已经拥有的、喜欢的物品组合，不会对原本的审美观造成影响，让人在车内感到舒适。

按照优衣库的标准来确定汽车用品的定位，就能打造出爆品。意识到这一点之后，丰田以简单、雅致，能与女性对美的感受相吻合的设计，通过解析女性车内动线，以提供舒适驾乘体验的汽车用品为卖点，开发出新的产品，并且被目标人群接受，两种产品分别获得了销量第一、第二名（见图6-5）。

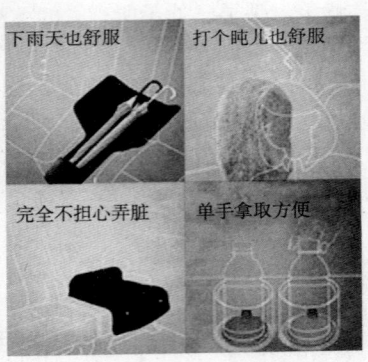

图6-5　丰田myCoCo的视觉效果

如何发现不同类别的类似标杆和理想标杆呢？方法就是尽量从与自己所在行业相隔较远的行业着手，调查并列出爆品案例，这些案例的主体就是不同类别的竞争对手。

如果你能从中找到打造爆品的法则，并恰当地运用在自家公司的产品上，那么就会很容易地找到令产品畅销的目标和卖点。

面对众多的爆品案例，我们不能眉毛胡子一把抓。只有养成以下几个习惯，我们才能轻松增加爆品案例的信息储备。

> **调查行动指南**
>
> **收集爆品案例的 3 个好习惯**
>
> √ 优先了解平时自己感兴趣的领域（或者询问对该领域感兴趣的人）。
> √ 发现新信息后及时更新。
> √ 积极地分享自己掌握的信息。

临阵磨枪的效率很低，不要等到要做规划的时候才急急忙忙地去收集信息，而要把功夫用在平时。在日常生活中就要"竖起天线"，优先收集自己感兴趣的领域的信息，这样更容易坚持下去。

例如，我对女性营销感兴趣，也对适应时代多元化需求的包容性设计和营销趋势感兴趣。如果我突然被任命为面向大学生的咖啡馆的负责人，就会去咨询那些平时关注年轻人营销和美食的人，向他们请教最近有没有值得关注的案例。

新信息出现，就意味着我们需要更新日常信息。但是，这里并没有类似"每年"这样明确的期限。判断某个信息过不过时，要看它是否被新信息覆盖。在出现新的热卖方法或案例之前，即使一种方法或一个案例自产生已过去 5 年，它也依然是最新案例。相反，在一些更新换代较快的行业，有些信息仅仅 1 个月就没有了用处。

收集到的信息要不断地分享出去。或许有人会觉得，千辛万苦收集到的信息就这么分享出去太可惜了，其实不然。实际上，信息会源源不断地涌向发布信息的人。

曾经有一位前辈对我说过："只有发布信息，才能得到真正的信息。"对此我也有亲身体会。我曾通过社交网络、note、WEB 等渠道发布自己收集到的女性营销以及多元化趋势的信息，随后便得到了专业人士的反馈，从而获取了更多的信息。

通过向他人分享信息，我们可以从反馈中发现新的观点和问题。因此我们一定要不断地分享信息，创造容易获取新信息的良性循环。

爆品案例数不胜数，而且其中所包含信息的用途千变万化。因此，我们一定要有意识地养成高效收集信息的良好习惯，不能临时抱佛脚。

从爆品案例中提炼法则

从收集到的爆品案例中提炼法则并将其运用到规划当中，有以下两种方法：

- 收集、保存社会上发生的事件。
- 团队研讨收集到的信息。

这两种方法不仅可以由团队实施，也可以联合专家和业内人士进行。与不同行业或不同领域的人进行团队研讨，也能获得一些不同的观点，效果会更好。

虽说是召集专家、业内人士以及其他领域的人，但也没必要想得太复杂。我们可以从自己和同事的朋友、熟人那里收集信息，也可以召集公司里由于个人兴趣而在某个方面颇有见地的人，这些方法简单又有效。

如果想通过收费服务来收集业内人士的意见，可以利用 Visasq 和 Mimir 等收费匹配服务。电通旗下的很多实验室也有涉及不同领域的专家，接受各种企业发来的报价（见图 6-6）。其中，在第 5 章 "Prototype for One" 相关内容介绍过的电通 B 团队，我觉得就很有代表性。

该团队的员工不仅从事广告业工作（A 面），而且还有充满个性的私人活动、不同寻常的兴趣爱好、丰富的工作经历等（B 面），是一个能够提出创新方案替代性方法的团队（见图 6-7）。

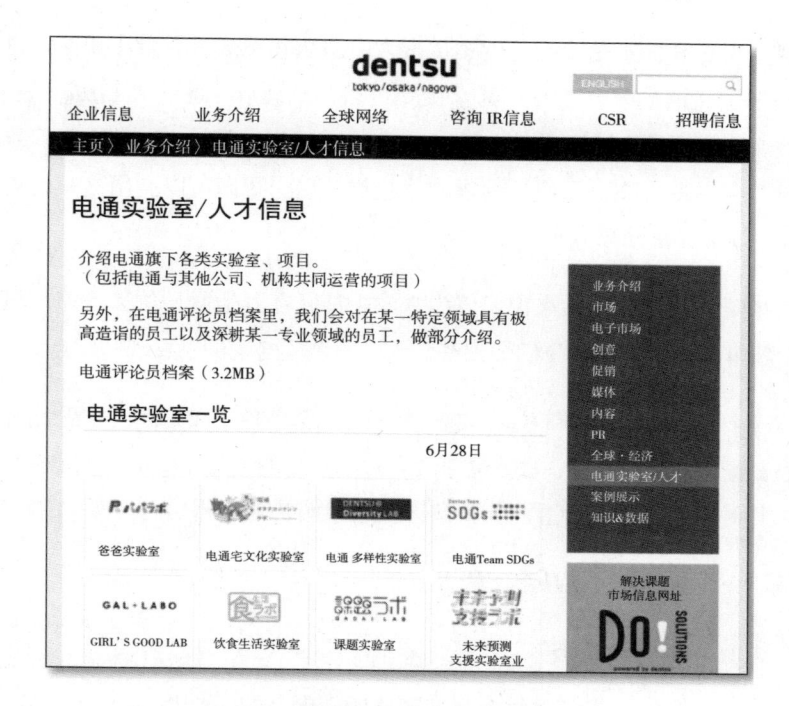

第 6 章　制定销售战略的"战略调查"第 3 步，竞争对手分析

图 6-6　电通实验室／人才信息页面

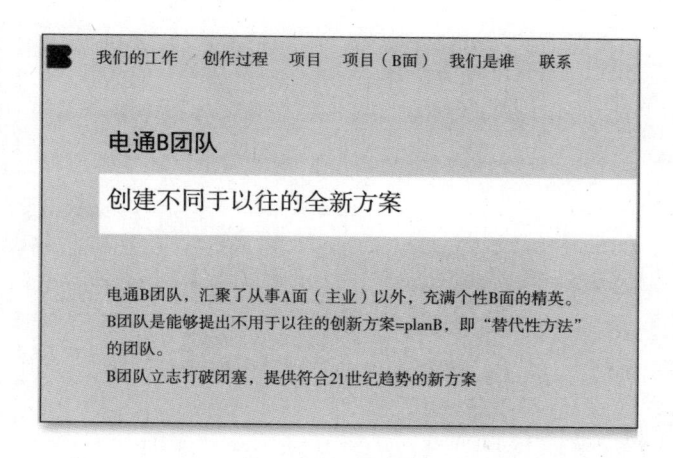

图 6-7　电通 B 团队主页

大家都有营销、广告文案撰稿、销售等本职工作（A 面）。我的 A 面是战

243

略策划，我的 B 面则是多元化营销负责人。团队其他成员有着小说家、世界级 DJ、和平主义活动家、在 6 个国家接受过教育的海外人士、旅行家、美发师、摄影师、美食家等各种各样的 B 面，他们负责的领域多达 50～70 个。各个研究人员都会时刻关注自己擅长的领域，收集信息。我们可以利用这一优势为产品开发、事业拓展拉单列项。

一个对于某领域的人来说习以为常的事情，在其他领域的人看来，可能就是一个新鲜的案例。有时我们会在毫无关联的领域的案例中发现共同点。

与各个行业的从业者和专家一起收集趋势的具体现象和案例，不断交换意见，会有很多意想不到的发现，也有助于培养打造爆品的直觉。汇集、组合多个领域的最新案例，能够帮助我们找到前所未有的替代性方法，得出更为深入的结论。

下面介绍两种收集爆品案例的方法。

方法 1：案例收集模板

这是一种简单的模板，包含附带图像的案例介绍、最想表达的要点、简要情况等客观内容，以及选取该案例的原因、对该案例的分析等解释性内容（见图 6-8）。

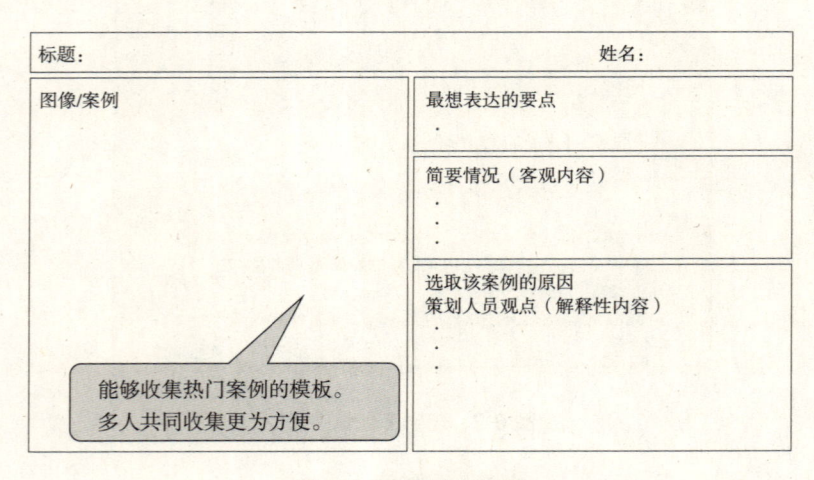

标题：	姓名：
图像/案例	最想表达的要点
	简要情况（客观内容） · · ·
	选取该案例的原因 策划人员观点（解释性内容） · · ·

能够收集热门案例的模板。
多人共同收集更为方便。

图 6-8　案例收集模板

注：可扫描书前测试题二维码下载电子版。

电通的女性营销专业团队 GIRL'S GOOD LAB 和电通 B 团队会定期分享案例，互相交流意见。案例的收集和分析均采用模拟和人力采集方式进行。你要分享的内容不需要非常完备、规整，大家只需互相交流，修改、完善，形成一份终稿即可。

我们来看一下 GIRL'S GOOD LAB 实际收集到的 3 个案例及其分析。

第一个案例是护眼绿色笔记本。这个项目的起因是该团队发现饱受视觉过敏之苦的高中生在社交媒体上抱怨说"希望做个绿色笔记本"。东急手创和 LOFT 立刻增加了绿色笔记本的供货；两天后，国誉推介了基本符合需求的产品；三天后，中村印刷厂直接询问了那位高中生的需求并生产了新的绿色笔记本。这一举措不但帮助了其他存在视觉过敏的人，还清晰地展示出了"绿色笔记本能够提高专注度"等多样化的需求。

这个案例的有趣之处在于，它不仅体现了有些人患有视觉过敏这种不为人知的病症，表达了他们的需求，而且实现了一人方便，大家都方便。同时，我们发现即刻响应在社交媒体上发现的需求，是一种很好的营销方式。在互联网时代，发现人们在社交媒体上发布的需求后迅速响应，打造新的、符合时代特征的爆品，这一观念对文具行业以外的人来说，也能提供一些启发（见图 6-9）。

第二个案例是胶卷相机。这几年在 10～29 岁的人群中一直存在一股复古热潮，以富士胶卷的胶卷相机为开端，昭和至平成[①]初期所流行的事物如今再度备受瞩目。

重现各个时代文化特征的"时间旅行女孩"摄影圈子逐渐受到关注。富士定焦胶卷相机拍摄的照片能呈现一种数码相机拍不出的温馨感，以及不同于当代的复古感，深受一部分年轻人的追捧。能拍摄出胶卷独特质感的 Checky 拍立得相机的人气再度高涨，能拍摄正方形照片的富士胶卷拍立得 Checky instax SQUARE SQ1 也很受欢迎。

---

① 昭和、平成为日本历史上重要的两个时代。昭和时期从 1926 年开始延续至 1989 年，平成时期从 1989 年延续至 2019 年。——编者注

电通爆品讲义

标 题	缓解视觉过敏的绿色笔记本
图 像	中村印刷厂响应视觉过敏患者呼声而生产的横翻护眼笔记本，采用绿色纸张

B5 7mm 横格本 30页　　B5 5mm 方格本 30页　　B7 白纸本 50页

有客户在Twitter上抱怨自己患有"视觉过敏症"，看白纸眼睛会痛，于是客户来我们店里寻找不伤眼的，采用绿色纸张而制成的"绿色笔记本"。我们最快从本周末开始就要在店里售卖绿色笔记本啦（未完待续）。

中村印刷厂中村辉雄社长倾听饱受视觉过敏之苦的高中生的需求，生产绿色笔记本

要 点	即刻响应在社交媒体上发现的需求，是一种很好的营销方式

简要情况

- 这个项目的起因是，发现饱受视觉过敏之苦的高中生在社交媒体上抱怨说"希望做个绿色笔记本"
- 东急手创和LOFT增绿色笔记本的供货，国誉推介基本符合需求的产品
- 中村印刷厂直接询问了那位高中生的需求并生产了绿色笔记本
- 不但帮助了其他存在视觉过敏的人，还清晰地展示出了"绿色笔记本能够提高专注度"等多样化的需求

策划人员观点

- 满足了患有视觉过敏症状的人群的需求
- 实现了一人方便，大家都方便。有可能打造出新的经典商品
- 发现社交媒体发布的需求后迅速响应，是符合时代特征的营销方式

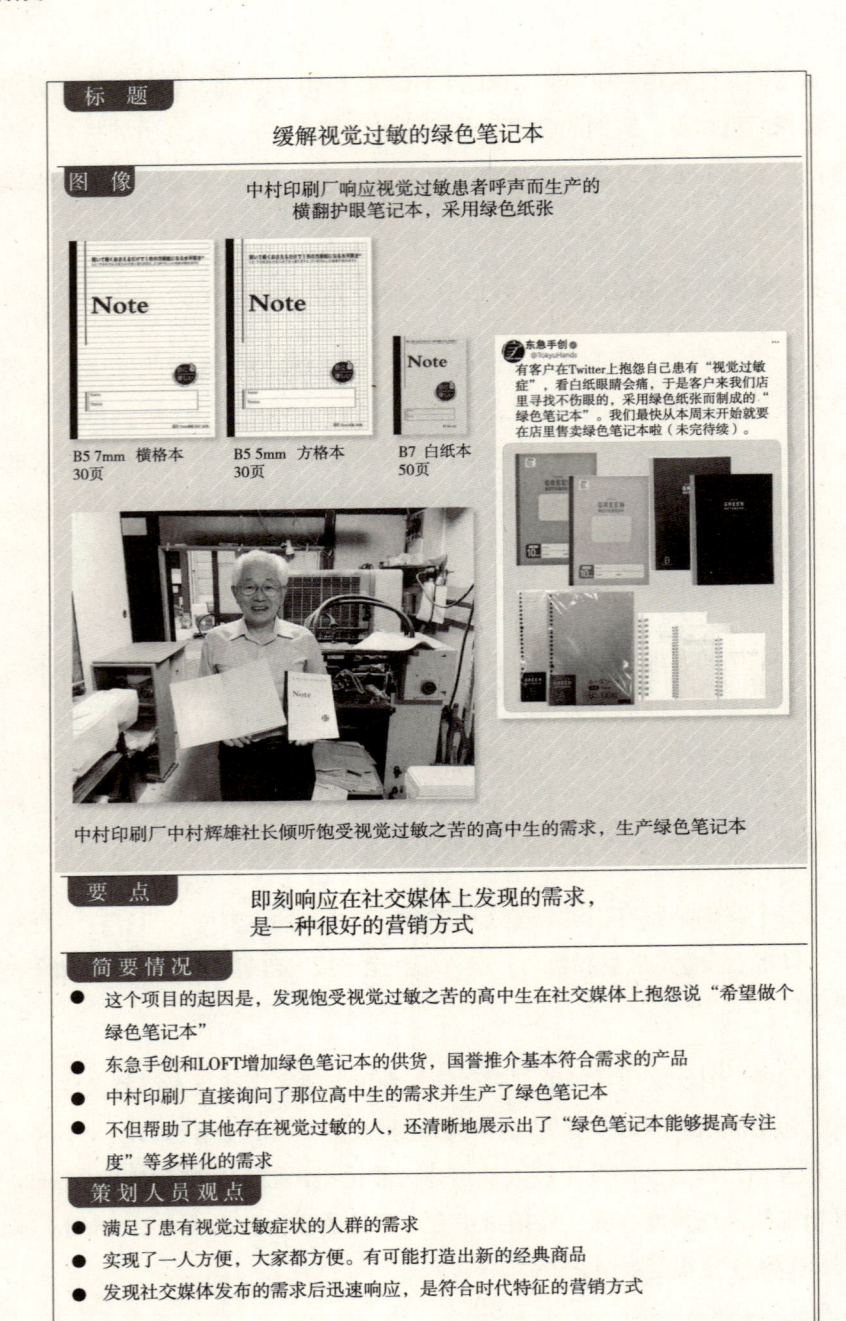

图 6-9　护眼绿色笔记本案例

对"数字原住民"①一代而言，数字产品有一种乏味和冰冷的感觉，而怀旧文化产品因其所具有的温度，以及虽然操作不便却能让人享受动手的乐趣，成为其受欢迎的原因。

主打有温度和动手乐趣的怀旧潮流，今后很可能会从摄影扩展到其他领域。我们不能忽视这些由初中、高中和大学学生所带动起来的潮流，即使他们可自由支配的钱并不多。

因为生长在新时代的年轻人会形成全新的价值观，所以研究新价值观的发展趋势，有助于我们发现潜在的商机（见图6-10）。

第三个案例是个性化服务。最近时尚界掀起了一阵"骨骼诊断"热潮。所谓骨骼诊断，就是根据与生俱来的骨骼线条、脂肪的堆积方式、关节的大小等来判断适合的衣服。

美容行业出现了越来越多的以个性化为卖点的产品和服务，可以根据个人肤色来选择暖色系或冷色系妆容，通过面对面咨询和AI分析肤质、发质，向消费者提供合适的产品等。

消费者想要找到适合自己的东西的欲望是永无止境的。如果一件产品能够满足多种个性需求，并且其特点能够促使消费者凭直觉做出选择，那么它就更容易成为爆品。

此外，消费者希望他人给自己划分类别，并在此基础上向自己提出建议，能够满足消费者这种心态的产品才会成为被需要的产品。发现对自己来说更好、更适合的东西至关重要，不单是美容、时尚，这一点也适用于其他行业。

像这样收集不同类别的爆品案例信息，有助于我们发现不同类别的类似标杆或理想标杆（见图6-11）。

---

① 指在网络时代成长起来的一代人。——编者注

标题	年轻人的复古热潮

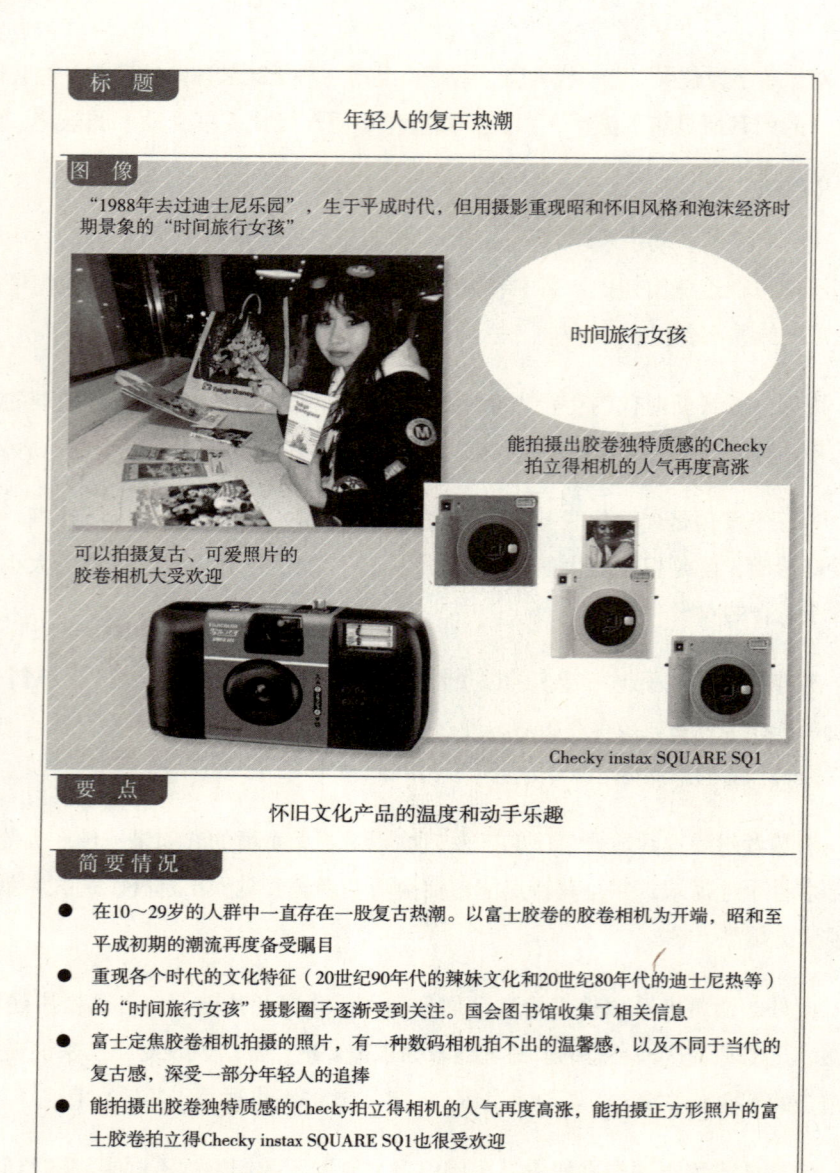

图像

"1988年去过迪士尼乐园",生于平成时代,但用摄影重现昭和怀旧风格和泡沫经济时期景象的"时间旅行女孩"

时间旅行女孩

能拍摄出胶卷独特质感的Checky拍立得相机的人气再度高涨

可以拍摄复古、可爱照片的胶卷相机大受欢迎

Checky instax SQUARE SQ1

要点 怀旧文化产品的温度和动手乐趣

简要情况

- 在10~29岁的人群中一直存在一股复古热潮。以富士胶卷的胶卷相机为开端,昭和至平成初期的潮流再度备受瞩目
- 重现各个时代的文化特征(20世纪90年代的辣妹文化和20世纪80年代的迪士尼热等)的"时间旅行女孩"摄影圈子逐渐受到关注。国会图书馆收集了相关信息
- 富士定焦胶卷相机拍摄的照片,有一种数码相机拍不出的温馨感,以及不同于当代的复古感,深受一部分年轻人的追捧
- 能拍摄出胶卷独特质感的Checky拍立得相机的人气再度高涨,能拍摄正方形照片的富士胶卷拍立得Checky instax SQUARE SQ1也很受欢迎

策划人员观点

- 对"数字原住民"一代而言,数字产品有一种乏味和冰冷的感觉,而怀旧文化产品因其所具有的温度,以及虽然操作不便但却能让人享受动手的乐趣,成为其受欢迎的原因

图 6-10 胶卷相机案例

第 6 章　制定销售战略的"战略调查"第 3 步，竞争对手分析

标　题	时尚、美容行业规模空前的个性化热潮
图　像	

COFFRET D'OR根据冷暖肤色研发的"COFFRET D'OR SKIN唇彩"

要　点	重要的是发现对自己来说更好、更适合的东西

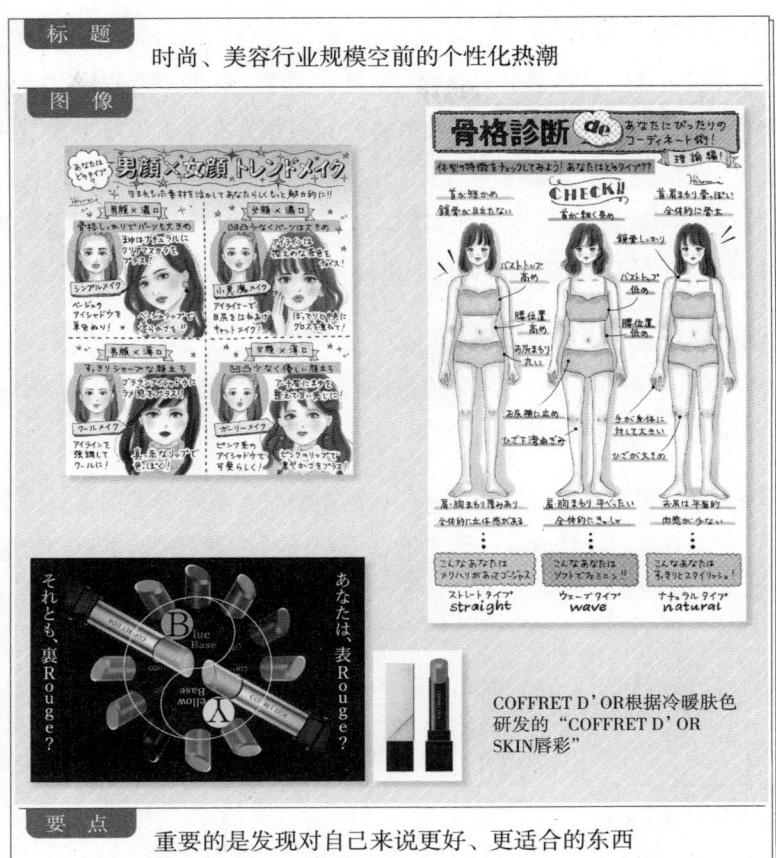

简要情况

- 时尚界掀起了一阵"骨骼诊断"热潮。所谓骨骼诊断，就是根据与生俱来的骨骼线条、脂肪的堆积方式、关节的大小等来判断适合的衣服
- 美容行业出现了越来越多的以个性化为卖点的产品和服务，可以根据个人肤色来选择暖色系还是冷色系妆容，通过面对面咨询和AI分析肤质、发质，向消费者提供合适的产品等
- 出现各种各样的个性化需求。消费者想要找到适合自己的东西的欲望是永无止境的

策划人员观点

- 能够满足多种个性需求，其指标能够促使消费者凭直觉做出选择，那么这件产品就容易成为爆品
- 消费者希望他人给自己划分类别，并在此基础上向自己提出建议，能够满足这种心态的产品才会成为消费者需要的产品

图 6-11　时尚、美容行业个性化服务案例

249

方法 2：改变心智模板

心智表现为知觉、理解、认知。在市场营销中，指的是客户对产品和品牌的认知和理解方式。通过某种手段改变客户原有认知和理解方式，我们称之为改变心智。在物质和信息爆炸的当下，比起增加客户的认知，让客户具有对产品和品牌有所期望的"心智"更为重要。对这个模板而言，"某种手段"就是具有建设性的产品，这里所说的建设性，是指某种创新、创意。

爆品的历史也是突破难关探索出创新性解决方案的历史。只有打破常规，改变对现有领域的理解，推出具有建设性的产品，才能打造出爆品。而改变心智就包含在这一过程当中。

当我们想要寻找堪称建设性产品的爆品案例时，就可以运用这个模板。这个模板可以清晰地展示"改变心智"的手段和法则，便于我们了解如何通过它打造出爆品（见图 6-12）。

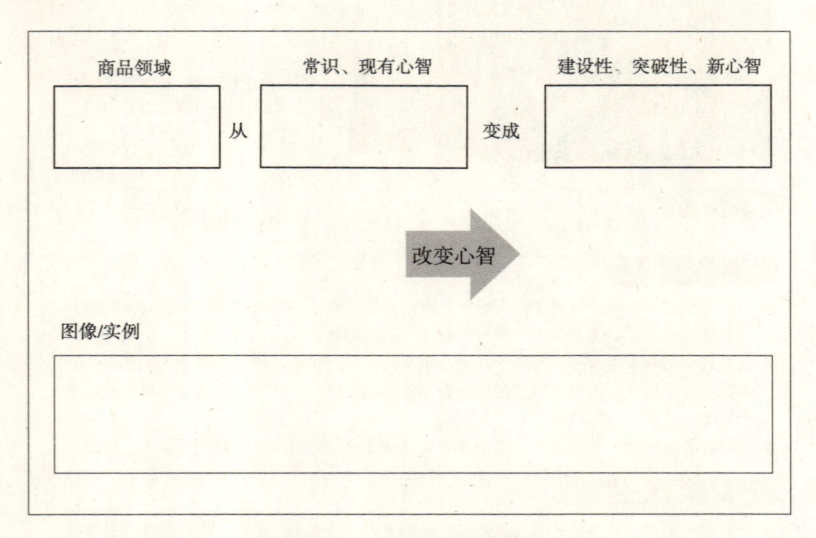

图 6-12　改变心智模板

注：可扫描书前测试题二维码下载电子版。

下面介绍几个应用该模板的案例（见图 6-13）。

第6章 制定销售战略的"战略调查"第3步，竞争对手分析

商品领域	常识、现有心智	建设性、突破性、新心智
羽绒服	从 只能作为外套穿	变成 可以作为内搭穿

图像/实例　改变心智　优衣库"ultra light down"

商品领域	常识、现有心智	建设性、突破性、新心智
眼镜	从 视障人士专用	变成 无论视力好坏都能佩戴

图像/实例　改变心智　防蓝光眼镜　睛资"JINS SCREEN"

商品领域	常识、现有心智	建设性、突破性、新心智
婴儿纸尿裤	从 统一使用时长	变成 3小时款和12小时款

图像/实例　改变心智　妮飘"Whito"

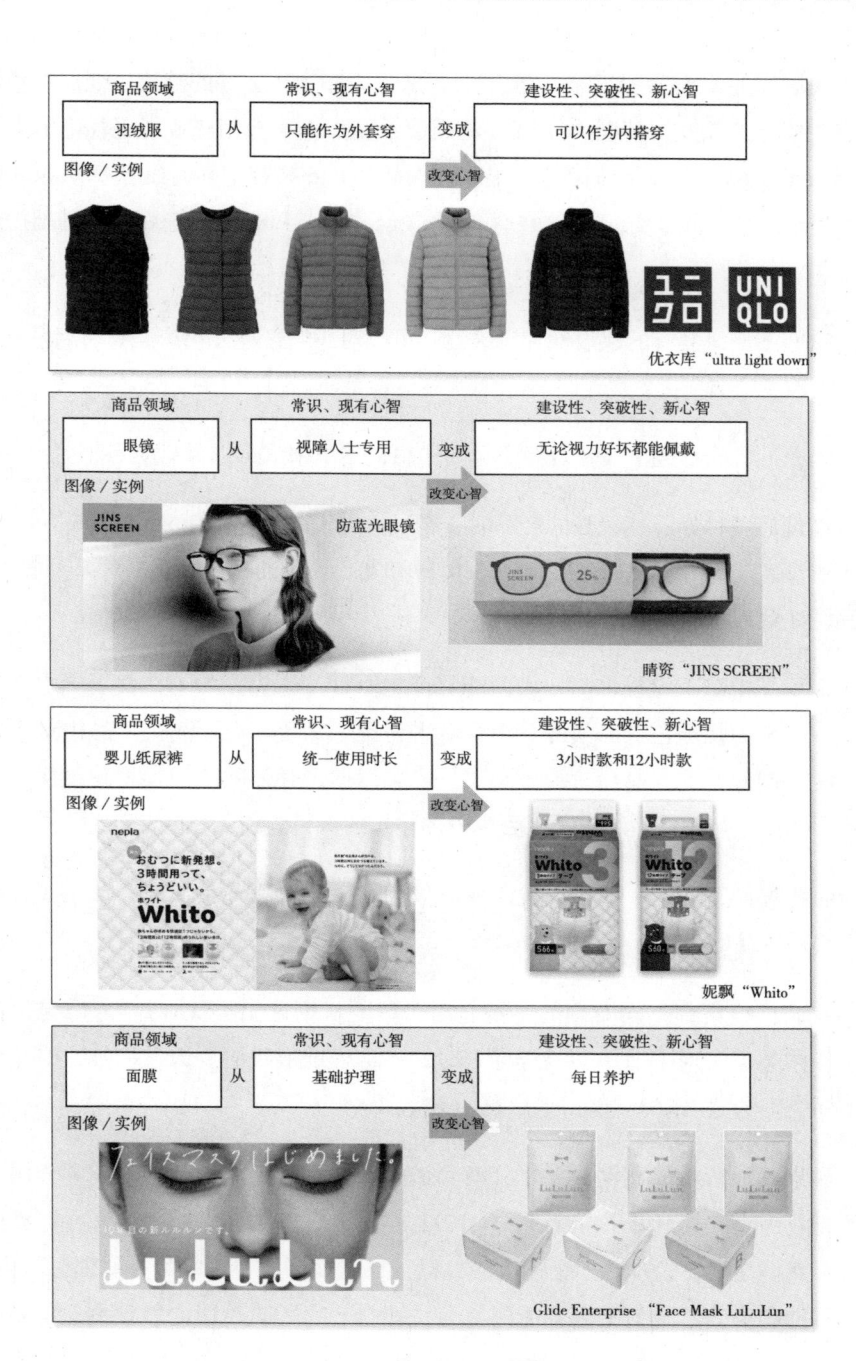

商品领域	常识、现有心智	建设性、突破性、新心智
面膜	从 基础护理	变成 每日养护

图像/实例　改变心智　Glide Enterprise "Face Mask LuLuLun"

图6-13　改变消费者心智的爆品案例

优衣库的 Ultra Light Down 羽绒服,从只能作为外套穿的款式,变成了可以作为内搭穿的款式;睛姿 SCREEN 将眼镜从视障人士专用变成了现代电脑生活伴侣,无论视力好坏都能佩戴;妮飘公司的 Whito 品牌把婴儿纸尿裤从原来的统一使用时长改为 3 小时款和 12 小时款;Face Mask LuLuLun 把面膜从基础护理变成了每日养护。

这些案例所具有的建设性和突破性,可以对我们打造公司产品有所启发(思考如何改变心智)。

当我们已经形成了改变目标心智的构想,接下来就可以分析卖点了。

在设计某种建设性较强的产品时,既可以像 Ultra Light Down 那样在单品中融入建设性,也可以像 SEVEN PREMIUM 和丸井百货的 Rakuchin 品牌系列那样,把建设性融入跨品类产品之中。

在单品中融入建设性时,大多能够产生一种冲击力。为了在卖场中引人注目,可以考虑从颜色、品类等各个维度进行推广销售。在跨品类产品中融入建设性时,即使单件产品没有那么突出,也可以通过整体效果来突出建设性,通过系列营销,实现在卖场中吸引目标群体注意的效果。

收集爆品案例时,我们要关注所收集的案例符合哪一种情况,从中找寻打造本公司爆品的灵感。

我们在收集到不同类别的案例之后,就要从中选出类似标杆和理想标杆。在制作同类竞争对手清单和挑选标杆时,一定程度上我们要力求完整,但是挑选不同类别的竞争对手与此不同,不必贪大求全。

如果其他行业的案例有与本公司相似的部分,只要能够良好适配本公司所在的行业,能打造出爆品,就可以将其归类为"类似";站在本公司产品的角度,若这个案例是想要追求的一个远大的目标,那么就可以将其归类为"理想"。对于既不能归类为"类似"也不能归类为"理想"的不同类别竞争对手,我们将其划归"后续可用案例"。

无论是"理想"还是"类似",可用的不同类别竞争对手或标杆都是多多益善。但如果信息过于繁杂,无法发挥作用,反而得不偿失。利用这些信息快速提出假说,将创意转化为原型,利用第 3 章的调查验证原型,能锁定可用的标杆。

> **调查行动指南**
>
> **制作竞争对手列表的 5 个要点**
>
> √ 要从同类别、不同类别两个视角分析竞争对手。
> √ 类别,就是任何人都能将其明确划分为同一种产品的分类。
> √ 利用"类似"和"理想"锁定标杆。
> √ 基于样式、行业占有率锁定同类竞争标杆。
> √ 利用案例收集模板和改变心智模板,寻找不同类别竞争标杆。

掌握竞争对手动向

列出竞争对手清单后,我们就要对竞争对手进行详细分析。竞争对手取得了怎样的成果,它们在店铺和媒体上采用了哪些传播方式,目标和卖点是什么,从这些问题倒推回去,我们就可以掌握竞争对手所采取的营销战略。分析过程具体分为以下三个部分:

- 竞争对手的现实情况(事实)。
- 原因是什么。从结果倒推来看,竞争对手采取了怎样的战略(意见)。
- 基于前两个部分的信息,本公司的产品可以采取哪些措施(意见)。

竞争对手的现实情况,可以用市场占有率数据、互联网、店铺实地调查等方式进行调查。调查内容和要点如图 6-14 所示。

竞争对手的现实情况

事实

市场占有率数据
- 通过富士经济集团、矢野经济研究所等机构可以查询市场情况的资料
- POS销售数据分析

★要点和应记录的事项
- ✓销量、市场占有率、销售排行榜结构、目前与本公司的差距

互联网
- 竞争对手的官方主页、社交网络官方账号
- 竞争对手的广告

★要点和应记录的事项
- ✓调查直观感受、真实体验
- ✓某种产品的目标是哪些人
- ✓卖点是什么,想要传播的价值是什么
- ✓优点、实力点、实际卖点是什么
- ✓缺点、弱点是什么

店铺实地调查
- 竞争对手的店铺、产品
- 竞争对手的广告

★要点和应记录的事项
- ✓使用产品的直观感受、真实体验
- ✓并排摆放的产品及陈列方式是什么
  (陈列方式十分醒目等)
- ✓产品是怎样被消费者选购、被卖出去的
- ✓向店员咨询产品,观察店员如何介绍
- ✓哪一款产品引人注目
- ✓有哪些吸引人的地方
- ✓哪些地方提升了满意度
- ✓哪些地方降低了满意度

意见
- 原因是什么。从结果倒推来看,竞争对手采取了怎样的战略
- 基于前两部分的信息,本公司的商品可以采取哪些措施

图 6-14　调查竞争对手现实情况的内容和要点

模板并不是一成不变的，用 PPT 之类的工具简单整理一些照片和评论，团队可用即可。如果某个信息缺少上述三项当中的任何一项，那么就无法为下一步的对策提供帮助（可参考第 2 章 "对收集来的信息进行分类"）。

从 3 个角度了解竞争对手所获得的评价

接下来，我们要详细分析竞争对手所获得的评价，例如媒体评价、消费者的口碑、消费群体等。

调查行动指南

分析竞争对手所获得评价 3 个视角

√ 视角 1：竞争对手的社会评价。

√ 视角 2：社会对竞争对手的认知。

√ 视角 3：竞争对手的消费群体。

用质和量来分析竞争对手社会评价

视角 1 是了解竞争对手社会评价的调查。对于社会评价，我们可以从质和量两方面进行分析。首先，我们要了解社会上是否存在与竞争对手相关的热门话题，话题数量有多少，口碑怎么样，无论正面评价还是负面评价，都要把握其数量和规模。

其次，要了解质量，浏览评价网站和社交网站、媒体报道、网红点评等相关内容，看一看都写了什么，哪些地方吸引了大家的注意力。即使数量不多，有一些也可以作为了解竞争对手口碑的参考。最后，结合质和量，综合把握社会对竞争对手的评价和评价的传播情况（见表 6-1）。

表6-1　竞争对手的社会评价

	调查项目
量	·社会上是否存在与竞争对手相关的热门话题 ·话题数量是多少，口碑怎么样 ·正面和负面评价的数量和规模
质	·评价网站和社交网站、媒体报道、网红点评等相关内容 ·无须在意数量多少
质×量	·社会对竞争对手的评价和评价的传播情况

调查内容和要点如图6-15所示。

调查内容
·竞争对手在评价网站上的评价数量和内容
·竞争对手在网上的口碑、主题标签的数量和内容
·竞争对手被网红推荐的帖子数量和内容
·竞争对手被媒体报道的次数和内容，获奖次数和内容

调查要点
·对数量和质量的评价（竞争对手的正面评价多还是负面评价多）
·被评价、被关注、被推广的内容（亮点是什么）
·没有得到好评、被忽视、难以推广的具体内容（犯了哪些错误）
·被评价、被关注、被推广的原因
·没有得到好评、被忽视、难以推广的原因
·被重点批评的地方（弱点是什么）
·学习→下一步行动：
　竞争对手做得好→本公司的商品能采取哪些对策
　竞争对手做得不好→本公司的商品能获得哪些机遇

图6-15　竞争对手调查内容和要点

通过采访和问卷调查了解社会对竞争对手的认知

接下来谈谈视角2，社会对竞争对手的认知。通过视角1对竞争对手的社

会评价的分析，我们可以对竞争对手有一个大致的了解。通过采访和问卷调查，针对本公司的产品和竞争标杆产品提出同样的战略性问题，可以更有效地把握二者的差异。问题示例如下：

- 请说说你对企业、品牌或产品名称的印象。
- 你会在哪些时候光顾（企业、品牌或产品名称）店铺？（或使用产品、饮用饮料、参与活动等）

图 6-16 是消费者给出的对 3 种饮料的印象。我们可以像这样对比同一个问题的不同答案，了解社会对每个公司的认知和各认知之间的差异。

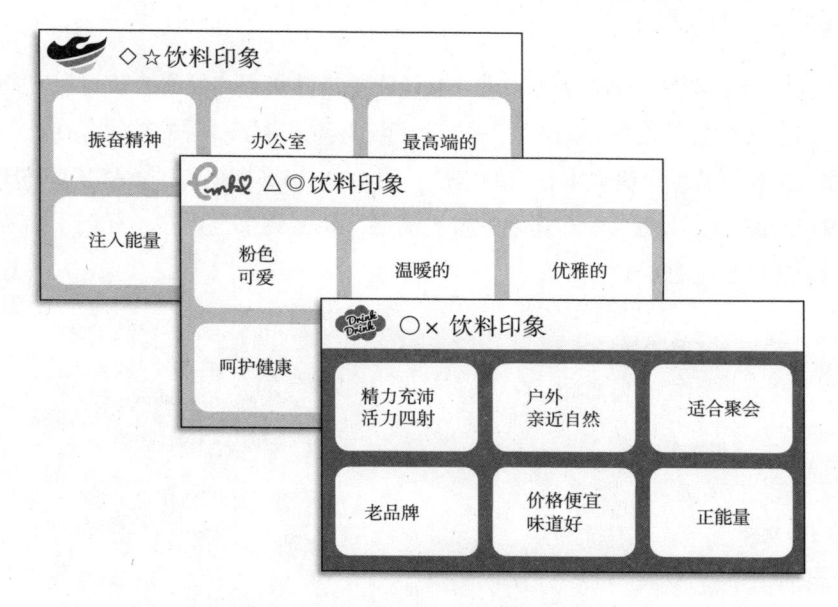

◇☆饮料印象

振奋精神	办公室	最高端的
注入能量		

△◎饮料印象

粉色可爱	温暖的	优雅的
呵护健康		

○×饮料印象

精力充沛活力四射	户外亲近自然	适合聚会
老品牌	价格便宜味道好	正能量

图 6-16　消费者对 3 种饮料的印象

我们可以利用 Mill Talk 工具的"听一听"功能（可以在几个小时内收集数百人的意见），十分便捷地从数量上大致把握与印象或场合（使用场景或状况）相关的差异。

分析竞争对手的客户

在分析视角1和视角2后,我们就可以对视角3进行目标画像了。另外,我们还要分析竞争对手的客户是不是本公司所期望的目标。

明确公司和竞争对手的定位

分析、归纳并整理公司和竞争对手的定位,确定公司的定位策略和真正的竞争对手,能帮助我们找出能让公司取胜的目标和卖点,进而确定下一步行动,开展竞争的具体措施。

利用四象限图,我们一边思考"我负责的产品想要占据哪个位置","想要提升到什么位置"之类的问题,一边设计两条有关竞争对手的轴线,在此基础上收集信息,有助于研究本公司的定位。例如DOLLY WINK的EASY LASH 10秒嫁接假睫毛,比睫毛膏和睫毛嫁接更简便,妆造效果也更好,开创了前所未有的新品类(见图6-17)。

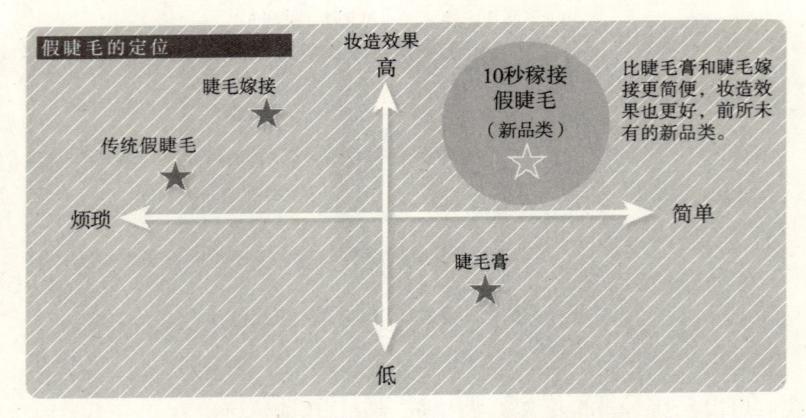

图6-17 通过开创新品类,促进假睫毛市场增长

利用四象限图整理公司和竞争对手定位,也是在整理、汇总我们脑海中的

大量调查信息。但需要注意的是，在整理过程中，不要站在生产者的角度，不要以自己对产品的主观期望为出发点。

如果一张四象限图没有从客户的角度出发，没有洞察客户的心理，那么它被整理得再漂亮，对公司和竞争对手的差异分析得再好，也毫无用处。在设计轴线的时候，我们要时刻注意轴线内容有没有站在客户的角度。全心全意聚焦客户需求，比聚焦公司与竞争对手的差异更重要。从客户的角度出发设计的轴线才有意义。

认真实施客户分析，是从客户角度出发，对公司和竞争对手进行定位的重中之重。此外，也不可忽视对公司的分析，也就是本公司能够为客户提供哪些价值。

> **调查放大镜**
>
> ## 用调查克服营销中的无意识偏见
>
> **什么是无意识偏见**
>
> 你知道"unconscious bias"这个词吗？通常我们把它翻译为"无意识偏见"。近年来，随着人们对它的关注度越来越高，企业也开始开展相关的学习培训。
>
> 例如"对有孩子的女性来说，负责某项工作是一种沉重的负担"，"关西人谈吐风趣"等主观臆断，虽然在一定程度上也是事实，但是存在着伤害他人感情的风险。再如面对"你正在带孩子，出差的事还是交给别人吧"的说法，也许有人觉得"太感谢了，帮了大忙"，但也有人会觉得"这是我的工作，应该我自己负责"。一个人的想法只有他自己知道。

市场营销无法彻底摆脱无意识偏见

思考公司产品或服务的市场营销战略，实质上就是根据他人的所思所想制定战略。换言之，市场营销无法彻底摆脱无意识偏见。

如果你长期负责同一品牌或产品并进行目标调查，那么往往会形成"这个目标就是××吧"等定式思维，或是因为先入为主的观念而听不进去客户的心声。也就是说，自己设想的假说可能只是自以为是的臆想。如果对此放任不管，很可能使营销活动偏离方向，或者做出带有刻板印象、惹人非议的广告。

实际上，存在无意识偏见本身并不是坏事。就像人一看到蛇就会感到害怕一样，防范危险是人的本能，也是生存所必需的。主观臆断也时常催生出生活中不可或缺的同理心。我们要做的是意识到自己本身存在无意识偏见，具备最低限度的知识和意识，为阻止消极现象的发生及时"刹车"。我们还要了解当事人的所思所想，踩下沟通的"油门"，消除意见分歧。

在做营销决策的时候，调查能够让我们与客户沟通交流，获取没有偏见的客观视角。正因为市场营销无法彻底摆脱无意识偏见，仅凭想象也无法了解当事人的内心，所以我们才要把调查纳入规划的过程当中，听取各方意见，投身于具有包容性的市场营销实践。

第 7 章

制定销售战略的
"战略调查"
第 4 步，公司分析

電通現役戦略プランナーのヒットをつくる
「調べ方」の教科書

第 7 章　制定销售战略的"战略调查"第 4 步，公司分析

为什么要分析公司？因为只有盘点公司自身的情况，提炼出竞争对手无法模仿的独特价值，才能打造出爆品。只有找到能够将独特价值最大化的目标和卖点，才能打造出热门的产品或服务。

我们可能时常看不清自己，但是当我们观察电视上的艺人就会发现，那些更清楚自身亮点和定位的人更受欢迎。同样都是模特出身，有些人成为出色的女演员，有的人虽然演技平平，但是能因在综艺节目上发挥能说会道的优势而走红。我们也要像这样发挥自身的优势，有效利用杠杆打造爆品。

调查行动指南

公司分析的 4 件事

√ 了解公司现状。
√ 重新定义产品价值和存在意义。
√ 收集公司所获得的评价。
√ 找出公司特有的优势。

根据市场、客户和竞争对手的情况，持续提供客户所需的产品，并且这些产品不易被竞争对手模仿，那么就一定会获得良好的销售业绩。为此，我们首先要盘点公司的情况和产品、服务等资产，进行自我分析。

重新定义产品价值是关键

在分析公司时，首先要做的就是了解公司现状。

如果是已经问世的产品或服务，那么就要掌握自己公司的产品或服务在市场上创造了多少销售额，市场占有率如何，与竞争对手相比情况如何等现实情况；确认各目标目前的完成度，设定下一步的目标，分析产品、服务和战略。

我们常用 KPI、KGI 来定量表示某个目标的完成情况。KPI 是中间目标，KGI 是最终目标。因为设定 KPI 和 KGI 的方法与调查完全是两码事，本书不再详述。

接下来，我们要盘点公司的资产，然后重新定义公司或产品的价值和存在意义。如果你是负责客户产品的广告公司或咨询公司的策划人员，那么你应该从客户公司的角度来进行调查。

第一步，确认当前的目标和卖点。特别是在毫无头绪的时候，我们也要试着根据当前情况进行构思。刚开始粗糙一点也没有关系，后续反复修改打磨即可。

第二步，重新整理公司官网主页的内容。营销人员在接到新产品或新企业的任务后，首先会去查看相关的网站。可能你会觉得这是理所当然的事，但请大家务必防止出现灯下黑的情况。主页上有很多关于公司产品的信息，我们可以检查一下上面的广告，思考目前公司在传递怎样的信息，而这又会在客户的头脑中形成怎样的认知。再根据市场、客户和竞争对手的信息，分析公司的亮点和弱点。在分析这些问题的时候，请务必查阅公司的主页。

另外，要亲自体验产品或服务。想必很多人也会用自己公司的产品。不过，很多时候自己公司的产品都是可以免费领取或打折购买的，因此很少有公司员工会去店里购买，而且经常会遇到"我负责化妆品，但我本人不用化妆品"等负责人本身不是目标群体的情况。此外，还有公司员工不信任公司产品价值的情况，例如标榜"每天来一杯"的健康饮料，该公司的员工却说："虽然是免费的，但没人喝……"

如果不认同产品的价值，首先要做的就是尽快对产品进行重新评估，即使没有问题，也要先试用一下。因为没有亲自使用过的产品必定会存在疏漏。

在使用的时候，要多次前往提供产品或服务的场所，也就是进行实地调查，我们广告行业的营销人员一定要亲自试用自己负责的产品。有时客户公司会直接提供试用装，但更多的时候我们要作为一名普通客户，自掏腰包试用产品或服务。如果我负责洗衣粉，我就会换上这种洗衣粉，然后购买竞品进行比较。如果我负责化妆品，那就换用这款化妆品。当初负责假睫毛的时候，我放弃了睫毛嫁接，改用假睫毛。担任游戏软件负责人的时候，为了深入体验，我甚至不惜氪金。绝大多数时候，我都在不知不觉中成为这些产品的粉丝。

只有在实际使用之后，我们才能从客户的角度出发，发现一些让客户满意或不满的地方。只有走进店铺，我们才能用客户的视角观察公司的产品，衡量它们与竞争对手受关注的差别，以及它们是否被淹没在无穷无尽的产品之中。

从对产品漠不关心到成为忠实客户，再到成为回头客，通过体验客户态度转变的全过程，我们能够发现改变目标心理的触发要素，以及打造爆品的卖点。实际使用产品，可以了解公司的产品或服务在哪些用途或场合更容易被消费者选择，从而把握商机。

实地调查时需要注意的要点与分析竞争对手相同。以下只列举主要的几条：

- 使用产品的直观感受、真实体验。
- 并排摆放的产品是什么？陈列方式是什么？（陈列方式十分醒目等）
- 产品是怎样被消费者选购、被售出的？
- 向店员咨询产品，观察店员如何介绍。
- 哪一款产品引人注目？
- 有哪些吸引人的地方？

- 哪些地方提升了满意度？
- 哪些地方降低了满意度？

盘点的最后，是追溯公司和产品的"历史"。在追溯历史的过程中，还要同时回顾成功和失败。成功指的是曾经令产品畅销、引发热议的措施等，失败指的是令产品滞销、没有获得反响的措施等。之所以要这样做，是为了了解优势的根源——价值和存在意义，这也正是公司或产品强有力的卖点。

在对产品或服务进行重新包装，或者为了打造新产品而思考新战略的时候，盲目地迎合流行趋势往往会导致失败。造成这种情况的根本原因是"这个企业、品牌没有理由这样做"。那么公司要基于怎样的理由，在哪些方面下功夫呢？要回答这个问题，我们首先要重新审视公司和产品的"原点"，发现其价值，从价值出发，找到应该做的事。

重新定义产品价值和存在意义是公司分析最重要的部分。为了便于大家理解，我在此介绍3个案例。

案例1：雪峰（户外综合制造商）

位于新潟县燕三条的雪峰作为一家品质超凡，经营高端户外产品的制造商，在野营爱好者中可谓大名鼎鼎。该企业在20世纪80年代的汽车野营热潮中实现了飞速成长，在2011年的销售额高达32亿日元。

雪峰的山井太社长（现为董事长）曾定下目标，如果公司销售额达到30亿日元，超过汽车野营热潮时的峰值，那么就开始考虑下一步的发展。而所谓的"下一步"，就是以非野营爱好者为目标开展业务。因为当时野营爱好者只占日本人口的6%～7%，非爱好者人数占压倒性的多数，所以雪峰当时制定的目标是把野营爱好者增加到20%。但即使成功实现20%的目标，剩下的80%与雪峰仍然毫无关系。

雪峰要实现进一步发展，必须利用野营自身的魅力，拓展野营以外的业务，吸纳 80% 的非野营爱好者。那么雪峰能够为这些人提供什么样的价值呢？到目前为止，雪峰的目标是用野营连接人与自然。如果挖掘其本质，就会发现雪峰提供的价值是"恢复人类精神"。这是指恢复在现代文明生活中逐渐被破坏的、人类与生俱来的生物敏锐性和野性，并以此来调节身心状态。

与现代文明社会生活相比，野营可以说是一种略显原始的生活状态。即使忙得头昏脑涨，只要去野营，就能感受到时间的流逝，感受到地球的自转，真切地感受到自己生活在一个广阔的世界里，脚下就是实实在在的土地。人类一直生活在大自然当中，户外活动能够让人的精神面貌焕然一新，回归社会后依然充满活力。

雪峰此前只为野营爱好者提供"恢复人类精神"的价值，致力于治愈这些爱好者。若要把这种价值推广给非野营爱好者，雪峰的挑战便是，如何为人们全部的人生场景提供"恢复人类精神"的价值。雪峰把连接人与自然的行为统称为野游，提出了"野游即人生"的理念，而且还针对生活在都市的消费者推出了都市户外活动，即利用雪峰的产品，将自然与人联系起来，恢复人类精神。

公司对都市户外进行了各种尝试，其中发展最为迅速的是将办公室与户外相结合的 CAMPING OFFICE（野营办公室）服务。该服务主要有两大内容：其一是在办公大楼的绿地搭起帐篷或天幕用以召开会议，其二是把山顶上的野营用品当作办公家具使用（见图 7-1）。

图 7-1 将办公室与户外相结合的 CAMPING OFFICE

都市户外还涉及住宅领域。雪峰与独栋房屋制造商、土木公司、公寓公司合作，推出了将户外运动融入日常生活的野游之家（见图 7-2）。

图 7-2　雪峰的野游之家

雪峰还与规模和所属行业都截然不同的三得利天然水开展合作，原因是二者在对待自然的态度上有着异曲同工之妙。三得利拥有"与水共生"的理念，从水能够联想到自然循环，这与雪峰的"恢复人类精神"的理念不谋而合，最终达成了与天然水 SPARKLING 的合作。

除了户外用品，服装在雪峰的业务中也占有很大的比重。于是，就任第三代社长的山井梨沙提出了"保留野营功能的帅气都市衣着"的构想。

如果雪峰故步自封，坚持只做户外用品，很可能不会涉足住宅、服装等领域。但是，雪峰将"恢复人类精神"定义为本质价值，从野营扩展到了都市等全部的生活场景，成为一家提供与"恢复人类精神"相关的产品和服务的企业。

2011 年，雪峰的销售额为 32 亿日元，而到了 2020 年，雪峰将这个数字大幅提高到 168 亿日元，引起了广泛关注。100 亿日元的规模不仅震撼了野营爱好者，也提高了雪峰在不关心户外运动的人群当中的知名度。山井梨沙社长说："如果雪峰只发展户外用品，可能销售额最高也就是 50 亿日元。"雪峰利用野营自身的魅力所拓展的野营以外的业务仍在不断发展，事实证明，雪峰提供的"恢复人类精神"这一价值，充分渗透到了野营以外的场景。

案例 2：湖池屋（综合零食制造商）[①]

湖池屋经营薯片产品已有将近 60 年的历史，但是其竞争对手卡乐比的市场占有率已达到 70%，二者存在巨大差距，市场环境十分严峻。在薯片市场，店铺进行低价促销已经成为常态，存在严重同质化的情况。作为改革的旗手，被大股东日清食品控股公司派往湖池屋的佐藤章社长发出号令："我们要生产出象征湖池屋重获新生的全新的薯片。"

什么是湖池屋的本质价值呢？在研发新产品时，面对众多竞争产品，市场总部营销部部长野间和香奈为了重新探寻湖池屋的优势，咨询了董事和工厂员工等熟悉湖池屋历史风貌的人，听取他们的意见并从中得到了启发。

湖池屋于 1962 年推出了海苔口味薯片，1967 年成为日本首家实现薯片量产的鼻祖企业。100% 使用日本土豆，制作工艺精湛，拥有味道不输其他薯片的自信，这些重返创业原点探寻到的湖池屋品质，正是湖池屋的本质价值。象征着湖池屋重获新生的顶级产品 KOIKEYA PRIDE POTATO 诞生了。该产品名称反映了这家老字号企业重新激发匠心精神的决心（见图 7-3）。

新生产品 KOIKEYA PRIDE POTATO 的包装背面还放上了厨师的照片。这体现了湖池屋的一种品质思想，即"不只追求效率，更注重味道，充分激发原料的美味"这一理念。起用女高中生歌手拍摄电视广告，展现薯片的高品质，也引发了热议。广告中，身穿校服的女高中生一手拿着薯片，以超凡绝伦的实力演唱"100% 使用日本土豆"（见图 7-4、图 7-5）。

[①] 案例根据以下 3 篇文章撰写，一篇是 2021 年 3 月 21 日发表在《钻石在线》的《湖池屋将公司命运寄托于薯片，它如何克服危机再次成为热门的原因》，另一篇是 2018 年 1 月 11 日发表在《钻石在线》的《湖池屋薯片有何创新之处》，最后一篇是 2017 年 3 月 11 日发表在《周刊现代》的《愚蠢的销售！湖池屋薯片在不畅销时代的销售方法》。

电通爆品讲义

图 7-3　湖池屋薯片包装正面

图 7-4　湖池屋薯片包装背面　　　　图 7-5　湖池屋薯片电视广告

最终，这款决定了公司未来命运的产品大受欢迎，发售仅一周，销量就突破了事先预计的一个月的销量。半年销售额突破 20 亿日元，也超过了此前年销售额 20 亿日元的预期。

因为每一道工序都相当讲究，所以其他公司很难复刻。"用食物丰富生活"，湖池屋回归原本的理念，使产品不仅能够传递美味，还具有直达人心的价值。追求本质价值，摆脱低价竞争，也是湖池屋取胜的原因之一。

2020年，为了便于消费者识别，湖池屋将产品名称由原来的英文改为日文（见图7-6），并且进一步提升了品质，该产品至今依然深受消费者喜爱。

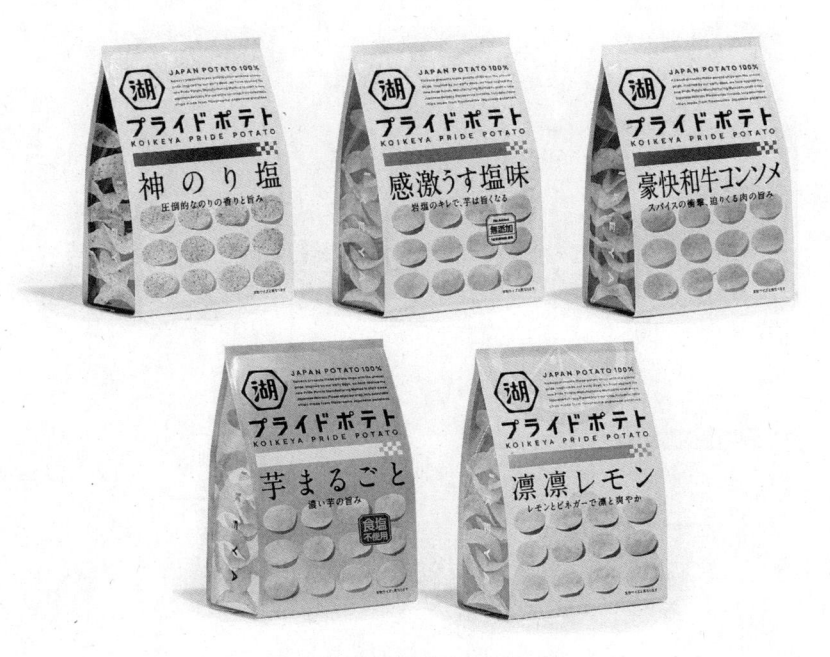

图 7-6 湖池屋薯片的新包装

案例 3：蔻吉 DOLLY WINK

随着假睫毛市场萎缩，早在 2018 年，蔻吉便思考过是否要放弃假睫毛，将主打产品换成市场规模为假睫毛市场 6 倍的眼线笔。

但是，蔻吉和 DOLLY WINK 项目组并没有立即这样做，而是开始思考：真的应该换成眼线笔吗？基于什么理由在眼线笔上面下功夫呢？如果只是因为市场正在增长、时下流行这样简单的理由，重塑品牌岂不会很困难吗？

意识到这些问题之后，蔻吉决定重新审视 DOLLY WINK 的"原点"。寻找品牌的价值这一增长源泉，并从这个价值出发，思考应该挑战什么（见图 7-7）。

> 如果能重新定义产品价值，就能看到目标的未来
> 看清现在和未来，自然就能找到应采取的对策

未来

面向DOLLY WINK未来的对策

DOLLY WINK 品牌的
理想状态

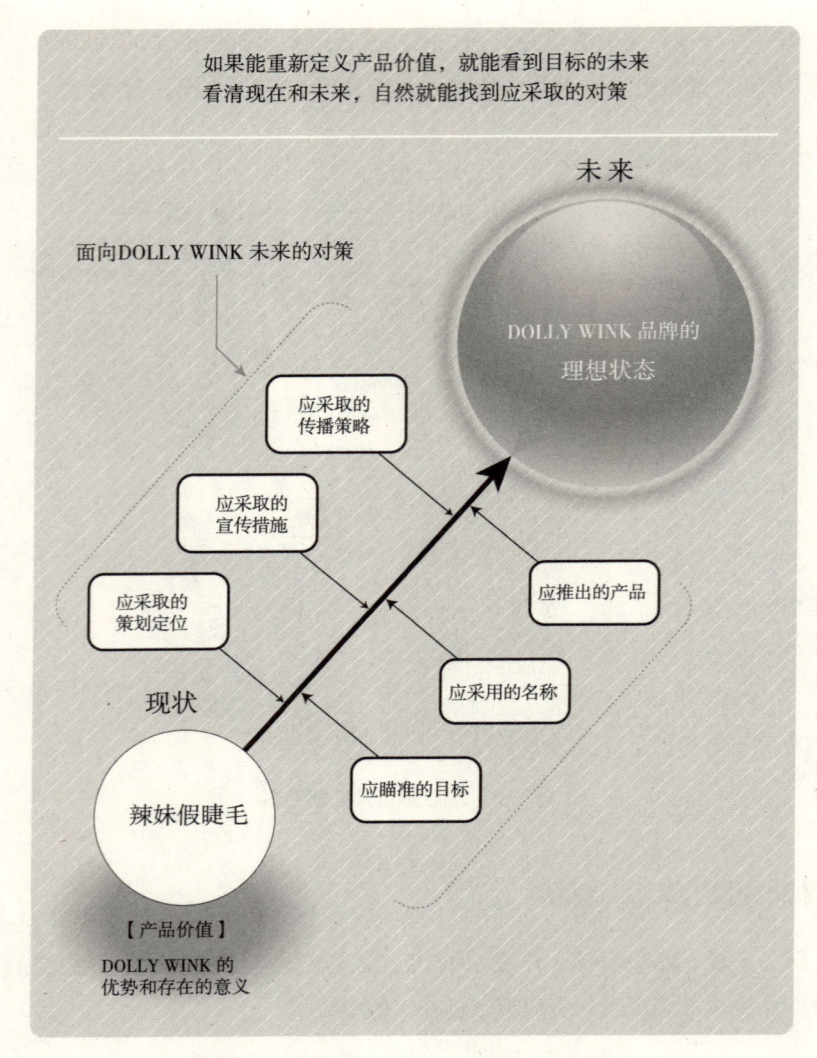

应采取的传播策略

应采取的宣传措施

应采取的策划定位

应推出的产品

应采用的名称

现状

应瞄准的目标

辣妹假睫毛

【产品价值】
DOLLY WINK 的
优势和存在的意义

图 7-7　蔻吉重新审视 DOLLY WINK 的原点

　　第 3 章中也提到过，蔻吉的原点是 1947 年在日本首次发售的假睫毛。当时，浅草的舞女剪下自己的头发，手工制作了假睫毛，蔻吉以此为参考，生产出特制蔻吉假睫毛 1 号产品。它是修饰仪容的化妆品，还是一种具象化的、能使任何人变美的特别技巧，凸显了女性的美丽。

第 7 章　制定销售战略的"战略调查"第 4 步，公司分析

蔻吉并不是趁着 2009 年的"辣妹热潮"才开始做假睫毛的，其生产假睫毛的历史可以追溯到第二次世界大战结束后。伴随 20 世纪 60 年代崔姬[①]与迷你裙等欧美时尚热潮，假睫毛也迎来了全球流行的时代。蔻吉对假睫毛饱含着精益求精的态度和自豪感，其制作的毫米级产品具备绝无仅有的高品质，DOLLY WINK 品牌的原点得到了"辣妹们"的一致认可。

妆造技艺备受消费者信赖的益若翼在就任 DOLLY WINK 策划的时候，同样表达了自己的信心：假睫毛，就看蔻吉！

"辣妹妆"只要化得好，每个人都能变得很可爱。益若翼"努力变可爱"的观点引发了大家的共鸣，可以说她是所有人都能变可爱的时代的开创者。基于这样的原点，蔻吉将其本质价值重新定义为"所有人都能变可爱的，让人惊喜的特别技巧的具象化"。蔻吉总结出了自己与竞争对手相比所拥有的压倒性技术和品质上的优势，将目标设定为"复活假睫毛市场"，决定掀起假睫毛的第二次热潮（见图 7-8）。

蔻吉的价值

"所有人都能变可爱，让人惊喜的特别技巧的具象化"
优势是假睫毛产品

↓

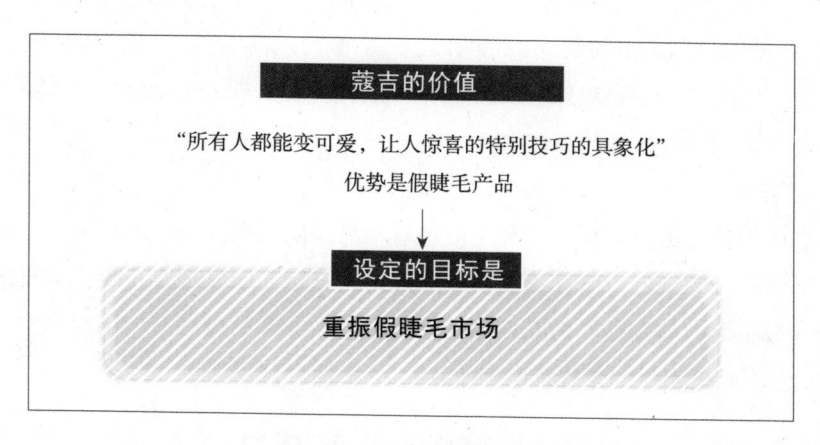

设定的目标是

重振假睫毛市场

图 7-8　蔻吉的目标设定

当下的流行趋势是素颜、自然妆容，关键词是"天生丽质""天然美"等。

[①] 崔姬是 20 世纪 60 年代风靡一时的伦敦模特兼女演员，在全世界掀起了迷你裙和短发的热潮。她作为复古时尚的标志人物一直深受人们的喜爱。——编者注

而现在 DOLLY WINK 要挑战的就是改变潮流，提出全新的方式，用"所有人都能变可爱"替代"辣妹""浓妆"。

蔻吉提出了能够体现自身价值的全新品牌定位：

- 谁都可以变可爱。
- 坚信这一点的 DOLLY WINK 用震惊世人的独特技艺，实现女孩子们的愿望，这是它的使命。
- 沉淀 10 年的实力，重装上阵。
- 用让人惊喜的眼妆体验，邀请你进入新的世界。

DOLLY WINK 的品牌策划益若翼也表达了与品牌定位相吻合的观点：

- 我相信每个女孩子都能变可爱。
- 每个人都能找到适合自己的、能够实现的妆容，于是我设计了 DOLLY WINK！它形状可爱，各式各样。
- "我想塑造最适合你的妆容！"怀揣这样的期望，DOLLY WINK 为大家呈现了符合时代和潮流的妆容。

草率地迎合流行趋势，只会生产出滞销品。因此我们要先回到原点，找到作为品牌成长源泉的价值和应该挑战的事情，这样才能发现真正应该瞄准的目标和具有吸引力的卖点。而原点存在于每一个企业和品牌独有的历史之中，找到它的一个行之有效的方法是调查企业和品牌的历史。

没有记载在官网上的企业沿革中的轶事，往往会对我们挖掘价值有所启发。我们可以通过咨询与企业、产品、服务有着深厚渊源的人来获得意想不到的发现，这样的人包括曾经在该企业工作过的人，或者参与过产品、服务的策划、研发的人等。调查企业、产品、服务研发之初，以及成为热门产品之后的相关报道，同样是一个有效方法。然后将调查结果整理成年表，从中找出价值（见图 7-9）。

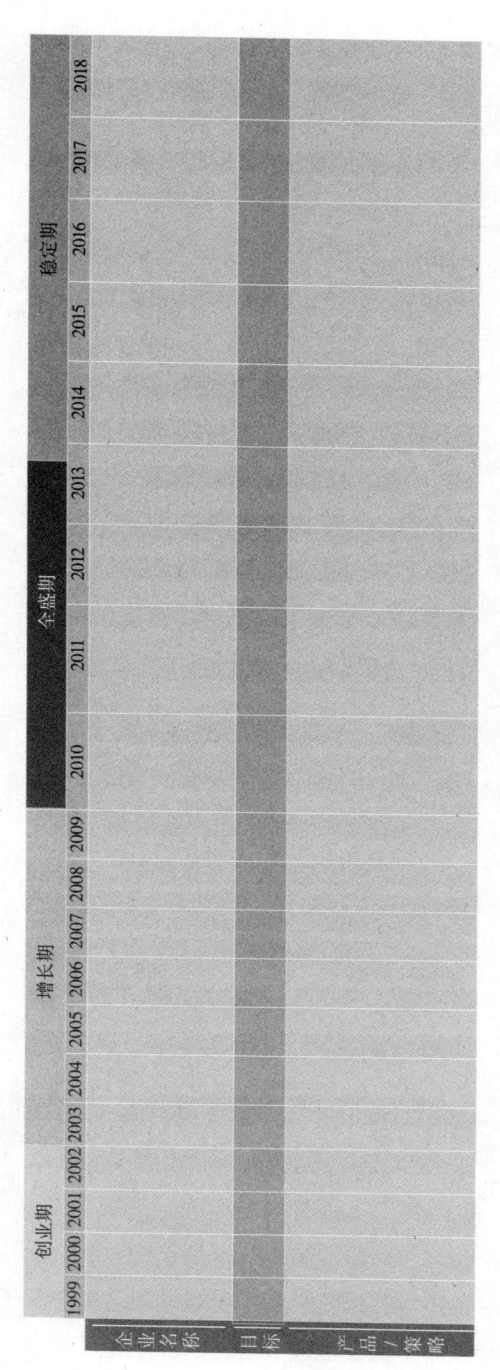

第7章 制定销售战略的"战略调查"第4步，公司分析

图7-9 历史年表模板

注：可扫描书前测试题二维码下载电子版。

图内需填入的内容如下所示：

- 企业（或品牌）自认为的成功与失败。（卖得好的产品，卖得不好的产品）
- 想要保留和舍弃的东西。
- 消费者的看法和评价。

我将前文盘点公司及重新定义产品价值的步骤总结如下，其中第4步对于找到强烈吸引力的卖点最为重要：

- 确认目前的目标和卖点。即使还没有找到，也可以粗略地写出设想。
- 重新整理官网主页内容，如当前公司传递了怎样的信息，形成了怎样的认知，基于市场、客户和竞争对手信息，分析公司亮点、弱点分别是什么？
- 亲自体验产品或服务。到提供产品或服务的场所进行实地调查，通过实际使用产品，发现让客户觉得满意或不满的地方，客户对产品的看法，购买产品的触发要素等。
- 追溯公司或产品的历史，回顾成功（令产品畅销、引发热议的措施）和失败（令产品滞销、没有获得反响的措施），了解产品价值和存在意义，打造独一无二的优势。

掌握消费者对公司的看法

盘点公司，重新定义产品价值和存在意义之后，我们要收集公司所获得的评价。具体来说，为了把握消费者对目前公司以及产品卖点的看法，我们可以采取网络自搜调查的方式，了解消费者对公司的评价，并基于此分析公司、产品或服务具有哪些独一无二的亮点，又有哪些弱点。

进行网络自搜时的视角与分析竞争对手时通过社会的声音了解评价的调查视角相同，也要从质和量两个角度进行分析。从数量角度来看，我们要了解社会上是否存在与公司相关的热门话题，数量有多少等问题。

无论正面评价还是负面评价，都要把握其数量和规模。从质量角度来看，我们要浏览评价网站和社交网站、媒体报道、网红点评等相关内容。最后，结合质与量，综合分析社会对公司的评价及其传播情况（见表7-1）。

表7-1 公司获得的社会评价

	调查项目
量	·社会上是否存在与公司相关的热门话题 ·数量有多少 ·正面和负面评价的数量和规模
质	·评价网站和社交网站、媒体报道、网红点评等相关内容 ·无须在意数量多少
质×量	·社会对公司的评价和评价的传播情况

网络搜索调查

分析蔻吉 EASY LASH 发售以后的情况我们发现，比起 EASY LASH 的产品名和其他促销内容，广告语"10秒嫁接"给人们留下了深刻的印象。这句广告语不仅直观地表达了产品价值，而且也容易在使用睫毛膏和睫毛嫁接的客户中引起共鸣，让超越了传统假睫毛的新产品更易于被人们接受。

也就是说，"10秒嫁接"这句广告语就是能够制造卖点的"资产"。充分发挥这句广告语的作用，未来产品很有可能获得更大的发展。我们要按照这样的思路进行分析并确定今后的对策。

蔻吉在 2021 年 6 月 24 日推出了 10 秒嫁接的升级版产品，在保留了 10 秒轻松完成妆造的基础上，力求打造出更加逼真的假睫毛，这便是 10 秒嫁接+DOLLY WINK SALON EYE LASH（均码新款假睫毛）。网络搜索调查的内容和要点见图 7-10。

```
调查内容
·客户有无反响以及反响的内容
·在评价网站上的评价数量和内容
·在网上的口碑、主题标签的数量和内容
·被网红推荐的帖子数量和内容
·被媒体报道的次数和内容，获奖次数和内容
```

> 在口碑上升或获得媒体报道的时候，分析哪些地方引起了关注，哪些地方没有引起关注，有助于把握有哪些独一无二的亮点，有哪些弱点等问题。

```
调查要点
·对数量和质量的评价（竞争对手的正面评价多还是负面评价多）
·被评价、被关注、被推广的内容（亮点是什么）
·没有得到好评、被忽视、难以推广的具体内容（犯了哪些错误）
·被评价、被关注、被推广的原因
·没有得到好评、被忽视、难以推广的原因
·被重点批评的地方（弱点是什么）
·学习→下一步行动：
  进展顺利→怎样继续发展
  进展不顺利→怎样改善
```

图 7-10　网络搜索调查的内容和要点

客户问卷调查和座谈会

我反复强调，在问卷调查和座谈会上，不要"先随便调查一下"。这里依然要遵循先提出假说，确定想要明确的内容，然后再进行提问的顺序。我总结了在客户问卷调查和座谈会上需要问的 5 个问题，可以帮助大家获取把握现状的信息，发掘独一无二的亮点，找出亟待解决的弱点。

- 问题 1：你如何看待我们公司的产品或服务？
- 问题 2：有哪些好的地方？使用原因是什么？
- 问题 3：希望改善的地方有哪些？原因是什么？
- 问题 4：与其他公司的产品相比怎么样？原因是什么？
- 问题 5：请客户当场试用公司的产品，并随意谈一谈感受。

从公司的亮点和弱点中找出优势

至此，我们了解了公司现状，重新定义了产品价值和存在意义，收集了公司所获得的评价。其中最重要的是重新定义公司和产品的价值和存在意义，从历史和根源中提炼出来的价值和优势，是其他公司所不具备的。让我们列出这些亮点，找出制胜的目标和卖点。

在对公司进行分析的过程中，有时也会发现弱点，对此能够克服的要尽量克服。不过，与亮点相对的弱点并不是一定就要克服。例如便宜和方便是亮点，那么高附加值、高格调的产品不好卖就是弱点，亮点、弱点互为表里。此时我们要把握弱点带来的障碍并采取相应的对策，了解很难进入高附加值的市场这一情况，不去参与那里的竞争。

参读禁止虚假、夸大广告宣传的日本《药机法》（日本保证医药品、医疗器械等的品质、有效性及安全性的法律），我们可以找到公司产品的卖点，其中有些可以作为宣传语，有些则不行。经过层层审查，最终会制定一条红线，而这条红线也是一条值得团队共享的信息，更有利于对卖点进行讨论。

以上就是为了制定销售战略，对市场、客户、竞争对手、公司进行调查的全部内容。不知你有何体会？能够找到目标和卖点了吗？

调查放大镜

将诞生于 1982 年的 3C 分析法应用于现代

3C 分析法诞生于 1982 年，至今仍未过时。由此可见，这是一个基础的思维框架。大前研一在《战略家的思想》(*The Mind of Strategist*)一书出版后的 2014 年推出了该书新版，在此我想介绍一下这本书关于 3C 分析法实用性、未来的使用方法等的论述。大前研一说："在做一件事的时候,利用这 3 个 C,整理客户真正想要什么、竞争对手的实力到底有多强大、公司能发挥什么功能和特性,是非常重要的。"

关于使用 3C 框架时的风险,他指出了以下几点:"在这本书出版后的几十年里,我已经不怎么提这 3 个 C 了,因为我一提到这 3 个 C,越优秀的学生就越是想用这 3 个 C 来思考问题。我的本意是要用思想(心灵、头脑)来思考问题,但这样一来,3 个 C 就成了一个刻板的标语。框架的危险之处在于'人会放弃深思熟虑,只是为了得出答案而使用框架'。一旦遇到难题,就总想着利用某个框架找到答案。"

也就是说,框架可以拓宽视野,但如果使用不当,反而会让视野变得更加狭隘。我们要用自己的头脑去思考什么是本质问题、什么是本质性的解决方案,不要被框架束缚。我们要记住,"框架只不过是简化思维的一个工具"。

大前研一还提醒我们,如今"3C 变得更加具有流动性"。例如谷歌的客户是谁?也许是进行检索的"我",但"我"本身并不向谷歌付费。谷歌并不从进行检索的"我"身上盈利,它的盈利模式是向数亿个像"我"一样提供流量的人推送广告而获得收入。在这种情况下,竞争对手和客户的定义本身已经明显有别于 1982 年竞争对手和客户的那种固定不变的模式。

又如,对亚马逊的杰夫·贝佐斯而言,如果大家都使用苹果的产品,那他就可以在苹果产品内安装亚马逊 Kindle 的应用程序,直接在苹果的终端上卖书。那么在这种情况下,苹果是亚马逊的竞争对手还是合作方,或者是某种意义上的客户?两者之间的关系变得难以界定。大前研一说道:"3 个 C 始终处于变化之中。因此,我们现在要重新思考谁是真正的客户,谁是真正的竞争对手。如果用传统的客户、竞争对手等 3C 概念进行分析,就存在故步自封的风险。"希望大家能够掌握并充分利用 3C 分析法来拓宽视野。

第 8 章

确保产品在市场上
经久不衰的
"长期畅销调查"

電通現役戦略プランナーのヒットをつくる
「調べ方」の教科書

很多时候，营销人员认为投放了产品和广告就算大功告成，就此放任不管。放任不管会导致原本应该畅销的产品渐渐滞销。举个简单的例子，销售图书，有时候只是调整一下封面和宣传语就能打造出一本畅销书，这种微调目标和卖点从而实现畅销的情况比比皆是。如今，社会氛围、人们的注意力和兴趣时刻发生着变化，就算投放的产品很幸运地畅销了一段时间，如果放任不管，不紧跟时代调整目标和卖点的话，曾经精心打造的爆品很快就会过时，变得无人问津。

目标和卖点出现了偏差需要进行修正。即使没有偏差也要寻找更好的机会，进一步提高销量，而这些都离不开调查。因此，接下来我将介绍确保产品在市场上经久不衰的长期畅销调查。调查只要简单、容易坚持就足够了，有效验证也有不花钱的方法。我们将验证投放到市场的产品得到了怎样的评价，采取的策略获得了怎样的效果，并介绍如何将其应用于后续战略的相关做法。这一部分虽然枯燥，但是非常重要。

效果验证对产品畅销至关重要

为了了解效果验证的重要性，我们以高考为例。某一年暑假之前，高三学生铃木收到了意向学校的模拟考试结果，以下是铃本收到考试结果后的反应：

第一志愿大学的反馈是合格可能性在 30% 以下的 D 级……但是，保底大学的反馈是合格可能性在 90% 以上的 A 级。语文成绩不错，但数学不太好。不过即使这样，第一志愿也不会降到 D 级吧。偏差值也下降了。闷闷不乐也没用，这次模拟考就这么过去吧，向前看，好好学习。

铃木悄悄地把模拟试卷撕碎了，继续做还没做完的习题集。

同样是高三学生，学习能力和铃木差不多的大桥也在暑假前拿到了同样的模拟考试结果，以下是大桥收到考试结果后的反应：

第一志愿大学的反馈是合格可能性在 30% 以下的 D 级，保底大学是合格可能性在 90% 以上的 A 级。第一志愿怎么可能会落到 D 级……

大桥的反应和铃木一样。不过，大桥马上打开了错题本，查找模拟考试时做错的题目：

是哪里出错了呢？哪一科目、哪个领域是我的弱点呢？

大桥参照答案，把自己做错的问题写在笔记本上。做完这些之后，他继续分析下次模拟考试中哪一科目最容易拿到好成绩，再把这一科提高分数的方法应用在其他薄弱的科目上，以确定今后的学习策略：

现代文阅读拿分的好方法也可以用于英语长篇阅读理解。古文词汇背得很好，可以用在日本史的背诵上。

铃木和大桥两个人的学习效果从暑假期间拉开了差距，最终大桥考上了第一志愿大学，而铃木没有。很多考生和铃木一样，"语文好，数学不好"，盲目地复盘考试，或者认为模拟考试根本没用。但实际上，根据补习学校相关人士的说法，对备战高考而言，认真复盘模拟考试的学习效率比只做习题集要高得多。因为各个补习学校在模拟考试上耗费巨大的精力、金钱和时间，模拟考试更高效地浓缩了各方面要点的精华。

应试学习很容易陷入"纯输入"的状态，而正式考试则是应用学习成果的"输出"。因此，通过模拟考试进行输出性训练，进而了解自己的优势和劣势，并将其运用到后续学习之中，决定着高考的成败。

有两个观念导致铃木和大桥命运迥异，一个是是否知道复盘模拟考试的重要性，另一个是复盘模拟考试的时候是否有足够全面的分析角度。

销售产品也是如此。即使掌握了信息，制定了周密的战略，很多事情依然要在产品上市、销售之后才能知道。各公司绞尽脑汁地在竞争市场中投放产品，通过销售产品来测试实力，分析结果并迅速制订下一个作战计划，这些都是打造爆品必不可少的步骤。

想要获得能够完善后续战略的信息，就要找到调查的要点。与前文提到的考生经历类似，决定畅销与否的命运同样有两点：一个是是否知道效果验证的重要性，另一个是进行效果验证的时候是否有足够全面的分析角度。

高考和销售产品的共同点是，容易因为眼前的结果而时喜时忧，但是想要获得切实的成长，就必须放眼未来，验证每一个结果，为后续行动打好基础。要树立"重视线，而不是只盯某一个点"的观念。

调查投放产品效果的 3 个要点

在产品投放市场和销售的时候，不得不生产和销售一定数量的产品。但是如果金钱、资源等成本，时间、生产体制等各种条件允许，在所研发的产品正式量产销售之前，最好在限定范围内进行少量的试营销。

> **调查行动指南**
>
> **调查投放产品效果的 3 个要点**
>
> √ 要点 1：商业成果分析。
>
> 目标完成度分析（销售额数据分析、转换率分析等）。
>
> √ 要点 2：反响分析。
>
> 客户和产品流通有无反响以及反响的内容；
>
> 在评价网站上的评价数量和内容；
>
> 在社交网络上的口碑、主题标签的数量和内容；
>
> 被网红推荐的帖子数量和内容；
>
> 被媒体报道的次数和内容，获奖次数和内容。
>
> √ 要点 3：战略强度验证分析。
>
> 目标动向分析：是否打动了既定目标？目标是否正确？
>
> 卖点强度分析：是否传播了产品的既定价值？卖点是否正确？
>
> 对策效果分析；
>
> 认知率、熟悉度和内容（有哪些认知和看法）分析。

商业成果分析

在商业活动中，成果是指针对目标取得了哪些好的效果。

目标分为最终目标和中间目标，可以用 KGI、KPI 数据进行衡量。例如某服装品牌的最终目标是实现销售额 1 亿日元。在实现目标的过程中，每个步骤的目标就是中间目标。常见的最终目标有销售额和利润，有时市场占有率、订单数量、转换[①]数量（CV）也可以作为最终目标；常用的中间目标有新客户数量、复购数量、平均客户单价、客户满意度、接单率、转换率、PV 量（页面浏

---

① 互联网行业用语，表示在网站上获得的最终成果。产品、服务、战略不同，目标也不一样，所设定的转换也千差万别，例如购买产品、注册会员、申请资料、咨询、报价、下载应用等操作，很多时候都会被设定为"转换"。

览量）、下载量、洽谈数量、个人营业销售额、访问次数、加盟店数量等（见图 8-1）。

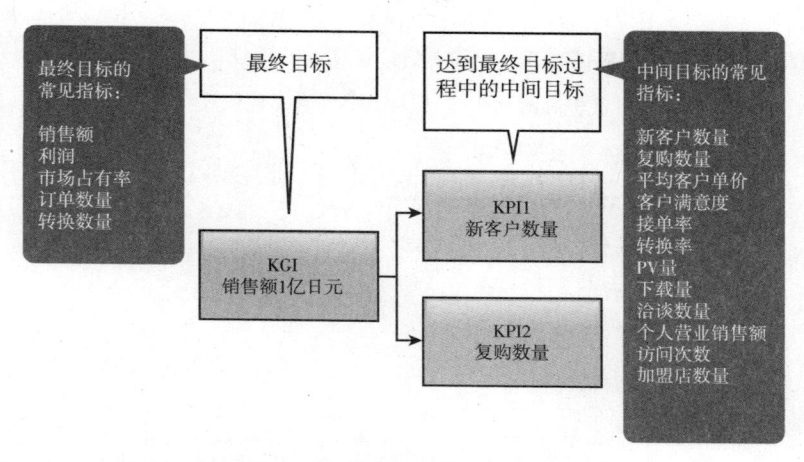

```
最终目标的           最终目标          达到最终目标过        中间目标的常见
常见指标：                            程中的中间目标        指标：

销售额                                                    新客户数量
利润                                                      复购数量
市场占有率                          KPI1                  平均客户单价
订单数量                           新客户数量              客户满意度
转换数量                                                  接单率
                    KGI                                   转换率
                 销售额1亿日元                             PV量
                                                          下载量
                                    KPI2                  洽谈数量
                                   复购数量                个人营业销售额
                                                          访问次数
                                                          加盟店数量
```

图 8-1　用最终目标和中间目标的完成度来分析商业成果

KGI 和 KPI 所包含的指标虽然多种多样，但一定是某个设定的数据（提高几个百分点、多少件等）。在分析 KPI 的时候，推荐将第 5 章介绍的双漏斗指标作为 KPI 的指标。想要快速把握现状，提高对策效率，或者想要和具备相同指标的竞争对手进行比较，都可以使用这些常用指标进行效果验证。但是需要注意的是，仅凭这些普通指标无法设定产品的哪一项内容被消费者了解之后，会激发他们的购买欲等具体内容。

具体内容基本要通过战略强度验证分析来进行验证。不过，如果我们能在商业成果分析中设定独有的 KPI，就更有助于打造爆品。如果我们想要在不与竞争对手发生正面竞争的情况下提高竞争优势，就必须制定独有的 KPI，例如消费者对提神醒脑的碳酸饮料的熟悉度，从而衡量与其他公司不同的、独有的战略成果。

确定最终目标和中间目标之后，我们可以从以下角度来调查目标对应的结果。

> **调查行动指南**

商业成果分析的 6 个调查项目

- ✓ 目标对应效果的完成情况（结果是好还是坏）。
- ✓ 哪些事情已完成或进展顺利？
- ✓ 哪些事情尚未完成或进展不顺利？
- ✓ 完成的原因是什么？
- ✓ 未完成的原因是什么？
- ✓ 学习→下一步行动：

  进展顺利→怎样继续发展？

  进展不顺利→怎样改善？

反响分析

对投放的产品或服务、实施的措施有怎样的反馈等反响的分析，是判断措施优劣、决定下一步对策的重要依据，同样要从质和量两个方面进行分析。从数量角度来看，我们要了解本身有无反响、数量有多少等问题，无论正面评价还是负面评价，都要把握其数量和规模；从质量角度来看，我们要浏览评价网站和社交网站、媒体报道、网红点评等相关内容。最后，综合二者把握内容和传播情况（见表 8-1）。

表8-1　效果验证的反响分析

	调查项目
量	・了解本身有无反响 ・数量有多少 ・正面和负面评价的数量和规模
质	・评价网站和社交网站、媒体报道、网红点评等相关内容 ・无须在意数量多少
质 × 量	・综合把握内容和传播情况

如果只是传播，内容与商业成果分析所确认的 KPI 的完成情况没有任何关系，那么就可以认为措施无效，需要改善。例如在第 2 章的功能饮料 A 的广告中，出演广告的偶像组合因形象可爱被广泛传播，但如果这并不能有效促进 KPI 目标的达成，那么这种传播就是无效的。

如果 KPI 是提高产品认知度、购买率，但营销活动的传播内容完全不包含这些，最终也无法提高产品的销售额，那么就可以断定措施无效。反之，即使反响强烈，但没有在多数人中成为话题，数量上没有达到目标（KPI），最终也未能提高产品的销售额。这就说明产品的影响力不足，其措施也是无效的。

调查内容和要点与公司分析中的网络搜索调查相同，如图 8-2 所示。

调查内容
· 客户有无反响以及反响的内容
· 在评价网站上的评价数量和内容
· 在网上的口碑、主题标签的数量和内容
· 被网红推荐的帖子数量和内容
· 被媒体报道的次数和内容，获奖次数和内容

调查要点
· 对数量和质量的评价（竞争对手的正面评价多还是负面评价多）
· 被评价、被关注、被推广的内容（亮点是什么）
· 没有得到好评、被忽视、难以推广的具体内容（犯了哪些错误）
· 被评价、被关注、被推广的原因
· 没有得到好评、被忽视、难以推广的原因
· 被重点批评的地方（弱点是什么）
· 学习→下一步行动：
　进展顺利→怎样继续发展
　进展不顺利→怎样改善

图 8-2　反响分析的调查内容及调查要点

我在第 7 章介绍过，蔻吉 EASY LASH 的广告语 "10 秒嫁接" 具有很强的传播能力，是一个强有力的卖点。同样是 EASY LASH，我们还发现了一些商家未曾想过的媒体报道方式。例如多家媒体制作了一个特集，提出由于新冠疫情，女

性开始佩戴口罩，而假睫毛作为一种能够装饰眼睛的化妆方式大受欢迎。只要让新的目标和卖点乘上与社会需求和产品相匹配的东风，就能获取胜利。

战略强度验证分析

为打造爆品而制定的战略成效如何？对战略强度的分析，同样能够为判断措施优劣、决定下一步对策提供重要信息。直接对既定战略进行效果验证，所需的调查内容和注意要点如图 8-3 所示。

```
调查内容
·目标动向分析：是否打动了既定目标？目标是否正确？
·卖点强度分析：是否传播了商品的既定价值？卖点是否正确？
·对策结果分析
·认知率、熟悉度和内容（有哪些认知和看法）

调查要点
·战略结果的评价（是否预期结果）
·哪些事情实现了预期结果或进展顺利
·哪些事情未实现预期结果或进展不顺利
·实现预期结果的原因是什么？
·未实现预期结果的原因是什么？
·学习→下一步行动：
 进展顺利→怎样继续发展
 进展不顺利→怎样改善。
```

图 8-3 既定战略效果验证的调查内容和要点

我推荐以下两个简便的验证方法：

- 措施的 A/B 测试。
- Asking 调查。

A/B 测试

A/B 测试是网络营销的常用方法之一，是一种验证谁能取得更好成果的方法，既有二选一的模式，也有三选一的模式。本书将该测试作为验证两个方向不同的 A 计划和 B 计划哪个效果更好的方法。

例如把同一款产品放在不同的店铺，与写有其他内容的 POP 摆在一起来验证效果；或者把同一款产品放在同一家店铺，第一周提供试吃，第二周提供赠品，通过改变销售方式来验证效果；又或者卖点存在两个有效的战略方向，这时我们可以通过更换店铺等方法，实时验证哪个方向更容易吸引客户购买产品，从而择优而选。

Asking 调查

所谓 Asking 调查，是指通过采访、网络问卷调查等方式收集 Asking 数据（向消费者提问所得到的回答数据）的方法。这种方法可以提高效果验证效率。在了解具体应该提出哪些问题之前，我想先介绍一下有关 Asking 调查题型的基础知识。

在问卷调查的题型和答案形式中，出题人准备的题型有两种：SA（Single Answer），即单选；MA（Multiple Answer），即多选。

如果只想让回答者选择其中某一个选项，如列出 7-11、全家、罗森等选项，提问"最常去的便利店是哪个"，这时要用 SA 题型。

如提问"对产品 A 的满意度"，要求从非常满意、基本满意、一般、不太满意、完全不满意这 5 个选项中选出 1 个，那么同样要使用 SA 题型。

如果希望回答者从选项中选出多个符合条件的选项，例如展示几个便利店选项，提问"平时会光顾的所有便利店（不限数量）"，这时要用 MA 题型；为了让提问更实用，我们还可以在提问时控制 MA 可选数量，例如"请选出 3 个"，这被称为"3MA"（见图 8-4）。

我们也可以采用如图 8-5 所示的列表，将 MA 和 SA 混合在一起，例如提出"请选择你平时会光顾的所有便利店，并从中选出你最常去的便利店"等问题，在选项中列举几家便利店。

SA	MA
问题：请选择你最常去的便利店。（单选） ☑ 7-11　○ 全家　○ 罗森 …… 问题：请选择你对商品A的满意度。（单选） ○ 非常满意 ☑ 基本满意 ○ 一般 ○ 不太满意 ○ 完全不满意	问题：请选择你平时会光顾的便利店。（不限数量） ☑ 7-11　□ 全家　☑ 罗森 …… 在线上问卷调查中，SA的选项通常用○表示，MA的选项通常用□表示。

问题：请选择你对商品A的满意度。	必须 单选
非常满意 ▽ 基本满意 一般 **不太满意** 完全不满意 不太满意 完全不满意	SA也可通过下拉菜单展示选项。

图 8-4　SA 或 MA 示例

MA和SA混合列表				
问题：请选择你平时会光顾的所有便利店，并从中选出你最常去的便利店。				
	回答方向	平时光顾的便利店	最常去的便利店	问题
选项	1.7-11	☑	☑	
	2.全家	□	○	
	3.罗森	☑	○	
	……	□	○	

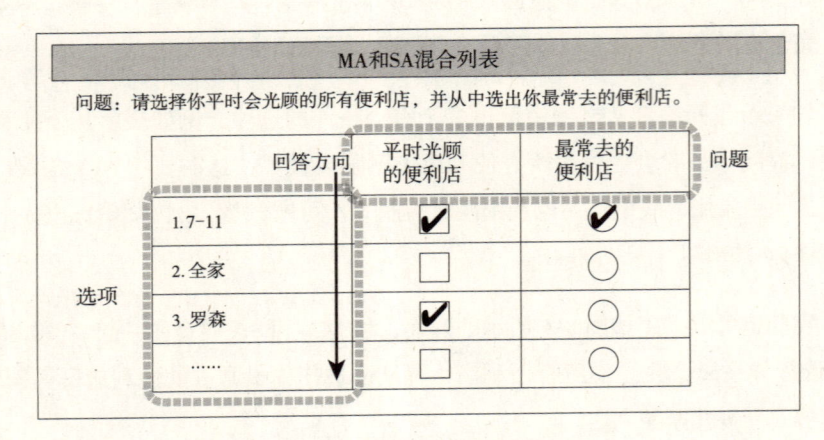

图 8-5　MA 和 SA 混合列表

第 8 章　确保产品在市场上经久不衰的"长期畅销调查"

此外，我们还可以利用列表，将选项相同的多个问题归纳为一个问题。SA 题型的话就是 SAMT，即单选列表；MA 题型的话就是 MAMT，即多选列表（见图 8-6）。

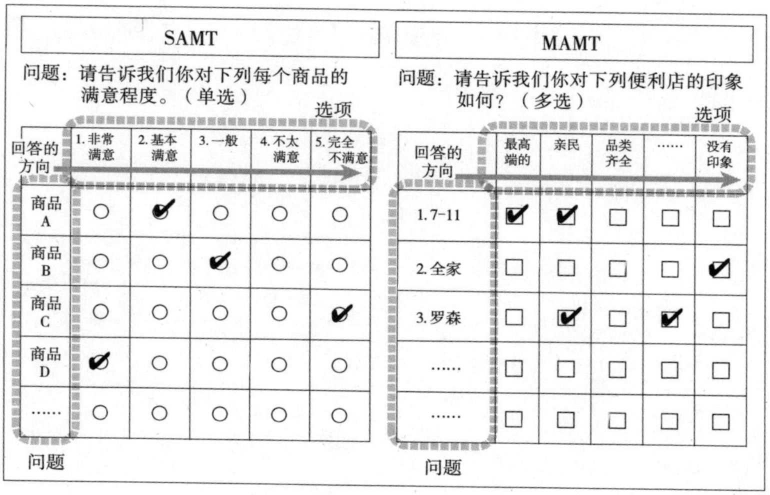

图 8-6　SAMT 和 MAMT 混合列表

不是让回答者选择选项，而是让回答者用文字自由作答的题型被称为 FA（Free Answer），即自由回答，也被称为 OA（Open Answer），即开放式回答（见图 8-7）。

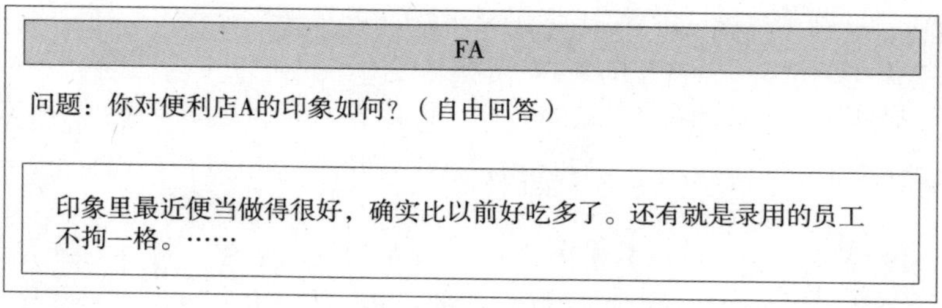

图 8-7　FA 示例

至此，我们已经介绍了 Asking 调查常见的几种题型。接下来，让我们来看一下具体的提问内容。首先，我们要对符合调查对象条件的人进行筛查（见图 8-8）。为了便于进行正式调查，我们将筛查对象作如下分配：

- 知道并使用产品 A 的现有客户（近 1 年购买过该产品的人）。
- 不知道产品 A，或者知道但不使用产品 A 的人（近一年没有购买过该产品的人）。

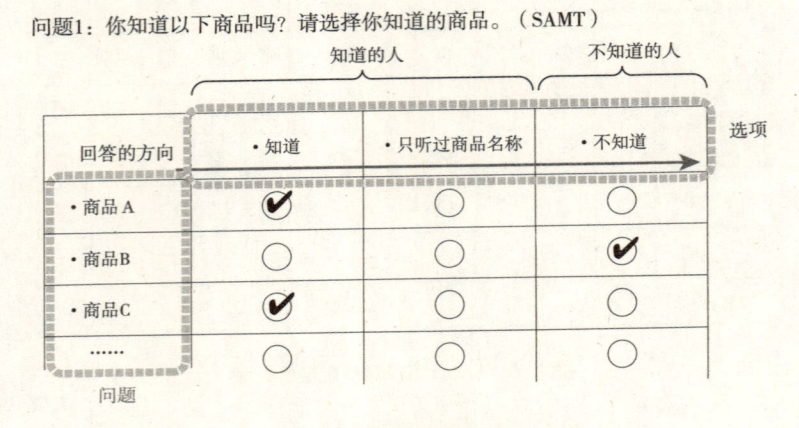

问题1：你知道以下商品吗？请选择你知道的商品。（SAMT）

回答的方向	·知道	·只听过商品名称	·不知道
·商品 A	✓	○	○
·商品 B	○	○	✓
·商品 C	✓	○	○
……	○	○	○

图 8-8 筛查调查对象

通过问题 1，我们可以分析公司的产品 A 和其他竞争产品目前的知名度，再对知道产品 A 的人和不知道产品 A 的人划分片段，也可以使用这些片段制作明细表进行统计（见图 8-9）。产品 B 和产品 C 也一样。

有些时候我们只会询问产品的名称，但很多人其实是通过外观来识别产品的，因此在提问的同时展示产品包装的照片，回答的准确度会更高。

通过问题 2，我们可以分析客户对产品 A 的使用频率，将其划分为重度客户/轻度客户/非客户，并据此对回答者划分片段从而进行统计。产品 B 和产品 C 也一样。

接下来就是正式调查（见图 8-10）。

第 8 章　确保产品在市场上经久不衰的"长期畅销调查"

问题2：根据你使用以下商品的频率，选出符合你自身情况的选项。（SMAT）

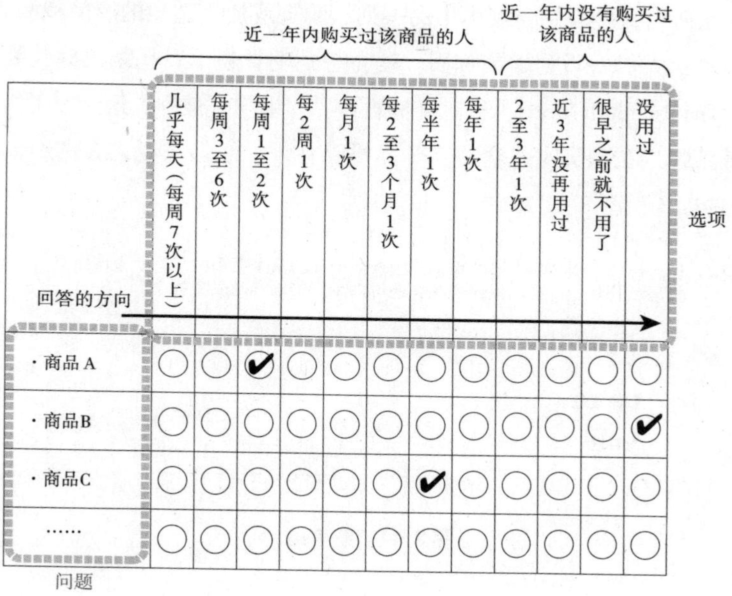

近一年内购买过该商品的人　　近一年内没有购买过该商品的人

回答的方向	几乎每天（每周7次以上）	每周3至6次	每周1至2次	每2周1次	每月1次	每2至3个月1次	每半年1次	每年1次	2至3年1次	近3年没再用过	很早之前就不用了	没用过
·商品A	○	○	✔	○	○	○	○	○	○	○	○	○
·商品B	○	○	○	○	○	○	○	○	○	○	○	✔
·商品C	○	○	○	○	○	✔	○	○	○	○	○	○
……	○	○	○	○	○	○	○	○	○	○	○	○

问题　　　　　　　　　　　　　　　　　　　　　　　　　　　　　　　　选项

图 8-9　明细表统计

问题3：请说出你在购买某类产品（如红茶饮料、粉底等具体的商品类别）时想到的5个商品。（FA）

1.
2.
3.
4.
5.

图 8-10　正式调查

通过问题3，我们可以了解客户脑海中浮现出的备选产品或品牌中是否包括

295

本公司的产品。这些备选品牌被称为参考组（Evoked Set）。参考组是客户想要购买某样东西时，脑海中浮现出来的、列入购买或使用选项的产品或品牌名称。例如在日本，人们一听到罐装啤酒，就会想到朝日超干、札幌黑标啤酒、麒麟一番榨、The Premium Morts、惠比寿啤酒等。如果没有被列入这个参考组，客户即便知道品牌，在购买时也会将其产品排除在外。一般来说，参考组大约包括3～5个选项（见图8-11）。

问题4：你看过这个视频吗？请选择符合的选项（可展示本书中的广告，也可以直接展示公开的广告和促销视频，还可以是广告语和商品实物）。（SA）

- ✓ 1．看过
- ○ 2．好像看过
- ○ 3．没看过

图8-11　参考组

根据问题4，我们可以分析广告等措施覆盖了多少人，目标群体是否知道这些措施等。此外，还可以制作广告接触者和非接触者明细表并进行统计（见图8-12）。

问题5：请从以下观片感受中，选出符合你自身情况的选项。（SMAT）

问题	符合	有些符合	不确定	不太符合	不符合	选项
回答的方向 →						
·有好感	○	○	✓	○	○	
·想购买	○	✓	○	○	○	

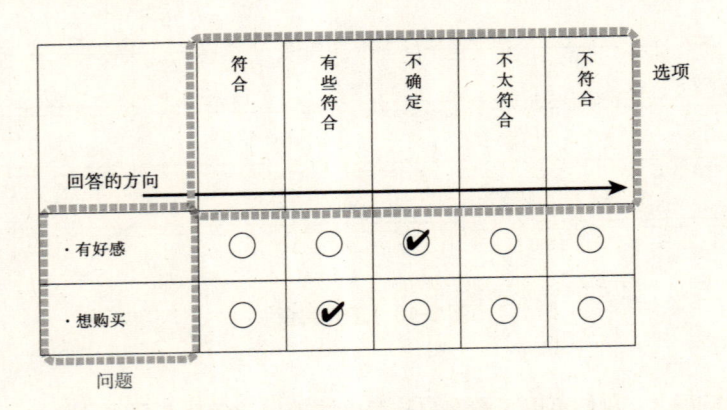

图8-12　广告接触者和非接触者明细表

根据问题 5，我们可以分析客户对该措施的好感度和客户的购买意向，还可以分析措施有没有打动目标（见图 8-13）。

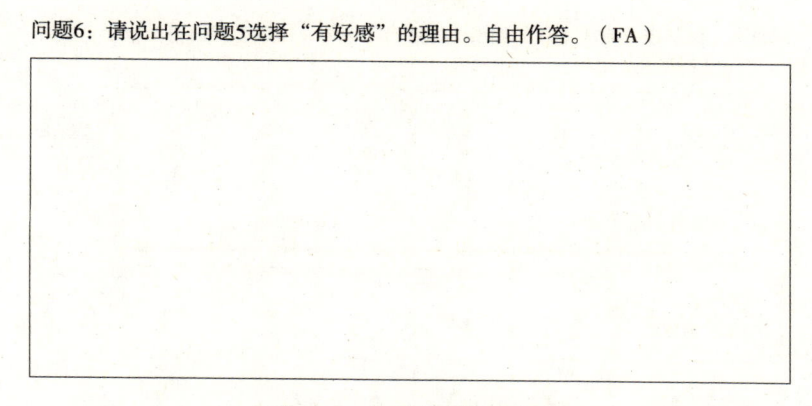

问题6：请说出在问题5选择"有好感"的理由。自由作答。（FA）

图 8-13　分析客户的好感度

根据客户对问题 6 的回答，我们可以分析出他们有无好感的理由。没有好感的理由不便利用，因此我建议重点分析有好感的理由。可以具体分析产品哪些地方获得了好评，有哪些优势，以及有哪些打动目标的卖点（见图 8-14）。

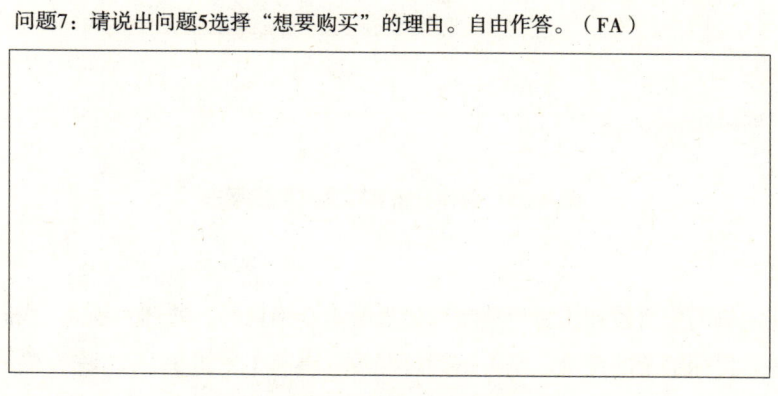

问题7：请说出问题5选择"想要购买"的理由。自由作答。（FA）

图 8-14　重点分析有好感的理由

根据客户对问题 7 的回答，我们可以分析他们有无购买意向的理由。没有购买意向的理由不便利用，因此我建议主要针对有购买意向的理由进行分析。

同样可以具体分析产品哪些地方获得了好评，有哪些优势，以及有哪些打动目标的卖点（见图8-15）。

问题8：请从以下有关短片的选项中，选出符合你自身情况的选项。
（SMAT）

回答的方向	符合	有些符合	不确定	不太符合	不符合	选项
·喜欢它的构思	○	✓	○	○	○	
·喜欢它的配乐	✓	○	○	○	○	
·喜欢它的世界观	○	✓	○	○	○	
·能够与××产生共鸣	○	○	○	✓	○	
·（其他方面，写出做广告和制定措施的目的）	○	✓	○	○	○	
……	○	○	○	○	○	

问题

图 8-15 具体分析有购买意向的理由

在左侧的项目栏列出想要战略性传播的卖点和目的。通过问题8，我们可以分析产品目标给予的评价，是否达到预期的效果等（见图8-16）。在左侧的项目栏列出想要战略性传播的卖点和目的。通过问题9，我们可以分析产品是否实现了向目标传播的预期效果。之所以大部分问题都采用SAMT单选列表题型，是因为尤其是在线上定量调查当中，存在着采用MA多选题型的提问，只能得到极少回答的情况。因此，我建议大家尽量采用SAMT，让对方逐一思考并作答。

第 8 章　确保产品在市场上经久不衰的"长期畅销调查"

问题9：根据刚刚播放的短片，你能否理解以下内容？请选出符合你自身情况的选项。（SMAT）

回答的方向	完全理解	有些理解	不确定	不太理解	不理解
·我了解到商品A是……	✔	○	○	○	○
·我了解到商品A是……	○	○	○	✔	○
·（其他方面，写出做广告和制定措施的目的）	○	✔	○	○	○
……	○	○	○	○	○

图 8-16　分析目标给予的评价

关于对调查结果的分析，我们可以参考战略强度验证分析的调查内容和要点，通过自己的思考得出假说的最佳答案。在此基础上，与其他人一起从多种视角解读结果，就会获得意想不到的发现。

调查放大镜

研讨会问卷调查

我想大家应该都见过类似研讨会结束后的问卷调查。如果你的产品是"研讨会"或"演讲"，那么研讨会问卷调查就是一次很好的效果验证。我们可以简单调查如图 8-17 所示的内容。

问题1：请写出此次研讨会中所有对你有帮助的内容。（MA）

- ☐ 第一部分：××××××
- ☐ 第一部分：××××××
- ☐ 第一部分：××××××
- ☐ 第一部分：××××××
- ☐ 第二部分：××××××
- ☐ 第二部分：××××××
- ☐ 第二部分：××××××
- ☐ 第三部分：××××××

问题2：请写出此次研讨会中所有你认为难以理解的内容。（MA）

- ☐ 第一部分：××××××
- ☐ 第一部分：××××××
- ☐ 第一部分：××××××
- ☐ 第一部分：××××××
- ☐ 第二部分：××××××
- ☐ 第三部分：××××××

问题3：请写出今后你希望学习的内容。（MA）

- ☐ ××××××
- ☐ ××××××
- ☐ ××××××
- ☐ ××××××
- ☐ ××××××

图 8-17　验证现场效果的问卷调查

对于上述三个问题，在线研讨会可以通过 Zoom 的投票功能轻松收集答案。因为这些问题如实反映了哪些内容更加引人，所以可以将结果直接用到产品制作当中。

第8章 确保产品在市场上经久不衰的"长期畅销调查"

如何时间允许的话,还可以同时询问以下内容,以便日后使用:

- 请谈一谈你对这次研讨会的感想。(FA)
- 请谈一谈你参加这次研讨会后的感悟、感受,或是印象深刻的内容。(FA)
- 你觉得哪些内容能够运用到你未来的业务、工作当中?(FA)如果是大学课堂,我们还可以追问以下问题。供大家参考。
- (如果有此情况)请写出与其他讲师相比,阿佐见(讲师姓名,下同)不成熟的地方(缺点、需要改善的地方等)。(FA)
- (如果有此情况)请写出与其他讲师相比,阿佐见的优点。(FA)
- (如果有此情况)从学生的角度出发,请写出希望阿佐见提供的附加价值(服务、复印件等)等。(FA)

后记

让滞销品起死回生，让爆品经久不衰

对我来说，调查一直是一个非常重要的手段。我曾患有进行性耳聋，10岁时双耳失聪，作为重度听力障碍者，我戴着助听器长大，生活在健康的人群当中，被动获取的信息是很有限的。为了弥补这一点，我自然而然地开始主动调查。正因为自己不去查资料的话就跟不上时代，所以我才会通过书本、网络等各种渠道主动提问，用尽一切手段进行调查。多年来的坚持让我明白了一件事，那就是调查得越多，自己的世界就越宽广。利用调查获取的信息，可以从战略高度做出决策。在切身体会这件事的过程中，我发现自己已经完全沉迷于调查之中了。

进入广告公司之后，前辈说我是"调查狂"，适合在营销部门工作。于是我最初的想法就是，在营销部门供职是我的使命。但实际上，营销部门的战略规划师们投身其中的营销调查并不是那么容易。我所擅长的调查，在战略规划的实践中并没有发挥作用。因此我又用了5年多的时间来熟练掌握调查的方法。

为什么会耗费这么长的时间呢？我认为原因之一是没有与调查相关的教科

书。其实，汇集调查技巧的佳作数不胜数，但其中大部分都是由专业的调查公司、调查专家和研究人员等撰写的专业书籍。

战略规划师们实践的调查活动聚焦于客户的业务成长，直接关系到业务的成败。至少据我所知，至今还没有一本从战略规划师的角度出发，将商业活动和调查研究紧密联系在一起的书或教材。因此，当时营销部门新来的战略策划师们只能在现场实践中，通过模仿来体会这种独特的调查方法。如果能有一本教科书，他们就能在更短的时间内掌握调查方法，不必像我这样辛苦。

在与非营销部门同事的谈话中我了解到，他们当中有的人在实际业务中很少亲自动手做调查，有的人面对风险企业的客户时缺乏营销经验，有的人则想要利用业余时间销售自己的产品，开辟副业，但苦于自己不擅长调查所需的商业信息。

在不曾有意识地实践过调查活动的人看来，商业活动与调查活动相去甚远，但实际上，二者息息相关，这一点我深有体会。正因如此，无论是非营销部门的商务人士，还是想要为自己的产品打开销路的人，营销教科书都是必需品。这就是我创作本书的动机。

我在广告公司已经工作了十多年，在这期间，我遇到过数不清的优秀企业、产品和服务。为什么这么好的产品没有被推广出去？明明拥有这么好的技术，为什么没有能够展现这种技术的产品？无数类似的想法围绕着我。在物质丰富和信息爆炸的现代社会，拼的就是信息。如果调查受挫，那就无法制定出适合销售产品的战略。

因此，我希望大家能够好好利用本书，尽快锁定目标和卖点，把真正优质的产品传播给需要的人。我发自内心地希望世上每一件金子般的产品都再也不会被埋没。

"我想把好的东西送给真正需要的人。"时至今日，我依然怀揣着这样的想法，坚持从事战略规划工作。我衷心希望本书介绍的技巧能够助你一臂之力，让你的产品源源不断地被送到真正需要它的人们手中。

電通現役戦略　　附　録
プランナーのヒットをつくる
「調べ方」の教科書

应对调查中常见的 12 种失败类型

最后，我将介绍调查中容易受挫的地方及其原因和对策。当你遇到困难，可以直接查阅这一章。需要我们调查的地方如图 A-1 所示。

失败类型 TOP1

"毫无头绪，先随便调查一下吧"，但却不知道从哪里入手。

其原因在于调查前没有提出假说。没有假说引领的数据收集，只会令你因为大量的数据而疲于奔命，草草收集数据的结果往往是一无所获。这是一种十分常见的失败。为了避免这种失败，我们要树立正确的调查态度，牢记"草率的调查会造成大量浪费"。请参考第 2 章"调查前必须做好两个准备"了解具体做法。

失败类型 TOP2

平均值与实际感受相左，令人苦恼（平均数高于或低于实际感受）。

问题：请说出你在调查中遇到的困难。

TOP 1	"毫无头绪，先随便调查一下吧"，但却不知道从哪里入手。	58.5%
TOP 2	平均值与实际感受相左，令人苦恼（平均数高于或低于实际感受）。	47.6%
TOP 3	回答者只勾选问题的前几个选项。	46.6%
TOP 4	调查没有得到新的发现，只得到了泛泛的数据（费尽心思却问出一些不用调查就知道的结果）。	39.1%
TOP 5	不明白为什么会得到这样的数据，看不透客户的心理，只能臆断，令人头疼。	36.3%
TOP 6	"选择符合情况的选项，不限数量"的题型所回收的有效答案还不足20%，远低于预期。	28.6%
TOP 7	无法确定调查得到的客户意见是少数人的意见，还是多数人的意见。	26.9%
TOP 8	即使进行了调查，也完全描绘不出目标的形象。	26.2%
TOP 9	收集到了可能用得上的数据，但却不知道怎么用。	25.4%
TOP 10	虽然调查到了产品的不足之处，但都是一些早就知道的情况。	24.2%
TOP 11	询问客户想要什么样的产品，但得到的意见都很无趣。	23.7%
TOP 12	国家和智库等可信度高的机构进行重复调查，浪费时间和金钱。	14.8%

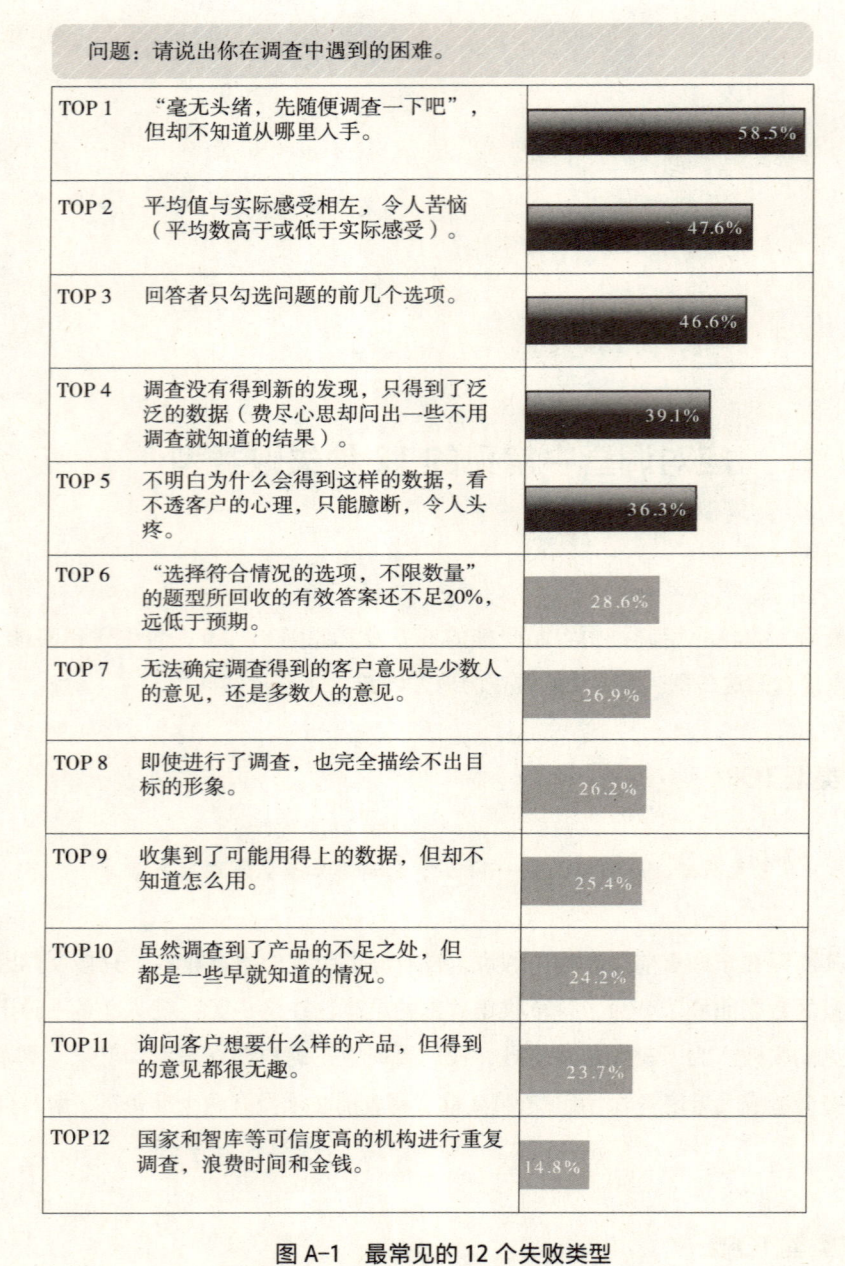

图 A-1　最常见的 12 个失败类型

资料来源：日本 20 ~ 59 岁在职者 250 人（不分性别），网络调查时间为 2021 年 6 月 26 日 ~ 7 月 3 日。

这恐怕是因为你认为均值就等同于平均值。均值表示的是某个集合中普通、标准、中位的数值。均值有好几类，而我们常见的平均值只是其中一类。

平均值有一个弱点，它容易受到离群值的影响而出现偏差。所谓离群值就是数据中极大或极小的数值。例如在三天内，某店铺的客户数量分别为10人、30人、18人，平均为19人。如果出于某些原因，客户数量在第四天激增至1 000人（离群值），那么平均值就会大幅增加到264人。但是我们不能就此得出"如果第5天以后到店客户的数量少于264人，就意味着客户少"的结论。

均值包括平均值、中位数和众数

平均值是最常用的均值。它是将所有数据的数值相加，再除以数据个数所得到的数值。中位数是将所有数据按照数值大小排序，位于序列正中间的数值。众数是指数据中个数最多（出现次数最多）的数值。这三类均值各有优缺点（见表A-1）。

表 A-1 三类均值的特点和优缺点

	特点	优点	缺点
平均值	最常用的均值。将所有数据的数值相加，再除以数据个数所得到的数值	涵盖所有数值	易受数据中的离群值（极大或极小的数值）影响，整体平均值可能出现大幅偏差
中位数	所有数据按照数值大小排序，位于序列正中间的数值。数据总数为奇数时，中位数为序列中间的数值；总数为偶数时，中位数则为序列中间两个数值的平均值	不受离群值影响	无法涵盖所有数值
众数	数据中个数最多（出现次数最多）的数值	不受离群值影响	只能用于数据个数较多的情况

图A-2是日本厚生劳动省2019年发布的国民生活基础调查的平均收入金额。平均值为552万日元，中位数为437万日元，众数虽然没有明确写出，但从图

表中可以看出是 200 万～ 300 万日元。平均值之所以大于其他两个数值，是因为它被收入在 2 000 万日元以上的数值拉高了。实际上，约有 60% 的人的收入低于平均值。不受较大数值影响的中位数是 437 万日元，我们可以用中位数来和自己比较。占比最多（众数最高）的是收入 200 万～ 300 万日元的人。因此我们不能只看平均值，还要看中位数和众数，从与平均值不同的角度了解数据。

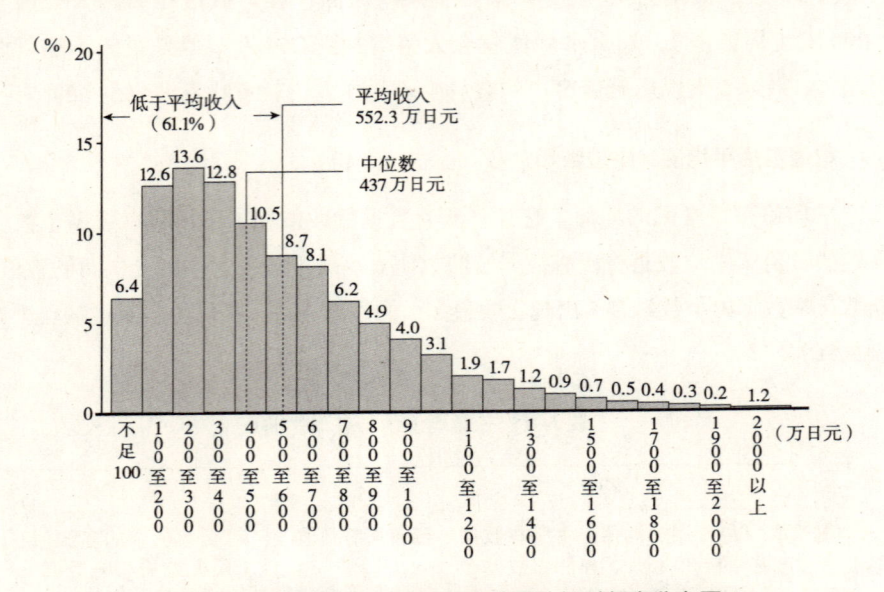

图 A-2　按收入等级划分的家庭数量的相对频率分布图

资料来源：日本厚生劳动省 2019 年国民生活基础调查。

通过分布把握平均值、中位数、众数的大小关系

有时，平均值、中位数、众数三者会保持一致（见图 A-3）。

如果像刚才平均收入金额的例子那样被极大数值拉高，那么平均值就会成为最大的数值，众数则成为最小的数值（见图 A-4）。

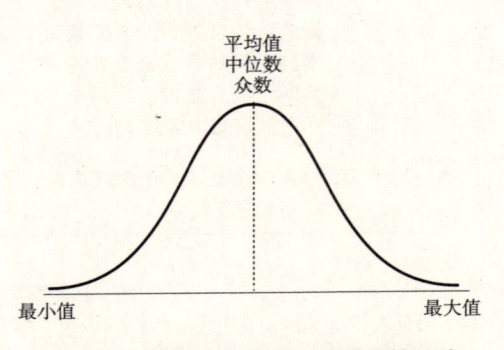

图 A-3　平均值、中位数、众数保持一致

反之，如果被极小数值拉低，平均值就会变成最小的数值，众数则变成最大的数值（见图 A-5）。

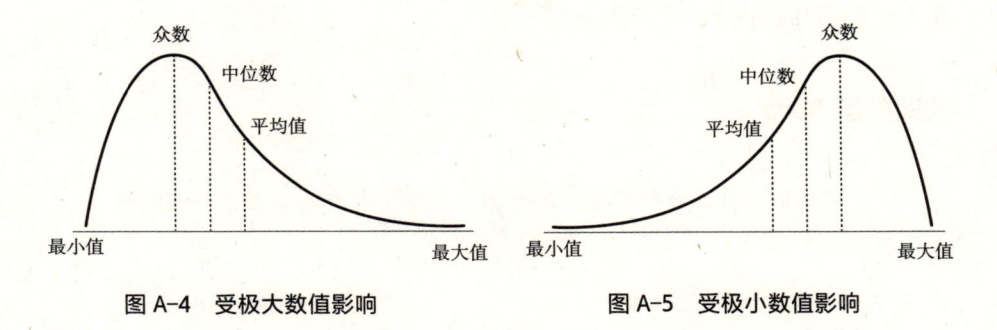

图 A-4　受极大数值影响　　　图 A-5　受极小数值影响

失败类型 TOP3

回答者只勾选问题的前几个选项。

这是由于选项排列的规律对答案造成了影响。为了避免这种情况，我们需要对不同调查对象的选项顺序进行随机调整。在进行线上调查时，我们还可以灵活运用被称为不规则分布的提问技巧。

失败类型 TOP4

调查没有得到新的发现，只得到了泛泛的数据（费尽心思却问出一些不用调查就知道的结果）。

这是因为没有明确应该调查的内容或用错了调查方法。我们往往费尽心思，却问出一些不用调查就能知道的结果。例如我们想要开发新的化妆水，"总之先问一下消费者平时使用的护肤品吧"。结果只得到了"抹了化妆水和美容液之后，再涂乳液"之类的回答，这样泛泛的结论毫无用处。

切记不要"先随便调查一下"。如果调查之前不先明确调查目的和对象，不清楚提出什么样的假说，想要明确什么等问题，那么千辛万苦做的调查只能产生大量的无用数据，甚至会造成干扰。具体做法与失败类型 TOP1 相同，请参考第 2 章"调查前必须做好两个准备"。

失败类型 TOP5

> 不明白为什么会得到这样的数据，看不透客户的心理，只能臆断，令人头疼。

究其原因，应该是调查偏向于定量调查。定量调查的优点是可以用明确的数值把握整体，便于我们客观了解情况。但是我们无法看透数据背后的成因，有时会止步于表面信息和肤浅的解读。如果用推测、臆测来补充不清楚的信息，一旦出错，就会导致无可挽回的失败。

想要了解数据无法表达的情绪和心理，或者是想要了解事实背后的成因，就需要进行定性调查。详见第 2 章对定性调查和定量调查的解释。

失败类型 TOP6

> "选择符合情况的选项，不限数量"的题型所回收的有效答案还不足 20%，远低于预期。

这是由"任选几个"的多选题型（MA）的性质决定的。面对这种题型，回答者常常仅勾选极少的几个选项。想要避免这种情况，我建议使用包含 5～7 个层级的李克特量表[①]的单选题型（SA）。当然也可以一个问题接一个问题地提问，但是如果需要提问的项目很多，那么我建议使用列表汇总的提问方式（SAMT）（见图 A-6 至图 A-9）。

[①] 由美国社会心理学家伦西斯·李克特研发。例如非常喜欢 / 有些喜欢 / 不确定 / 不太喜欢 / 完全不喜欢等标准将肯定的反应和否定的反应作为两极，用 5～7 个层级的选项来进行提问。有时也会去掉中间项"不确定"，可以要求回答者做出肯定或否定的选择。此法经常与 SD 法混淆，实则是完全不同的两种方法。

问题：请从以下有关时尚意识和行为的选项中，选出所有符合你自身情况的选项。

- ☐ 每一季都添置流行单品
- ☑ 有时会买时尚杂志上刊登的产品
- ☐ 追求海外时尚潮流
- ☐ 经常被人咨询关于时尚的事情
- ☐ 观察熟人或朋友的穿搭
- ☐ 曾被街头抓拍
- ☐ 有时会把自己的穿搭上传到社交账号上或穿搭网站上
- ☐ 选择衣服时会考虑是否受男性欢迎
- ☐ 选择衣服时会考虑是否受女性欢迎
- ☐ 不在意别人的眼光，选择自己想穿的衣服
- ☐ 曾在商店、品牌店购买人体模型／店员的全身穿搭
- ☑ 不喜欢和别人撞衫
- ☐ 会调查或咨询流行的衣服、人气产品，然后直接购买
- ☐ 比起流行趋势，选购衣服时更重视面料、手感等穿着的舒适度
- ☐ 留意每一季的时尚潮流
- ☐ 喜欢能登上巴黎时装周刊、美国时尚周刊的品牌服装
- ☐ 喜欢根据自己的感觉调整穿搭
- ☐ 经常购买快时尚品牌（优衣库、ZARA、GAP、Honeys 等）的衣服
- ☐ 喜欢购买有个性的时尚小物件（鞋、包等）
- ☐ 不买穿着不方便的衣服
- ☐ 时尚搭配参考海外名流
- ☐ 通过网站了解时尚和化妆的潮流
- ☑ 有时会和恋人或朋友穿同样的衣服出门
- ☐ 在万圣节等活动或派对上，喜欢或玩过动漫角色或制服等的 cosplay
- ☐ 考虑或者实际组织过穿礼服（统一白色等）的女性聚会
- ☐ 喜欢穿男性化或中性的衣服

图 A-6　使用 MA（多选题型）提问的情况

问题：请从以下有关时尚的选项中，选出所有符合你自身情况的选项。

	回答方向	非常符合	符合	基本符合	不确定	基本不符合	不符合	完全不符合
1	每一季都添置流行单品	○	○	✔	○	○	○	○
2	有时会买时尚杂志上刊登的产品	✔	○	○	○	○	○	○
3	追求海外时尚潮流	○	○	○	○	○	✔	○
4	经常被人咨询关于时尚的事情	○	○	○	○	✔	○	○
5	观察熟人或朋友的穿搭	○	○	○	○	✔	○	○
6	曾被街头抓拍	○	○	○	○	○	✔	○
7	有时会把自己的穿搭上传到社交账号上或穿搭网站上	○	○	○	○	✔	○	○
8	选择衣服时会考虑是否受男性欢迎	○	○	✔	○	○	○	○
9	选择衣服时会考虑是否受女性欢迎	○	✔	○	○	○	○	○
10	不在意别人的眼光，选择自己想穿的衣服	○	○	✔	○	○	○	○
11	曾在商店、品牌店购买人体模型/店员的全身穿搭	○	✔	○	○	○	○	○
12	不喜欢和别人撞衫	✔	○	○	○	○	○	○
13	会调查或咨询流行的衣服、人气产品，然后直接购买	○	○	✔	○	○	○	○
14	比起流行趋势，选购衣服的时候更重视面料、手感等穿着的舒适度	○	○	○	✔	○	○	○
15	留意每一季的时尚潮流	○	○	✔	○	○	○	○
16	喜欢能登上巴黎时装周刊、美国时尚周刊的品牌服装	○	○	○	○	○	○	✔
17	喜欢根据自己的感觉调整穿搭	○	○	○	○	✔	○	○
18	经常购买快时尚品牌（优衣库、ZARA、GAP、Honeys等）的衣服	○	○	○	○	✔	○	○
19	喜欢购买有个性的时尚小物件（鞋、包等）	○	○	○	○	○	○	✔
20	不买穿着不方便的衣服	○	○	○	✔	○	○	○
21	时尚搭配参考海外名流	○	○	○	○	○	○	✔
22	通过网站了解时尚和化妆的潮流	✔	○	○	○	○	○	○
23	有时会和恋人或朋友穿同样的衣服出门	○	○	✔	○	○	○	○
24	在万圣节等活动或派对上，喜欢或玩过动漫角色或制服等的cosplay	○	✔	○	○	○	○	○
25	考虑或者实际组织过穿礼服（统一白色等）的女性聚会	○	✔	○	○	○	○	○
26	喜欢穿男性化或中性的衣服	○	○	○	✔	○	○	○

图 A-7　使用 SAMT（单选列表）李克特量表提问的情况

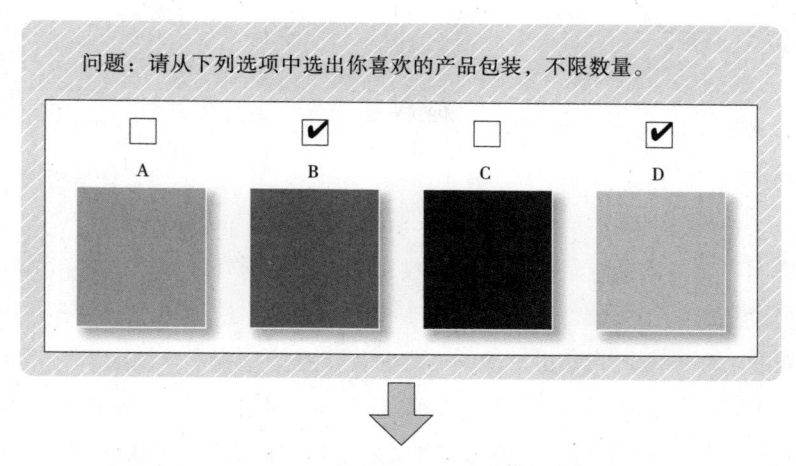

附　录　　应对调查中常见的 12 种失败类型

问题：请从下列选项中选出你喜欢的产品包装，不限数量。

图 A-8　使用 MA（多选题型）提问的情况

问题：从以下有关产品包装的项目中，选择符合你自身情况的选项。

图 A-9　使用 SAMT（单选列表）李克特量表提问的情况

失败类型 TOP7

无法确定调查得到的客户意见是少数人的意见,还是多数人的意见。

原因在于对偏向定量调查还是定性调查,没有很好地加以区分。调查中了解客户意见的手法大致可分为定性调查和定量调查。这两种方法各有利弊,特别是对非调查专业的人来说,他们的方法往往会偏重其中一种出于偶然而比较熟悉的方法。但偏向任何一方都会导致调查陷入僵局。关于两种调查方法的优缺点以及各自的使用情景,请参考第 2 章对定性调查和定量调查的内容的解释。

失败类型 TOP8

即使进行了调查,也完全描绘不出目标的形象。

究其原因,应该是没有遵循正确的目标分析流程。"目标分析"虽然只是简单的四个字,但其实包含许多调查方法。草率开展调查的人往往无法弄清目标的情况。请参照第 5 章打造爆品客户分析的 3 个步骤,精准设定目标,深入了解目标,进而按照预期计划打动目标。

失败类型 TOP9

收集到了可能用得上的数据,但却不知道怎么用。

我们可以暂且保留这些数据。但是,如果它们导致你工作效率低下,原因可能是你没有区分这些数据。调查如果不能得出有利于市场营销的分析将毫无意义。因此,我们一定要把可能用得上,但又不知道怎么用的数据单独保存,不要与已经知道用途的数据混在一起。这样就可以避免因为数据过多而白白消耗精力。请参考第 2 章"对收集来的信息进行分类"。

失败类型 TOP10

　　　　虽然调查到了产品的不足之处，但都是一些早就知道的情况

　　之所以会出现这样的问题，是因为很多时候我们收集了根本无法利用的消极意见。我们直觉上认为，调查产品的缺点能够比调查产品的优点收集到更多有用的信息，但事实恰恰相反。因为缺点是不可避免的，所以如果只问产品的缺点，就很难从中找到下一步的改善方法。想要掌握有效的改善点，就要调查好的方面还需要进行哪些提升，哪些地方一直没有提升。这样更有可能获得制胜方法的相关信息。请参考第 7 章，若想通过效果验证为后续调查打好基础，请参考第 8 章。

失败类型 TOP11

　　　　询问客户想要什么样的产品，但是得到的意见都很无趣

　　这是因为人本来就无法用语言表达自己不曾见过的、想要的东西。即使你问客户想要什么样的产品，也不会得到任何答案。想必有人听过这样一句话："能用语言表达的东西只是冰山一角。"当你能够出色地洞察人们无法用言语表达的、潜在的、本质性的烦恼和需求，自然就能打造出爆品。请参考第 3 章、第 5 章的洞察，以及第 6 章找寻爆品案例等内容了解有关的调查方法。

失败类型 TOP12

　　　　国家和智库等可信度高的机构进行重复调查，浪费时间和金钱

　　为了避免重复调查已经存在的数据而造成浪费，我们应该先弄清楚各类信息都存储在哪些地方。关于这一点请参考第 4 章。

致 谢

尽管打造爆品的调查方法是战略规划师们本就具备的技能，然而，将这些方法转化为文字并进行系统化的梳理，却耗费了我大量的精力和时间。本书从策划到出版，历时两年，其间得益于众人相助才顺利完成。在此，我向所有给予本书支持和帮助的朋友表示最诚挚的感谢。

感谢电通的林真哉局长、堀田真哉部长、首席解决方案总监大竹彻太郎先生以及电通 Macromill Insight 的董事皆川直己先生。他们在百忙之中抽出时间，通读了这本篇幅较长的书稿，并从市场营销的专业角度为我提供了诸多宝贵建议。衷心感谢他们的悉心指导与支持。

感谢电通的林信贵董事。在他的指导下，我确立了本书的核心框架。此外，林董事也为本书提供了许多深刻见解。感谢他教会我如何成为一名合格的战略规划师。

感谢株式会社 2100 的国见昭仁先生，他教会了我如何深入思考，直至完成触及本质的战略规划。通过商业实践，国见昭仁先生让我明白，我们可以用自己的双手创造一个更加美好的世界。

战略规划总监佐藤真木先生和杉本宏记先生为本书重要的"目标"和"洞察"部分提供了诸多宝贵建议，并指导我如何将这些概念转化为文字。如果没有他们的斧正和指导，我无法如此清晰地表达这些内容。非常感谢他们！

在 DOLLY WINK 项目团队中，我得到了来自 Cozy 总店的谷本宪宣先生、武田保奈实女士、玉置未来女士、渡边理沙女士以及小松大志先生的大力支持。我们曾一同进行头脑风暴，毫不妥协地面对各种挑战，对此我表示由衷的感谢。

DOLLY WINK 的品牌制作人益若翼女士，她思维清晰，拥有卓越的品味和专业的执行力。我从她身上学到了很多，非常荣幸有机会与她共事。

DOLLY WINK 项目团队中，电通的成员外崎郁美女士、八木彩女士、石崎莉子女士、辰野安娜女士、镰田明里女士、东亚理沙女士、川畑茉衣女士、周诗雨女士、池谷亮人先生、清水敦之先生，每一位都非常认真负责。这是一个我从心底信赖并喜爱的团队，我始终对他们心怀感激。我希望未来还能与大家继续合作，共同完成更多的工作。

人事和培训负责人高田爱女士以及半田友子女士，在公司内部培训和市场营销部新人培训项目的开发过程中给予了我很多帮助和启发。在此，我也非常感谢她们给予我宝贵的学习机会。

电通公司对接新冠项目、KPI 项目的负责人，战略规划总监赤尾敦义先生和杉田和香女士，向我传授了最前沿的战略规划知识。在把握不断变化的消费者需求以及进行本质性和战略性的问题设定方面，我从他们那里收获了许多宝贵的经验和启发。我衷心感谢他们。

数据科学家田中悠祐先生在大数据等数据分析方面给予了我许多启发，对此我深表感谢。田中先生用通俗易懂的语言撰写的书籍同样令人期待。

感谢 *Forbes JAPAN* 编辑部主编谷本有香女士为我提供了撰写专栏的机会，使我能够将关于提升营销敏感度的调查转化为文字。

感谢日本经营合理化协会的小泽勇一先生为我提供的帮助，使我有机会能够将捕捉到的、尚未引起业界广泛关注的关于市场洞察的调查方法转化为文字。

致 谢

我要特别感谢 PHP 研究所的中村康教先生。他不仅为我提供了撰写本书的机会，还在长达两年的时间里，与我共同思考、探讨，并为我提供了诸多宝贵建议。他是我最坚定的支持者，始终给予我充分的理解与帮助。如果没有中村先生的支持，这本书是无法完成的。

感谢负责本书日文版正文设计、插图、图表及排版的吉拉姆株式会社的斋藤稔先生，他以极大的耐心完成了这本庞大书稿的设计工作。他最大限度地理解并呈现了我的理念，如果没有斋藤先生的辛勤付出，这本书也无法完成。本书日文版装帧师三森健太先生认真地听取了我这个外行的诉求，没有丝毫不耐烦。衷心感谢他为我设计出了最棒的封面。

ELIES 图书咨询公司的土井英司先生，为我打下了撰写商业书籍的基础。在我撰写本书的过程中，他给我提了许多宝贵的建议，对此我深表感激，我还要感谢他多年来的支持与帮助。感谢小名木佑来先生在百忙之中耐心倾听我的想法，并开发出了方便快捷的计算工具。

作为教育行业的专家，我的丈夫犬塚壮志帮助我将自己内化的知识转化为文字并进行系统化的梳理。从本书的企划到撰写，他给了我许多指导。正是有了他的支持，我才能够坚持到底，没有放弃出版的目标。谢谢他发自内心地守护我的梦想。

福冈的干夫爸爸、千佳荣妈妈，谢谢你们总是温暖地支持我的工作，期待我们再次去久留美玩。我的父亲和友、母亲典子、弟弟和辉，谢谢你们一直以来的支持与鼓励。由于我身体的缘故，让你们受累了。今后我会更加努力地成为你们的骄傲，并希望你们永远健康长寿。

此外，由于我要表达感谢的人数众多，无法一一列举姓名，但我想借此机会，向所有提供图片、资料以及帮助核对文稿的各位，表达最诚挚的谢意。

最后，我要向购买本书的广大读者表示衷心的感谢。很高兴这本书能够到达你的手中，帮助到你。真的十分感谢！

電通現役戦略プランナーのヒットをつくる「調べ方」の教科書　**参考文献**

『ある広告人の告白［新版］』デイヴィッド・オグルヴィ著、山内あゆ子訳（海と月社）

『「売る」広告［新訳］』デイヴィッド・オグルヴィ著、山内あゆ子訳（海と月社）

『広告の巨人オグルヴィ語録』デイヴィッド・オグルヴィ著、山内あゆ子訳（海と月社）

『The Mind of the Strategist: The Art of Japanese Business』大前研一著（McGraw-Hill）

『StrategicMind 2014年新装版』大前研一著（NextPublishing）

『意思決定の思考技術』ハーバード・ビジネス・レビュー編、DIAMOND ハーバード・ビジネス・レビュー編集部訳（ダイヤモンド社）

「財務分析がイノベーションを殺す」クレイトン・M・クリステンセン，スティーブン・P・カウフマン，ウィリー・C・シー著（『DIAMOND ハーバード・ビジネス・レビュー』2008年9月号より）

『真実の瞬間―SAS（スカンジナビア航空）のサービス戦略はなぜ成功したか』ヤン・カールソン著、堤猶二訳（ダイヤモンド社）

『本当に欲しいものを知りなさい―究極の自分探しができる16の欲求プロフィール』スティーブン・リース著、宮田攝子訳（角川書店）

『新規事業の実践論』麻生要一著（NewsPicks パブリッシング）

『リーンスタートアップ』エリック・リース著、井口耕二訳（日経BP）

『YouTubeの時代 動画は世界をどう変えるか』ケヴィン・アロッカ著、小林啓倫訳（NTT出版）

『Hacking Growth グロースハック完全読本』ショーン・エリス，モーガン・ブラウン著、門脇弘典訳（日経BP）

『トリガー 人を動かす行動経済学26の切り口』楠本和矢著（イースト・プレス）

『ニューコンセプト大全』電通Bチーム著（KADOKAWA）

『ワークマンは製品を変えずに売り方を変えただけでなぜ2倍売れたのか』酒井大輔著（日経BP）

『スノーピーク「楽しいまま！」成長を続ける経営』山井太著（日経BP）

『スノーピーク「好きなことだけ！」を仕事にする経営』山井太著（日経BP）

『そもそも解決すべきは本当にその問題なのか（DIAMOND ハーバード・ビジネス・レビュー論文）』トーマス・ウェデル＝ウェデルスボルグ著、スコフィールド素子訳（ダイヤモンド社）

『マーケティングリサーチとデータ分析の基本』中野崇著（すばる舎）

『文系でも仕事に使える データ分析はじめの一歩』本丸諒著（かんき出版）

『マンガでわかるやさしい統計学』小林克彦監修、智・サイドランチ＜マンガ＞（池田書店）

『理系読書——読書効率を最大化する超合理化サイクル』犬塚壮志著（ダイヤモンド社）

『戦略インサイト』桶谷功著（ダイヤモンド社）

『はじめてのカスタマージャーニーマップワークショップ』加藤希尊著（翔泳社）

『人と組織を効果的に動かす KPIマネジメント』楠本和矢著（すばる舎）

『リサーチの技法』ウェイン・C・ブース，グレゴリー・G・コロンブ，ジョセフ・M・ウィリアムズ，ジョセフ・ビズアップ，ウィリアム・T・フィッツジェラルド著、川又政治訳（ソシム）

『マーケティング・リサーチのわな』古川一郎著（有斐閣）

『マーケティングリサーチの論理と技法[第4版]』上田拓治著（日本評論社）

『イノベーション5つの原則』カーティス・R・カールソン，ウィリアム・W・ウィルモット著、楠木建監訳、電通イノベーションプロジェクト訳（ダイヤモンド社）

『[改訂4版]グロービスMBAマーケティング』グロービス経営大学院編著（ダイヤモンド社）

未来，属于终身学习者

我们正在亲历前所未有的变革——互联网改变了信息传递的方式，指数级技术快速发展并颠覆商业世界，人工智能正在侵占越来越多的人类领地。

面对这些变化，我们需要问自己：未来需要什么样的人才？

答案是，成为终身学习者。终身学习意味着永不停歇地追求全面的知识结构、强大的逻辑思考能力和敏锐的感知力。这是一种能够在不断变化中随时重建、更新认知体系的能力。阅读，无疑是帮助我们提高这种能力的最佳途径。

在充满不确定性的时代，答案并不总是简单地出现在书本之中。"读万卷书"不仅要亲自阅读、广泛阅读，也需要我们深入探索好书的内部世界，让知识不再局限于书本之中。

湛庐阅读 App: 与最聪明的人共同进化

我们现在推出全新的湛庐阅读 App，它将成为您在书本之外，践行终身学习的场所。

- 不用考虑"读什么"。这里汇集了湛庐所有纸质书、电子书、有声书和各种阅读服务。
- 可以学习"怎么读"。我们提供包括课程、精读班和讲书在内的全方位阅读解决方案。
- 谁来领读？您能最先了解到作者、译者、专家等大咖的前沿洞见，他们是高质量思想的源泉。
- 与谁共读？您将加入优秀的读者和终身学习者的行列，他们对阅读和学习具有持久的热情和源源不断的动力。

在湛庐阅读 App 首页，编辑为您精选了经典书目和优质音视频内容，每天早、中、晚更新，满足您不间断的阅读需求。

【特别专题】【主题书单】【人物特写】等原创专栏，提供专业、深度的解读和选书参考，回应社会议题，是您了解湛庐近千位重要作者思想的独家渠道。

在每本图书的详情页，您将通过深度导读栏目【专家视点】【深度访谈】和【书评】读懂、读透一本好书。

通过这个不设限的学习平台，您在任何时间、任何地点都能获得有价值的思想，并通过阅读实现终身学习。我们邀您共建一个与最聪明的人共同进化的社区，使其成为先进思想交汇的聚集地，这正是我们的使命和价值所在。

CHEERS

湛庐阅读 App
使用指南

读什么
- 纸质书
- 电子书
- 有声书

怎么读
- 课程
- 精读班
- 讲书
- 测一测
- 参考文献
- 图片资料

与谁共读
- 主题书单
- 特别专题
- 人物特写
- 日更专栏
- 编辑推荐

谁来领读
- 专家视点
- 深度访谈
- 书评
- 精彩视频

HERE COMES EVERYBODY

下载湛庐阅读 App
一站获取阅读服务

HIT WO TSUKURU "SHIRABEKATA" NO KYOKASHO by Ayaka ASAMI
Original work copyright © 2021 Ayaka ASAMI
Interior illustrations and diagrams by Minoru SAITO (G-RAM.INC)
First original Japanese edition published by PHP Institute, Inc., Japan.
Simplified Chinese translation rights arranged with PHP Institute, Inc. through Bardon Chinese Creative Agency Limited.
All rights reserved.

本书中文简体字版经授权在中华人民共和国境内独家出版发行。未经出版者书面许可，不得以任何方式抄袭、复制或节录本书中的任何部分。

版权所有，侵权必究。

图书在版编目（CIP）数据

电通爆品讲义 /（日）阿佐见绫香著；姚奕崴，刘倩译 .-- 杭州：浙江教育出版社，2025.4. -- ISBN 978-7-5722-8826-5

Ⅰ.F760.2

中国国家版本馆 CIP 数据核字第 20242DU163 号

浙江省版权局
著作权合同登记号
图字:11-2024-353号

上架指导：市场营销

版权所有，侵权必究
本书法律顾问　北京市盈科律师事务所　崔爽律师

电通爆品讲义
DIANTONG BAOPIN JIANGYI

[日] 阿佐见绫香　著
姚奕崴　刘　倩　译

责任编辑：刘姗姗	
美术编辑：钟吉菲	
责任校对：李　剑	
责任印务：陈　沁	
封面设计：魏博睿（FGS）	
出版发行　浙江教育出版社（杭州市环城北路 177 号）	
印　　刷　天津中印联印务有限公司	
开　　本　710mm ×965mm　1/16	
印　　张：21.5	**字　　数**：337 千字
版　　次：2025 年 4 月第 1 版	**印　　次**：2025 年 4 月第 1 次印刷
书　　号：ISBN 978-7-5722-8826-5	**定　　价**：119.90 元

如发现印装质量问题，影响阅读，请致电 010-56676359 联系调换。